나는 이제 아이패드로 3D 디자인한다!

# 아이패드
# 3D 모델링
# By 노마드 스컬프

정대광, 유예지 지음

BM (주)도서출판 성안당

# 누구나 쉽게, 아이패드 3D 디자인

유예지

3D 모델링 디자이너

이 책의 독자분들은 아이패드로 새로운 것을 시도해보고 싶거나 아이패드로 3D 모델링 작업을 해보고 싶은 마음이 클 것입니다. 저도 같은 마음으로 노마드 스컬프라는 앱으로 3D 모델링을 시작했습니다. '아이패드로 하는 3D 모델링' 이라는 말만 들으면 어렵고 복잡할 것 같지만, 이 책을 통해서 '3D 모델링이 생각하는 것처럼 어려운 작업은 아니구나'라고 느낄 수 있을 것입니다.

## 언제 어디서든 3D 작업이 가능한 아이패드 3D

3D 모델링을 한 번쯤은 시도해보고 싶은데 고사양의 컴퓨터를 사용해야 한다는 점은 많은 분들에게 부담일 것 같습니다. 노마드 스컬프는 컴퓨터를 사용하는 3D 프로그램인 마야나 맥스보다는 장비에 대한 부담은 물론 비용 부담을 줄일 수 있습니다. 적게는 한 달에 수십만 원에 달하는 3D 프로그램의 가격도 3D 모델링 입문을 막는 또 하나의 장애물입니다. 노마드 스컬프는 이러한 3D 프로그램의 벽을 허물고 초보자 분들도 쉽게 3D 모델링을 시작할 수 있게 도와줍니다. 앱의 직관성과 사용하는 기능이 비교적 한정되어 있다는 점도 초보자가 3D 모델링에 부담 없이 다가갈 수 있도록 합니다.

이런 점 외에도 노마드 스컬프의 가장 큰 장점은 가방에 아이패드와 펜슬만 챙기면 카페에서도 3D 모델을 만들 수 있다는 것입니다. 이번 책의 예제를 만들 때도 이동에 대한 큰 부담감 없이 카페에 앉아서 3D 모델을 만들었습니다. 이런 휴대성과 편리성이 3D 모델링을 처음 시작하는 분들에게 노마드 스컬프가 더 매력적으로 다가가지 않을까 싶습니다. 저처럼 고사양 컴퓨터로만 3D 모델링을 할 수 있다고 생각한 많은 분들에게 아이패드라는 새로운 대안을 제공하고 다양한 예제를 통해 노마드 스컬프라는 앱에 익숙해질 수 있도록 도와줍니다.

## 쉽고 빠르게 공부하기 위한 구성

이 책에서는 노마드 스컬프 앱의 구성과 사용 방법부터 설명합니다. 노마드 스컬프 앱의 기본적인 기능과 3D 모델링을 할 때 사용하는 도구는 무엇이고, 어떻게 사용하는지, 이렇게 배운 도구를 어디 부분에서 활용할 수 있는지에 대해서 자세하게 설명합니다. 노마드 스컬프 역시 3D 입체를 만드는 앱이기 때문에 좌표에 대한 개념과 이해가 필요합니다. 3D의 기본 개념을 설명과 다양한 예제를 통해 직접 모델링을 함으로써 좌표와 입체의 개념을 쉽게 이해할 수 있을 것입니다.

# 취미에서 실무 3D 게임 디자인까지

정대광

3D 배경 디자이너
클래스101 댕작가
아이패드 모델링 강사

노마드 스컬프는 흔히 알고 있는 스컬핑 프로그램인 지브러시의 모바일 버전입니다. 블렌더에서도 같은 기능을 포함하고 있지만 실무자가 아니라면 이런 프로그램은 접하기도 어렵고 선뜻 공부를 하기에도 주저하게 됩니다. 아이패드나 갤럭시 탭 같은 타블렛을 이용해 가지고 다니면서 스컬핑을 하면 좋겠다는 생각을 오래 전부터 해왔었기 때문에 이 어플을 보자마자 기뻤던 기억이 납니다.

지브러시를 사용했던 경험이 있기도 했지만 그렇지 않더라도 노마드 스컬프의 인터페이스는 직관적이고 금새 익숙해질 수 있는 구성을 가지고 있습니다. 그래도 처음 3D를 접하신 분들에게는 용어가 생소하기 때문에 어렵게 다가올 수 있어요. 유튜브 채널로 강좌 영상을 올렸을 때 가장 많이 받았던 피드백이 바로 노마드 스컬프가 영어 강좌뿐인데 한글 음성으로 접해서 너무 좋았다는 내용이었습니다.

### 기본 도형을 시작으로 디테일한 모델링 작업 노하우

노마드 스컬프는 그림에 소질도 없고 그려본 적이 없던 분들에게 '나도 한 번 해볼까?' 하는 도전 욕구를 불러일으키기에 더할 나위 없이 좋은 도구라고 생각해요. 이제는 누구라도 쉽게 3D를 만들어 볼 수 있다는 걸 알게 되면서 많은 분들이 3D에 관심을 가지기 시작했습니다. 간단한 작업으로 고퀄리티의 결과물을 만들어 내는 것부터 3D 프린팅을 이용한 피규어 제작까지 가능합니다. 그리고 NFT에 사용될 원본 모델링을 공유하거나 메타버스에 사용될 아이템 제작으로 부수입을 만드는 등 3D를 이용한 취미 생활부터 실무까지 다양하게 활용할 수 있는 매력이 있습니다. 스케치하듯이 언제 어디서라도 러프 작업을 진행하고, PC로 리소스를 옮겨서 게임 데이터로 최종 작업을 진행하는 것도 가능하기 때문에, 초보자뿐만 아니라 실무자도 활용하기에 좋은 프로그램입니다.

노마드 스컬프는 이름에서 알 수 있듯이 스컬프, 즉 조각을 하는 프로그램이라고 생각하면 됩니다. 하지만 초보자들에게 처음부터 이런 조형에 대한 설명을 하면 어려울 수 밖에 없습니다. 이 책에서는 스컬핑 내용보다는 도형과 프로그램의 여러 기능을 활용한 모델링 방법을 소개하는 데 집중했습니다. 각각의 모델링을 만들 때 중점적으로 사용되는 기능을 강조했기 때문에 차근차근 단계를 밟아 갈 수 있도록 준비했습니다.

### 빠른 작업과 호환성, 노마드 스컬프

3D를 이용한 다양한 분야가 있지만 노마드 스컬프에서 작업한 모델링 데이터는 여러 포맷을 지원하기 때문에 각 분야의 외부 프로그램과 호환성이 높습니다. 실시간 라이트 셋팅과 후처리 기능을 포함하고 있는데, 이를 이용해 별도의 렌더링 시간이 소요되지 않고 바로 작업에 반영이 가능하다는 장점이 있습니다. 물론 이미지로 변환하거나 턴테이블 기능을 이용해서 감상할 수도 있습니다.

이 책은 독자들이 다양한 예제를 통해 이러한 기능을 함께 배울 수 있도록 구성하였습니다. 노마드 스컬프에서 제공하는 기본 도형을 활용한 간단한 3D 모델링부터 나만의 캐릭터 만들기까지, 이 책과 함께 학습해 보세요. 노마드 스컬프를 사용해 만든 3D 모델을 다른 소프트웨어에서 활용하는 방법과 3D 프린팅을 할 때 주의해야 할 사항들에 대한 설명까지 포함되어 있습니다. 또 제페토와 같은 메타버스에서 판매할 아이템 디자인이나 게임 캐릭터 디자인을 노마드 스컬프로 만들어 3D 모델을 다양한 분야에서 활용해 보세요.

### 클래스101의 영상 강의부터 쌍방향 피드백 제공

유튜브 강의를 계기로 클래스101의 동영상 강의에 이어서 초보자를 위한 교재를 준비했습니다. 3D 디자이너로서 17년 동안 게임업계에서 일을 하며 쌓인 노하우와 강의를 통한 경험을 바탕으로 정리한 내용이 처음 3D를 접하는 분들에게 쉽고 재미있게 다가갈 수 있었으면 좋겠습니다.

태블릿을 이용한 디지털 드로잉이 새로운 취미로 각광받기 시작했습니다. 제가 처음 3D를 공부했을 때에도 교재를 이용했는데요. 항상 핵심 내용이 빠져 있거나, 진행 내용이 매끄럽지 않아서 어려움을 겪었습니다. 이 책에서는 여러분이 그런 경험을 하지 않도록 최대한 모든 과정 설명을 포함했습니다. 혹시라도 내용이 이해되지 않는 부분이 있다면, 제 개인 SNS나 유튜브 채널로 문의를 주시면 언제든지 답변드리겠습니다(교재 내용에서 궁금한 점은 인스타그램 caster1015, 유튜브 채널 댕작가로 문의 주세요).

이 책은 3D를 처음 접하는 사람뿐만 아니라 실무자가 바로 프로그램을 활용할 수 있도록 프로그램의 모든 기능을 설명하고 있기 때문에, 초보자뿐만 아니라 현장 실무자들에게도 많은 도움이 되리라 생각합니다. 여러분이 이 책을 통해서 다양한 취미 활동과 선뜻 도전해 보지 못했던 3D가 '생각보다 정말 쉽고, 재미있구나!'라고 느끼는 계기가 되었으면 좋겠습니다. 감사합니다.

Preview

3D 오브젝트를 처음 만드는 분들도 차근차근 따라하면서 아이패드와 노마드 스컬프로 쉽게 3D 입체물을 제작할 수 있습니다. 3D 이론을 공부하고 다양한 예제를 따라하면서 3D 오브젝트를 제작해 보세요.

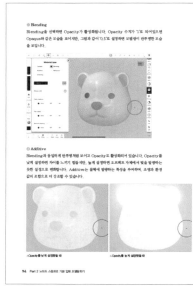

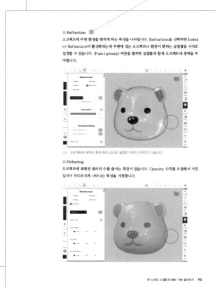

## 노마드 스컬프 알아보기

3D 작업을 하기 전에 필요한 노마드 스컬프에 대한 기본 기능을 알려줍니다. 다양한 기본 이론을 학습해 보세요.

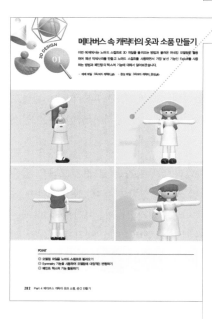

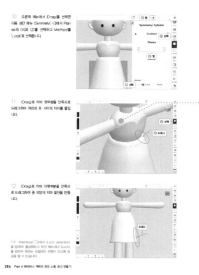

## 예제 미리보기

예제 미리보기와 각 예제별 제작 포인트를 소개합니다. 작업 전에 예제 형태를 다양한 시점에 따라 확인해 보세요.

## 예제 따라하기

따라하기 형태로 구성하여 누구나 쉽게 따라하며 다양한 형태로 제작할 수 있습니다.

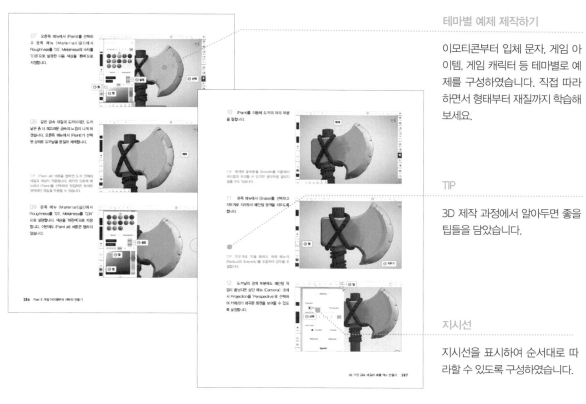

테마별 예제 제작하기

이모티콘부터 입체 문자, 게임 아이템, 게임 캐릭터 등 테마별로 예제를 구성하였습니다. 직접 따라 하면서 형태부터 재질까지 학습해 보세요.

TIP

3D 제작 과정에서 알아두면 좋을 팁들을 담았습니다.

지시선

지시선을 표시하여 순서대로 따라할 수 있도록 구성하였습니다.

스페셜 페이지

3D 모델링 작업에서 알아두면 좋을 내용을 스페셜 페이지로 구성하였습니다. 작업의 연동과 출력 등 다양한 내용을 확인해 보세요.

## 3D 모델링 작업의 효율성을 높여 주는 제스처

프로크리에이트와 노마드 스컬프에서 효율적인 3D 모델링 작업을 위한 다양한 제스처를 사용할 수 있습니다. 자신이 원하는 대로 제스처 설정도 가능합니다. 많은 제스처 중에서 기본적이면서도 3D 모델링 작업에 가장 많이 쓰이는 유용한 제스처를 소개합니다.

**탭하기**

모델링을 선택하거나 도구를 선택할 때 사용합니다.

**누르고 있기**

페인트 도구를 사용할 때 색 추출 역할을 합니다. 화면을 한 손가락으로 꾹 누르고 있으면 마지막에 사용된 색이 자동 선택되어 있는데, 이때 원하는 색으로 드래그하면 해당 색이 선택됩니다.

**한 손가락 드래그하기**

화면을 한 손가락으로 드래그하면 화면의 앵글을 변경할 수 있습니다.

**두 손가락 드래그하기**

화면을 두 손가락으로 드래그하면 화면 자체의 위치가 이동됩니다.

**세 손가락 좌우 드래그하기**

화면을 세 손가락으로 드래그하면 조명을 회전시킬 수 있습니다.

**세 손가락 상하 드래그하기**

Clay, Smooth와 같이 도구의 Radius 값을 조절할 수 있는 도구의 크기를 조절할 수 있습니다.

**두 손가락 탭하기**

화면을 두 손가락으로 한번 탭하면 이전에 실행한 동작을 취소할 수 있습니다.

**세 손가락 탭하기**

화면을 세 손가락으로 한번 탭하면 취소했던 동작을 다시 실행할 수 있습니다.

**두 손가락 모으기**

화면에 두 손가락을 댄 상태에서 손가락을 모으면 화면을 축소할 수 있습니다.

**두 손가락 벌리기**

화면에 두 손가락을 댄 상태에서 손가락을 벌리면 화면을 확대할 수 있습니다.

# 3D의 시작! 노마드 스컬프 설치하기

노마드 스컬프는 애플 앱스토어, 구글 플레이 스토어에서 구매하거나 PC에서 사용 가능한 Web demo를 통해서 설치할 수 있습니다. 여러 아이패드 라인업에서 사용할 수 있으며(이 책에서는 아이패드 6세대, 아이패드 미니 6세대, 아이패드 프로 2세대를 이용해서 예제 작업을 진행했습니다), 갤럭시 탭도 비슷한 사양의 기기에서 원활하게 실행됩니다. 안드로이드 버전은 무료로 선행 작업을 해보고 나중에 인앱 결제를 통해 정식 버전으로 업그레이드 할 수도 있으니 기기 사양이 애매하신 분이라면 무료 버전을 먼저 다운받아 보는 것도 좋은 방법입니다.

## 노마드 스컬프 구매하기

01 　애플 앱스토어를 실행합니다. 검색란에 'Nomad Sculpt'를 입력하면 다음과 같은 화면이 표시됩니다.

02 　노마드 스컬프를 선택한 다음 구매할 수 있는 화면으로 이동합니다. 안드로이드는 구글 플레이 스토어에 접속해서 동일한 방법으로 검색해서 구매할 수 있습니다(구매 가격은 19,000원으로 책정되어 있습니다).

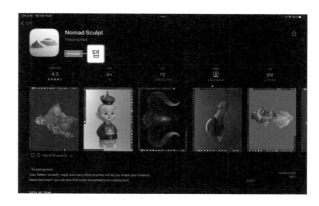

## 노마드 스컬프 PC 버전 사용 방법

03 　PC 버전은 정식으로 런칭되지 않고 웹 데모 버전만 제한된 기능으로 사용할 수 있습니다. 인터넷 주소창에 'https://nomadsculpt.com/demo/'를 입력하여 바로 Web 버전을 사용할 수 있습니다.

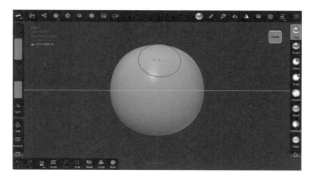

# Contents

이 책은 5개의 파트와 18개의 스텝, 3개의 스페셜 페이지로 구성되어 있습니다. 3D 모델링 제작 작업 과정에 맞게 구성된 설명에 따라 학습해 보세요.

PART 1

## 아이패드를 이용한 3D 디자인 시작하기

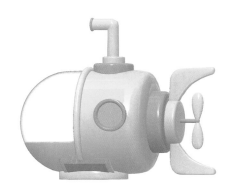

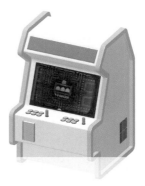

예제 파일 다운로드

1   성안당 홈페이지(http://www.cyber.co.kr)에 접속하여 회원가입한 뒤 로그인하세요.

2   메인 화면 왼쪽의 (자료실)을 클릭하고 (자료실)의 바로가기▶ 버튼을 클릭한 다음 검색 창에서 '아이패드', '3D', '노마드 스컬프' 등 도서명 일부를 입력하고 (검색) 버튼을 클릭하세요.

3   검색된 목록을 클릭하고 자료 다운로드 바로가기 를 클릭하여 예제 파일을 다운로드한 다음 찾기 쉬운 위치에 압축 을 풀어 사용하세요.

# 3D DESIGN

## NOMAD SCULPT
A SCULPTING AND PAINTING MOBILE APPLICATION

# Part 1

# 아이패드를 이용한
# 3D 디자인 시작하기

아이패드로 3D 모델링 작업을 시작해 보겠습니다. 3D 작업은 3DS Max나 마야 등 고가의 프로그램과 고성능 PC에서만 작업이 가능하였지만, 이제는 아이패드에서 실사 느낌을 구현할 수 있는 노마드 스컬프가 인기를 얻고 있습니다. 작업 현장의 3D 실무자와 디자이너부터 학생까지 이제 누구나 쉽게, 장소에 상관없이 3D 디자인을 즐길 수 있어요.

# 노마드 스컬프의 기본 기능 알아보기

노마드 스컬프의 가장 기본적인 사용법을 알아보겠습니다. 각 화면의 구성이 어떻게 이루어져 있는지 확인하고 어떤 기능을 담당하는지 간단하게 살펴봅시다.

## 인터페이스 살펴보기

노마드 스컬프를 실행하면 기본적으로 아래와 같은 인터페이스가 표시됩니다.

❶ **Canvas :** 모델링이 표시되는 화면

❷ **왼쪽 메뉴 :** 브러시를 컨트롤할 수 있는 도구 메뉴

❸ **오른쪽 메뉴 :** 전체 브러시를 한눈에 확인할 수 있는 리스트

❹ **상단 메뉴 :** 노마드 스컬프의 다양한 기능을 담당하는 메뉴

❺ **하단 메뉴 :** 기능을 쉽게 사용할 수 있게 도와주는 단축키

❻ **Snap Cube :** 화면을 Front, Left, Right, Top, Bottom으로 설정하여 볼 수 있는 카메라

## 화면 조작하기

노마드 스컬프는 화면을 회전하고 작업하는 모든 과정이 터치를 통해 이루어집니다. 키보드 조작에 익숙하기 때문에 처음에는 작업이 어색할 수 있지만 쉽고 직관적인 조작과 제스처를 제공하기 때문에 기본 조작하는 방법을 숙지하도록 합시다.

### Canvas 회전

먼저 화면의 빈 곳을 탭하고 드래그하여 캔버스(카메라)를 회전할 수 있습니다. 캔버스가 회전하면 오른쪽 상단의 〔Snap Cube〕로 캔버스의 방향을 바로 확인할 수 있습니다.

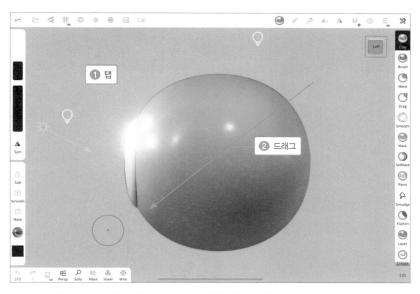

TIP  오브젝트를 회전하는 것이 아닌, 캔버스(카메라)를 회전하는 개념입니다.

### Canvas 확대/축소

화면 빈 곳을 두 손가락으로 탭하여 오므리거나 펼쳐 캔버스의 화면을 드래그하면 확대/축소할 수 있습니다.

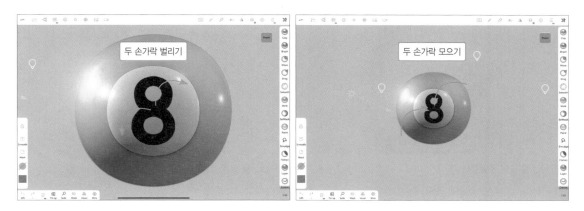

## 라이팅/환경 회전

화면 빈 곳을 세 손가락으로 동시에 탭한 다음 좌우로 드래그하면 라이팅과 환경 값을 회
전시킵니다.

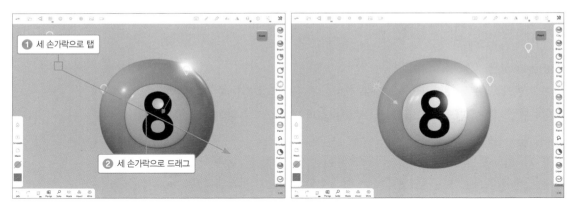

**TIP** 모델링은 가만히 있고 라이팅과 환경 값만 회전했습니다. 카메라 회전과 라이팅 회전
하는 방법은 꼭 기억해 두도록 합시다.

# 스컬핑 작업 기능 알아보기

화면 왼쪽의 메뉴는 브러시의 크기와 필압의 세기, 대칭 스컬핑 기능 등을 담당합니다. 작
업에 직접적으로 관여하는 기능인 만큼, 이 프로그램의 가장 기본이 되는 건 물론이고, 가
장 중요한 기능이기도 합니다.

## Radius

(Radius)를 탭하고 위아래로 드래그하여 브러시의 크기를 키우거나 줄일 수 있습니다.
그래프가 높을수록 브러시 크기가 커지고, 그래프가 낮을수록 브러시 크기가 작아집니다.

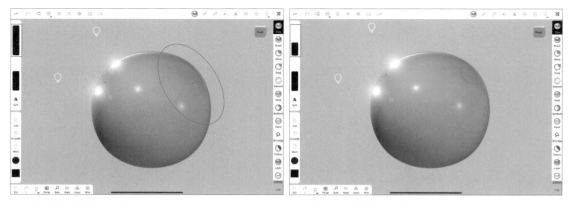

▲ Radius를 높게 조절했을 때          ▲ Radius를 낮게 조절했을 때

**TIP** 브러시 크기는 화면에 표시되는 원형의 그래픽으로 쉽게 확인 가능합니다.

## Intensity

〔Intensity〕를 탭하고 위아래로 드래그하여 브러시의 강도를 세게 하거나 약하게 할 수 있어요. 그래프가 높을수록 브러시 강도가 세지고, 그래프가 낮을수록 브러시 강도가 낮아집니다.

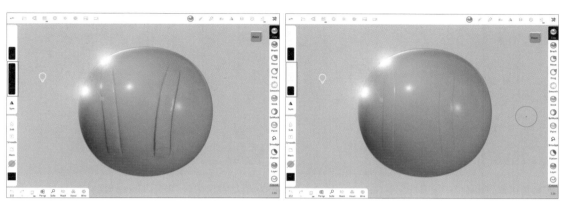

▲ Intensity를 높게 조절했을 때　　　　　　　　　　▲ Intensity를 낮게 조절했을 때

## Sym

〔Sym〕을 탭하면 Symmetry 기능을 활성화하거나 비활성화할 수 있습니다. Sym이 활성화되어 있으면 오브젝트를 대칭 스컬핑할 수 있고, Sym이 비활성화되어 있으면 오브젝트를 한쪽만 스컬핑할 수 있습니다.

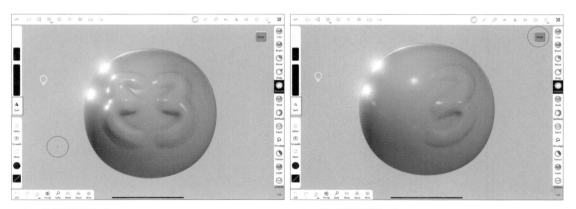

▲ Sym을 활성화했을 때　　　　　　　　　　　　▲ Sym을 비활성화했을 때

## Sub

〔Sub〕를 탭하여 활성화하거나 비활성화할 수 있습니다. Sub가 비활성화되어 있으면 표면
에 덧칠할 수 있고, Sub가 활성화되어 있으면 표면을 파내는 표현을 할 수 있습니다.

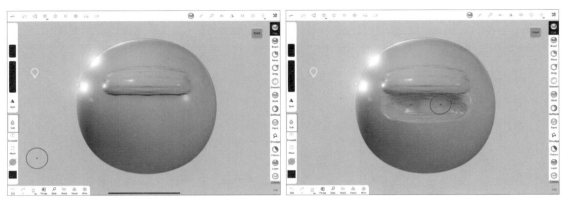

▲ Sub를 비활성화했을 때−표면을 덧칠합니다.　　　　　▲ Sub를 활성화했을 때−표면을 파낼 수 있습니다.

## Smooth

〔Smooth〕를 탭하여 활성화하거나 비활성화할 수 있습니다. Smooth가 활성화된 상태로
오브젝트를 문지르면 거칠었던 표면이 다듬어집니다.

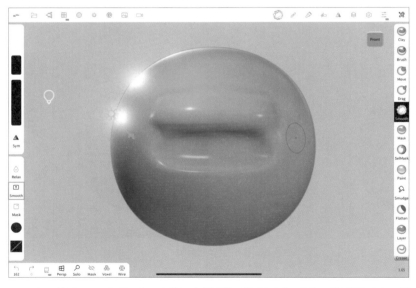

<u>TIP</u>　Sub와 Smooth는 노마드 스컬프의 중요한 기능입니다. 거의 모든 작업이 Sub와
Smooth의 조합으로 진행되는 점을 알아둡시다.

## Mask

〔Mask〕를 탭하여 활성화하거나 비활성화할 수 있습니다. Mask를 활성화하면 오브젝트에
검정 영역을 칠할 수 있는데, 검은색으로 칠해진 영역은 어떤 작용에도 반응하지 않고 나머
지 영역에만 작업할 수 있습니다.

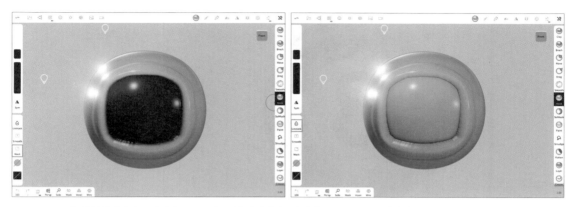

**TIP**  Mask가 활성화되면 〔Sub〕가 〔Unmask〕로 변경됩니다. 변경된 〔Unmask〕를 탭하여
Mask 영역을 지워줄 수 있습니다.

## Material

〔Material〕을 탭하면 그림과 같이 패널이 표시됩니다. 패널에서 오브젝트의 재질과 색상 등
을 적용할 수 있습니다. 동그란 구 형태의 아이콘은 각각의 재질과 색상을 나타냅니다.

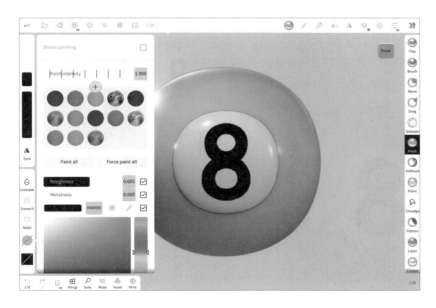

여기에서 노란색 금속 재질을 선택하고 〔Paint all〕 버튼을 탭하면 Canvas의 오브젝트에 노란색 금속 재질을 적용할 수 있습니다.

## Alpha Brush

노마드 스컬프에서 제공되는 브러시에 Alpha 이미지를 추가해서 다양한 브러시 설정을 만들 수 있습니다. 〔Alpha〕를 탭하면 두 가지의 Alpha 이미지를 확인할 수 있습니다. 브러시와 Alpha의 조합으로 브러시 특징을 바꿀 수 있습니다.

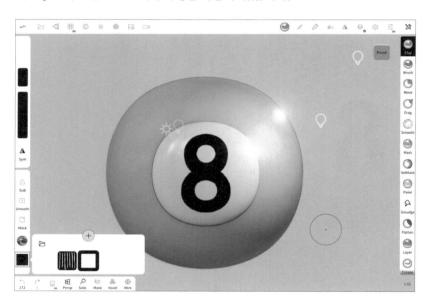

## 브러시 도구 특성 알아보기

화면의 오른쪽 메뉴는 스컬핑에 사용되는 여러 브러시를 주로 담당하고 있는데, 가장 많이 사용되는 브러시의 특성을 먼저 간단하게 알아보겠습니다.

### Clay

표면에 넓적한 형태로 거친 느낌을 낼 때 주로 사용되며 오브젝트의 굴곡을 덮어버리는 특성을 지니고 있습니다.

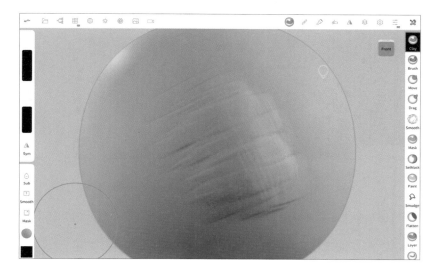

### Brush

Clay와 함께 가장 많이 쓰이며 가장 기본적인 브러시이기도 합니다. 부드러운 스컬핑을 할 수 있습니다.

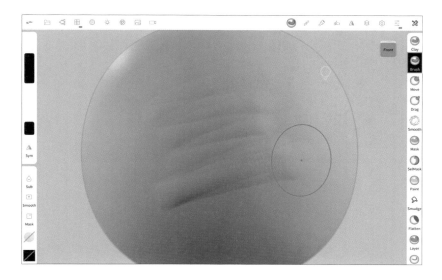

## Move

오브젝트를 탭하여 당길 수 있어서 주로 형태를 수정할 때 사용됩니다.

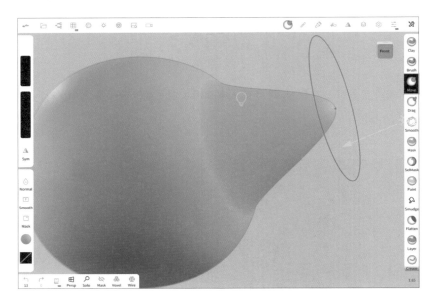

## Smooth

오브젝트의 거친 표면을 부드럽게 만듭니다. 왼쪽 메뉴의 Smooth와 동일한 기능입니다.

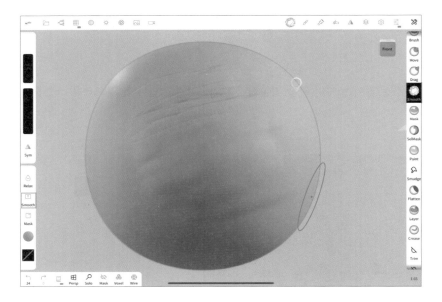

## Mask

오브젝트에 작업하고자 하는 영역을 지정할 수 있으며, 왼쪽 메뉴의 Mask 기능과 동일합니다.

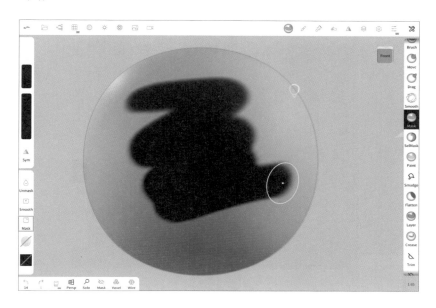

## Paint

오브젝트에 채색을 할 수 있는 브러시입니다. 색상뿐만 아니라 Material의 재질 특성까지 동시에 칠할 수도 있습니다.

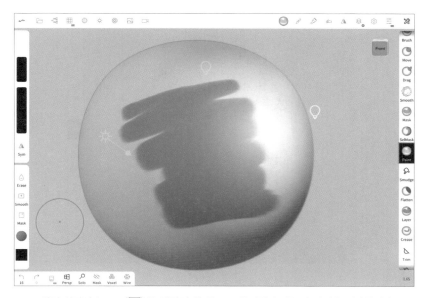

**TIP** 화면 상단의 (Tools(⌧))를 탭하면 한 줄로 표현되었던 메뉴의 배열을 변경합니다.

## Flatten

오브젝트의 표면을 평평하게 눌러줄 때 사용되는 브러시입니다.

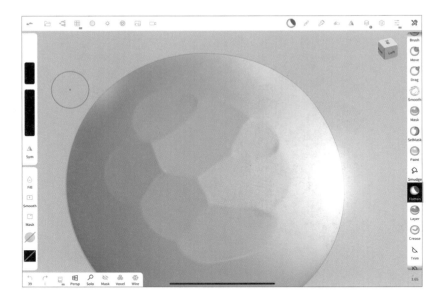

## Inflate

부드럽게 부풀리는 특성을 지니고 있으며, 오브젝트가 맞닿는 부분을 자연스럽게 표현하고 싶을 때 주로 사용됩니다.

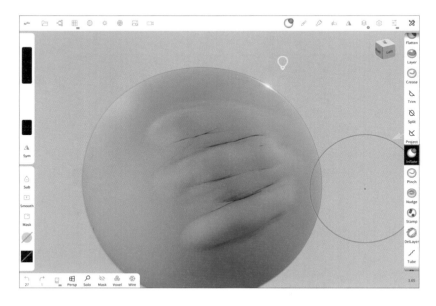

## Gizmo

전용 아이콘이 오브젝트 중앙에 출력되고 이를 이용해 이동하거나 회전하고 크기를 키울 수 있는 다양한 기능입니다.

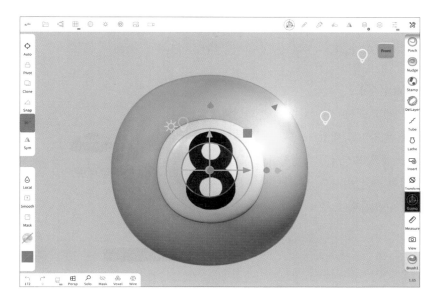

## View

캔버스의 여러 모델링 오브젝트를 한꺼번에 활성화하는 기능입니다.

## 모델링 도구 기능 알아보기

화면 상단의 왼쪽 메뉴는 노마드 스컬프로 모델링 작업을 할 때 필요한 다양한 기능들을 포함하고 있습니다. 이 기능들을 제대로 알고 있으면 작업을 훨씬 수월하게 진행할 수 있어요.

### Nomad Sculpt()

Minify UI를 체크 표시하여 활성화하면 화면의 인터페이스를 모두 가리고 작업물을 감상할 수 있고, Turntable을 체크 표시하여 활성화하면 모델링을 회전시켜 감상할 수 있습니다. 또 작업물을 SNS에 바로 업로드할 수 있습니다.

**TIP** 3D 모델링 작업 중간중간 여러 각도에서 모델링을 확인하는 습관은 3D 모델의 퀄리티를 높여 줍니다. 작업 중 턴테이블 기능과 화면 시점 변경을 이용하여 모델링을 자주 확인하도록 합니다.

### Files()

노마드 스컬프에서 작업한 파일을 저장하거나 불러올 수 있으며, png 이미지로 저장하거나 외부 프로그램으로 내보내는 기능이 있습니다. 인터페이스나 카메라 설정 등 노마드 스컬프 앱 내의 설정을 기본 값으로 초기화하는 기능이 제공됩니다.

### Scene()

현재 작업 중인 여러 모델링 오브젝트를 관리할 수
있으며 기본 도형을 추가하거나 오브젝트끼리 병합
하는 기능이 있습니다.

### Topology(⊞)

오브젝트의 폴리곤의 양을 늘려주거나 늘어난 와이
어를 재정렬, 최적화하는 기능을 제공합니다.

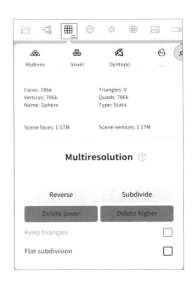

### Material()

오브젝트의 투명도 같은 오브젝트의 전체적인 특성을 변경할 수 있습니다. 여기서 변경된 특성은 왼쪽 메뉴의 Material과 서로 직접적인 영향을 줍니다.

### Lighting()

오브젝트에 라이팅을 추가하고 오브젝트에 영향을 주는 주변 환경의 노출 정도와 회전 값을 변경할 수 있습니다.

## Post Process(⊛)

모델링을 완성한 후 오브젝트의 퀄리티를 올릴 수 있는 그림자, 톤 밸런스와 같은 다양한 효과를 줄 수 있습니다.

## Background(🖻)

캔버스의 배경에 맺히는 환경을 투영하거나 색상으로 배경 화면을 지정할 수 있고, 이미지를 추가하여 배경으로 사용하거나 모델링할 때 참고용으로 사용할 수 있습니다.

## Camera(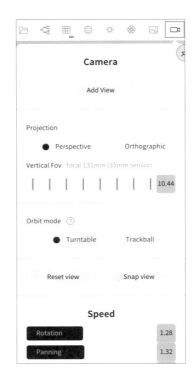)

카메라를 왜곡하거나 평평하게 볼 수 있는 설정을 지정할 수 있습니다.

## 브러시와 화면 옵션 기능 알아보기

화면 상단의 오른쪽 메뉴는 각종 브러시와 화면 옵션을 추가로 설정할 수 있어 특정 상황에서 작업을 쉽게 도와주는 기능들을 담당하고 있습니다.

### Settings

선택된 브러시의 추가 설정을 할 수 있습니다. 브러시 별로 대응하지 않는 경우도 있습니다.

TIP  같은 메뉴지만 브러시마다 대응하는 것이 달라요.

## Stroke()

선택한 브러시를 더 가늘게 설정하거나 모양을 변경할 수 있고 falloff 그래프를 변경하여 브러시의 세부설정을 변경할 수 있습니다. 또한 손떨림 세팅과 브러시의 움직임을 보정할 수 있습니다.

## Painting(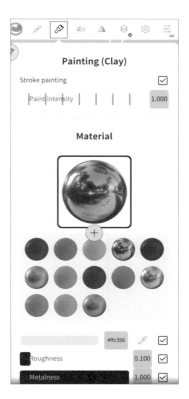)

오브젝트의 색상과 재질을 변경할 수 있으며, 재질의 거칠기와 금속성의 정도를 지정할 수 있습니다.

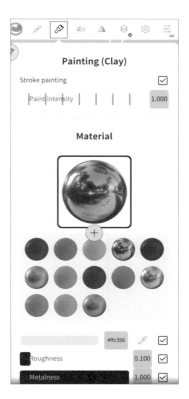

TIP  페인트 툴을 사용할 때 Texture 기능을 사용하여 오브젝트에 특정 모양으로 채색을 하거나 무늬를 넣을 수 있습니다.

## Pressure(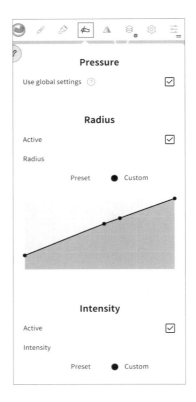)

선택한 브러시의 필압과 화면 조정 제스처를 설정할
수 있습니다.

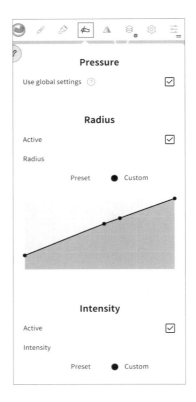

**TIP** 애플 펜슬 2 사용자는 더블 탭 기능을 설정할 수 있습니다.

## Symmetry(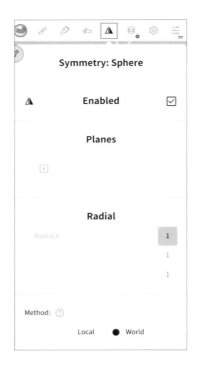)

기본적으로 좌우 대칭으로 작업하는 설정을 상하 대
칭, 획의 개수 등을 세세하게 지정할 수 있습니다.

### Layers(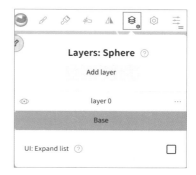)

포토샵의 Layer와 같은 기능을 담당해요. 특정 스컬핑이나 페인팅 작업용 Layer를 따로 지정해 두면 작업이 훨씬 수월해집니다.

### Settings(⚙)

캔버스 화면에 보이는 각종 옵션을 활성화하거나 비활성화할 수 있습니다. (Grid)를 탭하여 비활성화하면 화면 바닥에 그려지는 Grid를 보이지 않게 만들 수 있어요.

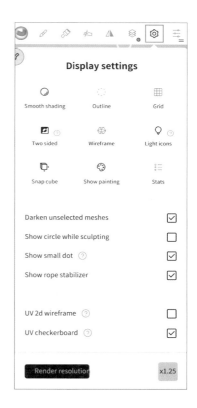

## Interface(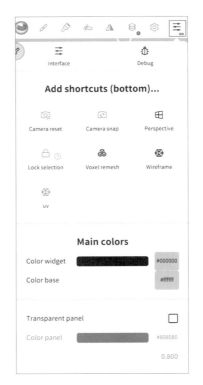)

화면 하단 메뉴에 들어갈 단축키를 지정하거나 메뉴의 색상을 변경할 수 있으며, 메뉴의 위치 설정을 변경할 수 있습니다.

## 편리한 작업 도구 기능 알아보기

화면 하단에는 작업을 편하게 도와주는 Shortcut을 사용할 수 있습니다.

❶ **뒤로 가기 :** 작업줄에 표시된 횟수만큼 뒤로 이동합니다.

❷ **앞으로 가기 :** 작업줄에 표시된 횟수만큼 앞으로 되돌아옵니다.

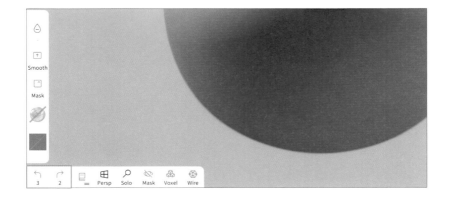

❸ History : 지금까지 누적된 작업 내역을 바로 확인합니다.

❹ Persp : 카메라의 설정을 변경할 수 있습니다. 상단 메뉴〔Camera(⬜)〕의 Projection 기능의 단축키입니다.

❺ Solo : 선택된 오브젝트를 제외한 모든 오브젝트를 숨깁니다.

❻ Mask : 오브젝트에 마스크 영역이 있다면 이 아이콘을 활성화해서 Mask 영역된 모델링을 숨깁니다.

❼ Voxel : 변형된 폴리곤의 Wire를 균일하게 재정렬시킵니다.

❽ Wire : 오브젝트의 Wire를 확인할 수 있습니다.

# 기본 기능으로 곰돌이 모델링하기

노마드 스컬프는 다양한 모델링하는 방법을 제공하고 있습니다. 여러 기능에 대해서 다루기 전에 가장 기본적인 방법만을 이용해서 귀여운 곰돌이를 만들겠습니다. 이 과정을 통해서 프로그램의 간단한 과정을 살펴보도록 하겠습니다.

● 완성 파일 : 01\곰돌이_완성.glb

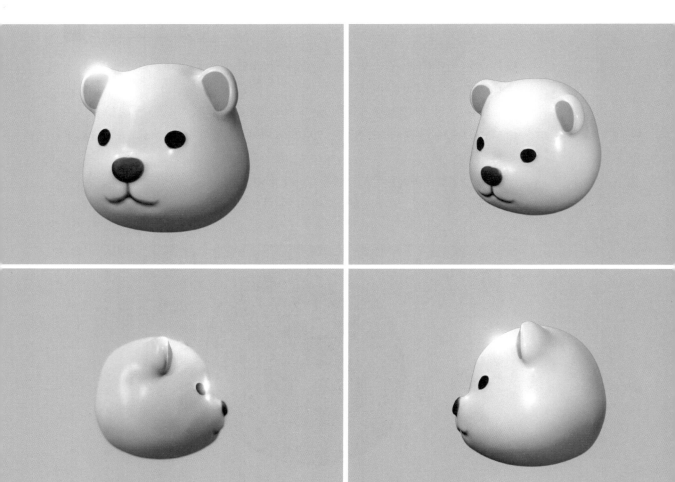

### POINT

❶ 기본적으로 제공되는 Sphere 모델링 사용하기

❷ Move 브러시를 이용한 형태 만들기

❸ Brush와 Clay를 이용한 눈코입 만들기

❹ Smooth를 이용한 모델링 다듬기

❺ 브러시의 크기와 강도 조절하기

❻ Material을 이용한 재질과 색상 적용하기

## 곰돌이 형태 잡기

01 | 상단 메뉴 (Flils(□))에서 (New)를 탭하여 새로운 씬을 생성합니다.

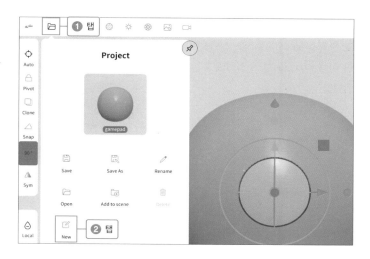

02 | 오른쪽 메뉴에서 (Move)를 선택한 다음 모델링을 당겨서 얼굴의 형태를 만듭니다.

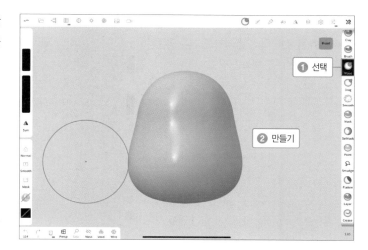

TIP Radius를 크게 조절하고 진행하면 초반 형태를 만들기가 쉬워요.

03 | 오른쪽 메뉴에서 (Clay) 또는 (Brush)를 선택합니다. 역삼각형 모양으로 코의 모양을 만든 다음 왼쪽 메뉴에서 (Smooth)를 선택하여 부드럽게 문질러 정리합니다.

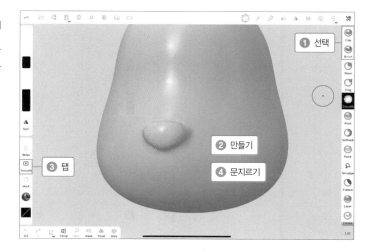

**04** 오른쪽 메뉴에서 (Brush)를 선택하고 왼쪽 메뉴에서 (Sub)를 선택하여 활성화한 다음 (Radius)를 조절하여 가늘게 설정합니다.

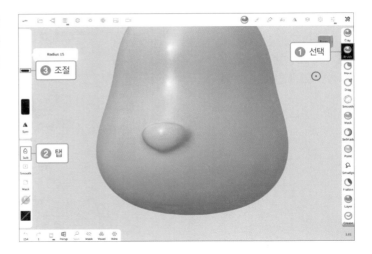

**05** 입 모양을 만들고 왼쪽 메뉴에서 (Smooth)를 선택하여 활성화합니다. 만든 입을 문질러 형태를 매끄럽게 합니다.

**TIP** (Smooth)로 인해 입의 형태가 너무 부드러워지면 (Brush)를 이용해서 입 모양을 덧칠하는 과정이 반복될 수 있습니다.

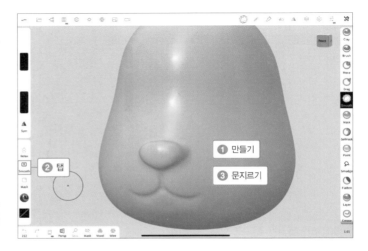

**06** 오른쪽 메뉴에서 (Clay) 또는 (Brush)를 선택하여 눈을 동그란 형태로 만듭니다.

**TIP** 왼쪽 메뉴에서 (Sym)을 활성화면 좌우 같은 형태의 눈을 만들 수 있습니다.

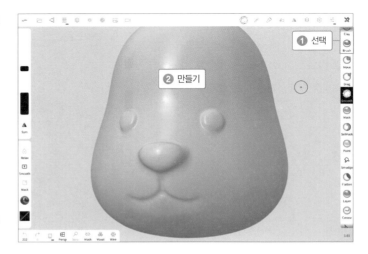

**07** 오른쪽 메뉴에서 (Clay)를 선택하여
귀를 만듭니다.

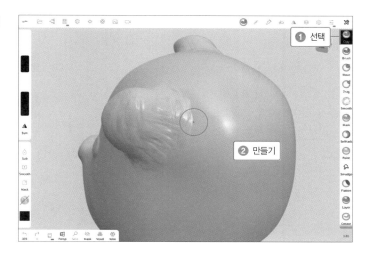

**08** (Clay)로 만든 귀의 거친 표면을
부드럽게 만들겠습니다. 왼쪽 메뉴에서
(Smooth)를 선택하고 귀를 문질러서 부드
럽게 만듭니다.

**TIP** 귀를 만들면서 늘어난 부분 형태가 이상
할 경우 하단 메뉴의 (Voxel)을 탭하여 폴리
곤을 재정렬 합니다.

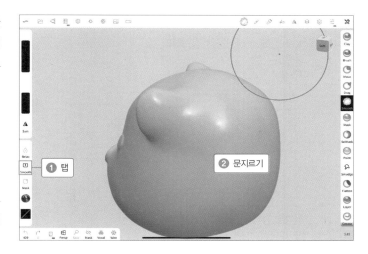

**09** 오른쪽 메뉴에서 (Move)를 선택
하고 전체적으로 둥글둥글한 형태가 되도
록 모양을 잡습니다. 다시 오른쪽 메뉴에서
(Flatten)을 선택하고 콧망울과 귀 안쪽 면
을 평평하게 눌러서 모양을 만듭니다.

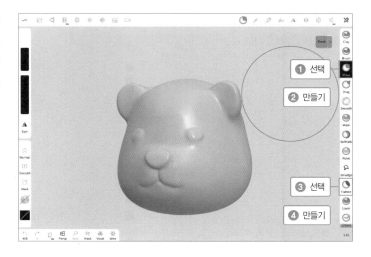

## 곰돌이 채색하여 완성하기

01 │ 오른쪽 메뉴에서 (Paint)를 선택합니다. 상단 메뉴 (Painting(🖌))에서 Material의 구체를 탭하여 프리셋을 표시하고 아이콘 중 가장 윗줄 두 번째 재질을 선택합니다.

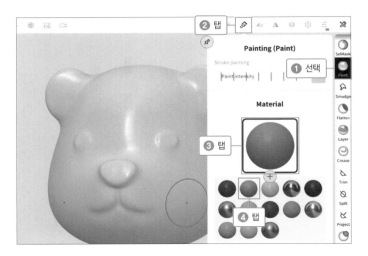

02 │ 아래 색상 상자를 탭하여 표시되는 Wheel picker 창에서 색상을 지정합니다.

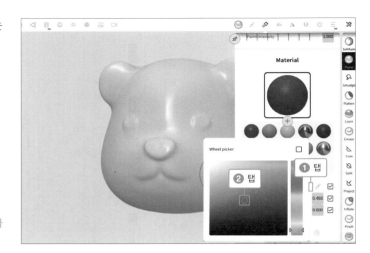

TIP  각 재질별로 광택을 설정하는 방법은 다음 챕터에서 다루도록 하겠습니다.

03 │ 오른쪽 메뉴에서 (Paint)가 선택된 상태로 코를 채색합니다.

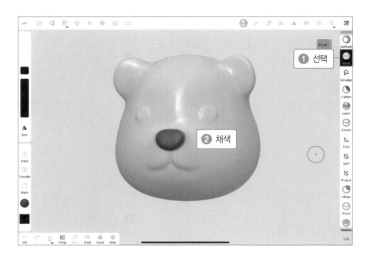

TIP  Paint도 (Smooth)를 탭하여 색상을 부드럽게 다듬어줄 수 있어요.

**04** 같은 방법으로 눈과 귀 안쪽의 색상을 지정한 다음 모양에 맞춰서 채색합니다.

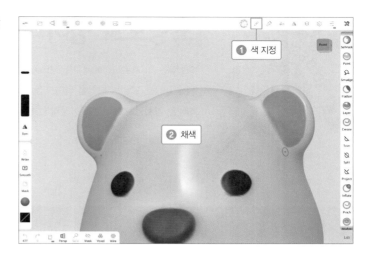

**05** 같은 방법으로 입 모양까지 채색하면 곰돌이가 완성됩니다. 매우 간단하게 기본적인 기능만을 사용해서 모델링을 완성했습니다.

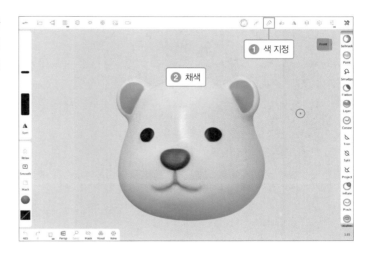

**06** 상단 메뉴 (Files(▣))에서 (Save)를 탭하여 'bear'라는 이름으로 저장하면 섬네일에 캔버스의 이미지가 미리 보기로 나타납니다.

**TIP** 기본 설정으로 자동 저장 기능이 설정되어 있어 (Save)를 탭하면 5분마다 파일이 자동 저장됩니다. 따로 자동 저장 기능의 설정을 바꾸지 않는 것을 추천합니다.

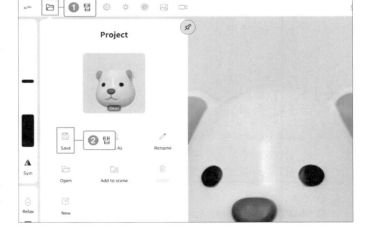

# 도형으로 병아리 만들기

이번에는 이 프로그램에서 기본적으로 제공하는 여러 도형 중에서 Sphere와 Cylinder 모델링을 이용한 모델링 방법을 알아보겠습니다. 도형 모델링을 생성하고, 여러 파츠의 모델링을 하나로 합치면서 형태감을 어떻게 만들어 나가는지 확인해 봅시다.

● 완성 파일 : 01\병아리_완성.glb

## POINT

① 도형 모델링 생성하기
② Voxel merge를 이용한 모델링 합치기
③ 여러 파츠 모델링 관리하기
④ Gizmo를 이용한 모델링 크기 조절하고 회전하기

# 병아리 몸통 모델링하기

01 │ (Files(📁))에서 (New) 버튼을 탭하여 새로운 씬을 생성합니다.

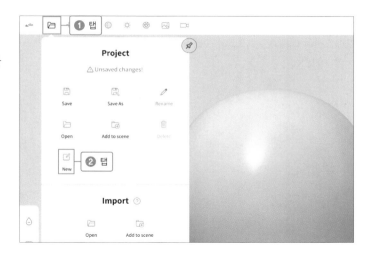

02 │ 오른쪽 메뉴에서 (Gizmo)를 선택한 다음 왼쪽 메뉴의 (Clone)을 탭하여 스피어 모델링을 복제합니다.

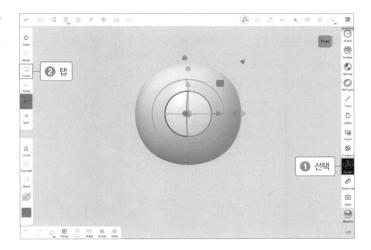

03 │ (Gizmo)의 초록색 화살표를 아래로 드래그하여 복제된 스피어를 이동합니다.

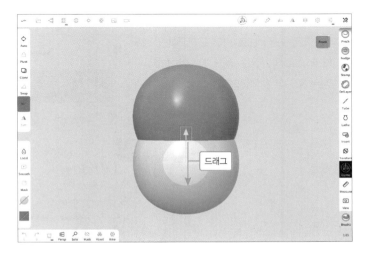

**04** [Gizmo]의 주황색 원을 바깥쪽으로 드래그하여 아래 있는 스피어 모델링의 크기를 키웁니다.

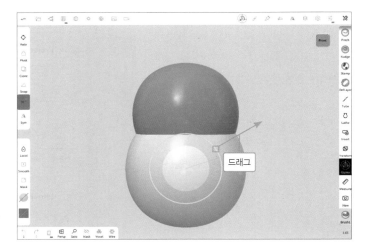

**TIP** 주황색 원을 선택하면 원의 색상이 노란색으로 바뀝니다.

**05** [Gizmo]의 초록색 포인트를 탭하면 노란색으로 변경됩니다. 이 상태에서 아래로 드래그하면 그림과 같이 스피어가 납작하게 눌린 형태로 변형됩니다.

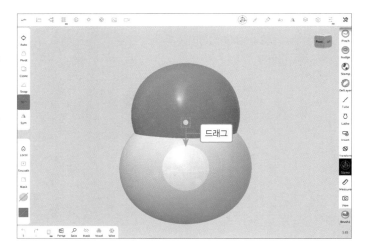

**06** 상단 메뉴 [Scene(⬚)]에서 리스트에 두 개의 'Sphere' 모델링이 표시되어 있습니다. 리스트 앞에 있는 체크 박스를 탭하여 모델링을 모두 선택합니다.

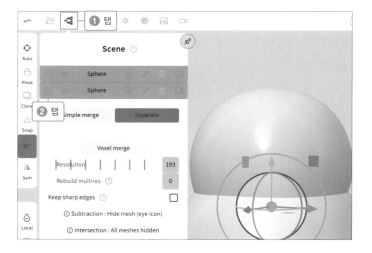

**07** Resolution을 '200'으로 설정한 다음 (Voxel merge) 버튼을 탭하여 하나의 모델링으로 만듭니다.

**TIP** Resolution의 수치가 너무 높을 경우 기기가 느려질 수 있습니다. 설정 값은 '150' ~'200'정도가 적당합니다.

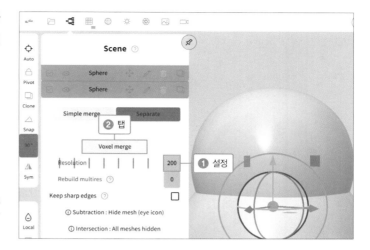

**08** 리스트에 두 개였던 'Sphere' 모델링이 하나로 줄어든 것을 확인합니다.

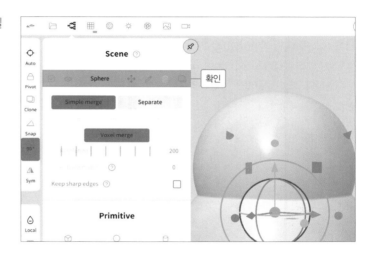

**09** 하단 메뉴에서 (Wire)를 선택하여 Wire를 확인하면 두 모델링 사이의 이음새가 하나로 이어져 있는 것을 알 수 있습니다.

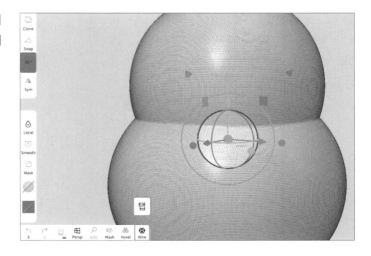

10 │ 오른쪽 메뉴에서 (Clay)를 선택하여 이음새 부분을 채웁니다.

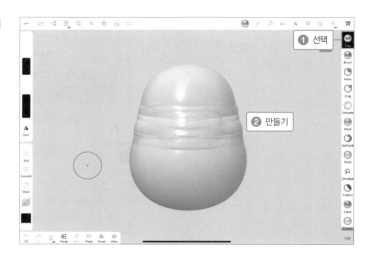

11 │ 거칠어진 표면을 다듬겠습니다. 오른쪽 메뉴에서 (Flatten)을 선택하고 왼쪽 메뉴에서 (Smooth)를 선택하여 모델링을 문지릅니다. 매끄러운 표면을 만들어준다는 생각으로 계속해서 다듬습니다.

TIP 이와 같은 형태는 생각보다 오래 걸릴 수 있어요. 조급해 하지 말고 천천히 다듬어 나갑시다.

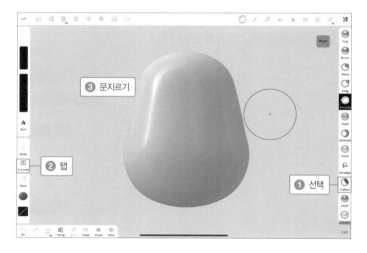

12 │ 오른쪽 메뉴에서 (Gizmo)를 선택하고 초록색 포인트를 아래로 드래그하여 형태를 조금 더 납작하게 만들어서 병아리 몸통 모델링을 마무리합니다.

TIP (Gizmo)는 굉장히 많은 부분에서 사용됩니다. 그만큼 중요한 도구로 알아두도록 합시다.

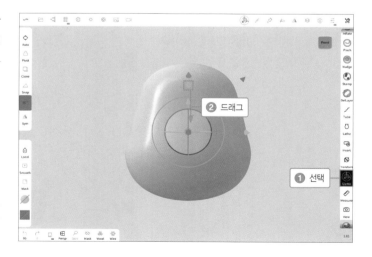

## 병아리 날개와 다리 만들기

01 먼저 날개를 만들기 위해 Sphere를 생성하겠습니다. 상단 메뉴 (Scene(▦))에서 (Sphere)를 탭하여 모델링을 생성합니다.

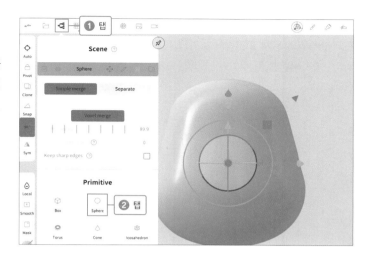

02 (Gizmo)의 빨간색 화살표를 오른쪽으로 드래그하여 생성한 스피어를 이동합니다.

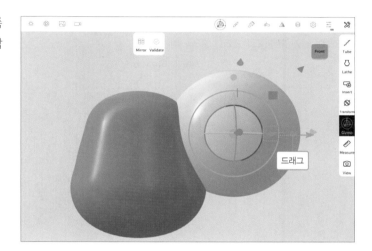

03 (Gizmo)의 빨간색 포인트를 왼쪽으로 드래그하여 모델링을 넓적하게 만듭니다.

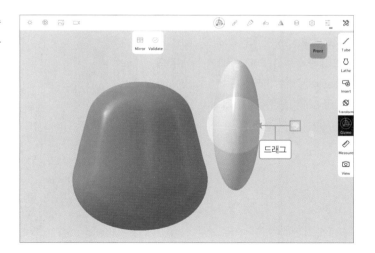

04 편집 툴에서 (Mirror)를 탭하면 반대편에 반투명의 날개 모델링이 추가됩니다. 하지만 아직 활성화된 것이 아닌 미리 보기 상태입니다.

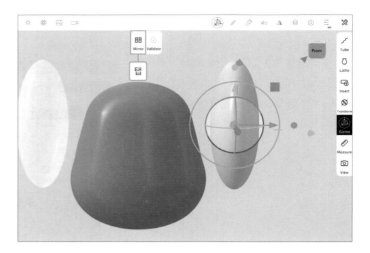

05 (Gizmo)의 주황색 원을 안쪽으로 드래그하여 날개 모델링의 크기를 줄입니다.

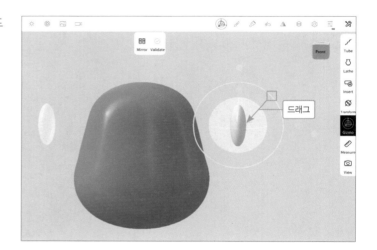

06 정면에서 봤을 때 날개를 회전하겠습니다. (Gizmo)의 파란색 원을 드래그하여 모델링을 회전합니다. 날개가 될 부분의 위치로 이동하고 편집 툴에서 (Validate)를 탭하여 모델링을 활성화합니다.

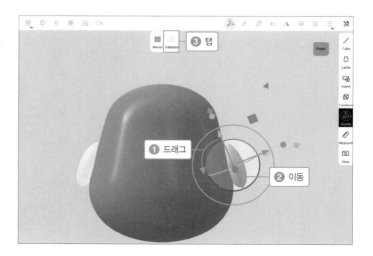

**07** 이제 병아리의 발을 만들기 위해 상단 메뉴 (Scene(⬚))에서 (Sphere)를 탭하여 모델링을 생성합니다.

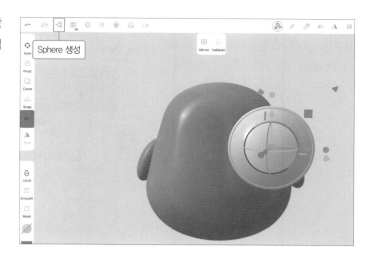

**08** 편집 툴에서 (Mirror)를 탭하여 좌우 모델링이 나타나도록 합니다. (Gizmo)의 빨간색 화살표와 초록색 화살표를 드래그하여 발이 위치할 곳으로 이동합니다.

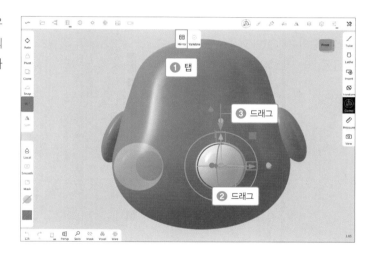

**09** Front와 Left View에서 (Gizmo)의 파란색 원과 빨간색 원을 드래그하여 자연스러운 발의 위치가 되도록 회전한 다음 편집 툴에서 (Validate)를 탭하여 발 모델링을 활성화합니다.

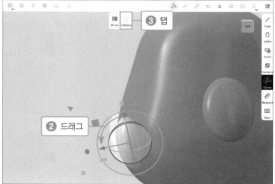

10 | 상단 메뉴 (Scene(█))에서 모델링을 전체 선택한 다음 (Voxel merge) 버튼을 탭하여 하나의 모델링으로 합칩니다.

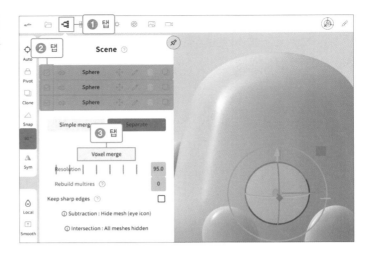

11 | 왼쪽 메뉴에서 (Smooth)를 선택하여 모델링의 경계면의 어색한 부분을 부드럽게 문질러 자연스럽게 만듭니다.

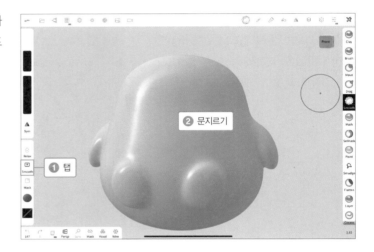

12 | 몸통과 날개 사이의 형태가 어색하네요. 오른쪽 메뉴에서 (Clay)를 선택하고 스컬핑 작업으로 형태를 메꾸듯이 작업합니다.

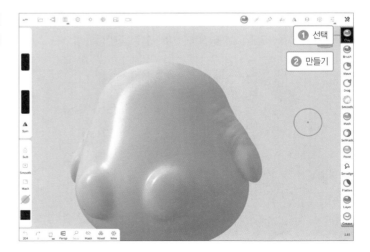

**13** 왼쪽 메뉴에서 (Smooth)를 선택하고 거칠어진 표면을 부드럽게 다듬어서 형태를 마무리 짓습니다.

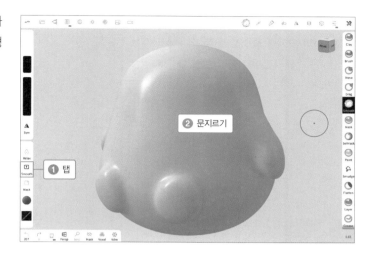

## 병아리 눈과 부리 만들기

**01** 병아리의 눈을 만들기 위해 상단 메뉴 (Scene(圖))에서 (Cylinder)를 탭하여 모델링을 생성합니다.

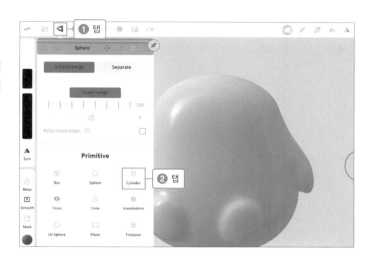

**02** 편집 툴에서 (Mirror)를 탭하여 좌우 모델링이 나타나도록 합니다.

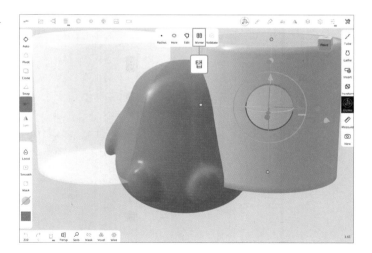

**03** 〔Gizmo〕의 주황색 원을 안쪽으로 드래그하여 크기를 줄이고 왼쪽 메뉴에서 〔Snap〕을 선택하고 회전할 각도를 '90°'로 설정합니다.

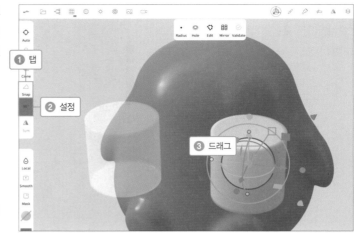

**TIP** 〔Snap〕을 활성화하면 모델링을 입력된 각도만큼 회전할 수 있습니다.

**04** 〔Gizmo〕의 빨간색 원을 드래그하여 실린더를 회전합니다.

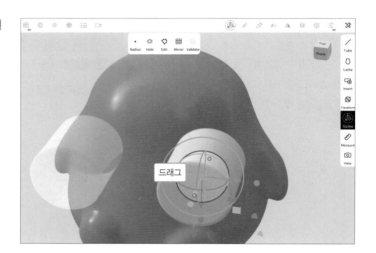

**05** 〔Gizmo〕를 이용하여 눈이 될 위치로 실린더를 이동합니다.

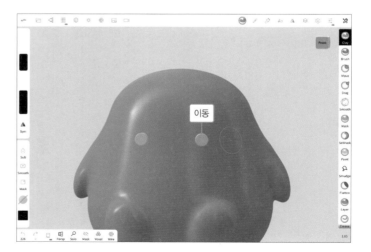

06 바닥을 만들겠습니다. 상단 메뉴
(Scene(▦))에서 (Plane)을 탭하여 넓적
한 모양의 모델링을 생성합니다.

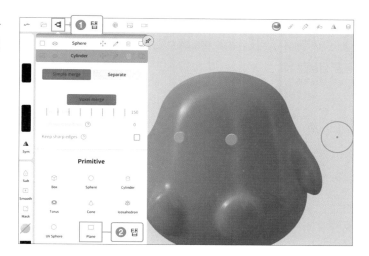

07 (Gizmo)의 주황색 원을 바깥쪽으로
드래그하여 플레인의 크기를 키웁니다.

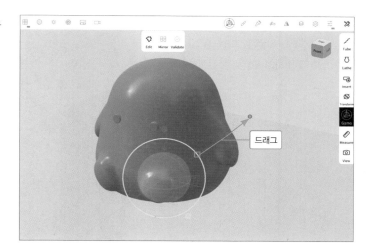

08 바닥 위치를 잡고 (Validate)를 탭
하여 모델링을 활성화합니다.

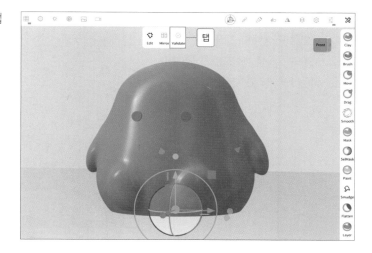

09 부리를 만들겠습니다. 상단 메뉴 [Scene(▣)]에서 [Sphere]를 탭하여 모델 링을 생성합니다.

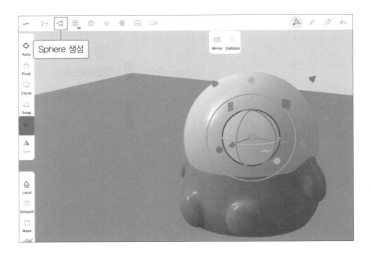

10 [Gizmo]를 이용하여 얼굴에 적당한 크기로 조절하여 이동한 다음 편집 툴에서 [Validate]를 탭하여 모델링을 활성화합니다.

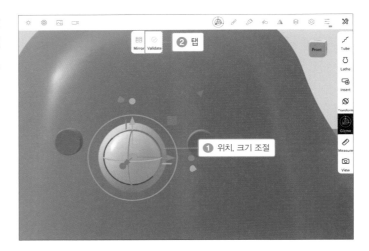

11 [Gizmo]가 선택된 상태로 왼쪽 메 뉴에서 [Clone]을 탭하여 모델링을 복제하 고 [Gizmo]의 초록색 화살표를 드래그하여 아래로 이동하면 부리가 완성됩니다.

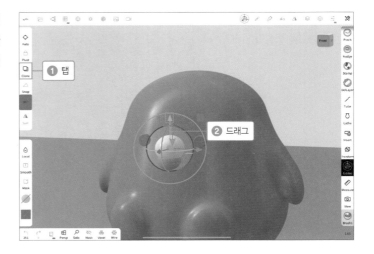

12 │ 같은 방법으로 (Gizmo)가 선택된 상태로 부리 모델링을 선택하고 왼쪽 메뉴에서 (Clone)을 탭하여 모델링을 복제하고 머리 위쪽으로 이동합니다.

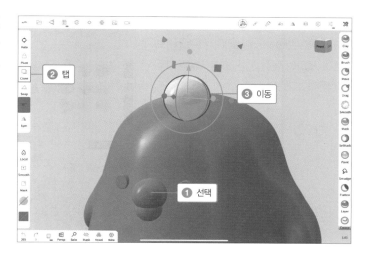

13 │ 병아리의 전체 모델링이 완성되었습니다.

**TIP** 오른쪽 메뉴의 (View)를 탭하면 캔버스의 전체 모델링이 활성화됩니다.

## 병아리 채색하고 완성하기

01 │ 병아리의 색상과 재질을 지정하겠습니다. 먼저 몸통 모델링을 선택하고 왼쪽 메뉴 (Material(⬤))의 Material 리스트에서 가장 윗줄에서 두 번째 광택이 적은 재질을 선택합니다. 색상을 '노란색'으로 지정하고 (Paint all) 버튼을 탭하여 몸통 모델링에 색상과 재질을 적용합니다.

02 | 머리 위에 있는 모델링을 선택한 다음 왼쪽 메뉴 (Material(●))에서 (Paint all) 버튼을 탭하여 몸통과 동일한 색상과 재질을 적용합니다.

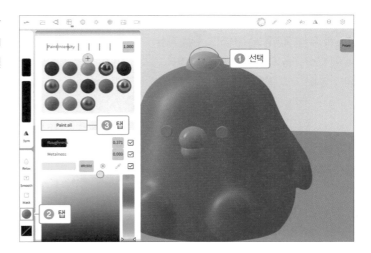

03 | 같은 방법으로 부리 모델링도 각각의 색상과 재질을 지정하고 (Paint all) 버튼을 탭하여 적용합니다.

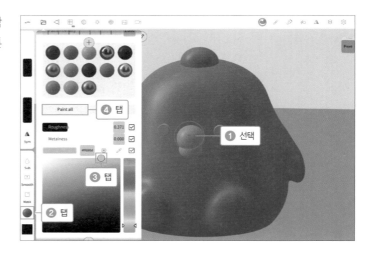

04 | 오른쪽 메뉴에서 (Paint)를 선택하고 왼쪽 메뉴 (Material(●))에서 색상을 지정한 다음 발바닥을 채색합니다.

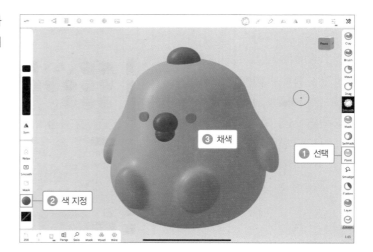

05 │ 같은 방법으로 볼터치를 만듭니다.

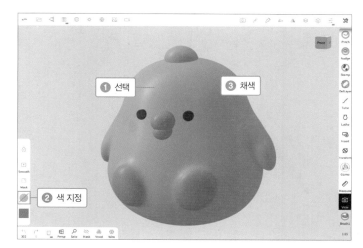

TIP 볼터치처럼 (Painting) 작업도 (Smooth)를 선택하여 부드럽게 처리할 수 있어요.

06 │ 같은 방법으로 바닥 모델링을 선택한 다음 노란색으로 지정하고 상단 메뉴 (Background(▦))에서 (Color)를 탭하여 '노란색'으로 지정해 배경색을 적용합니다.

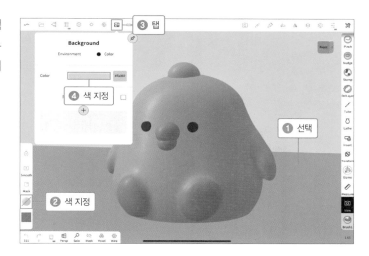

07 │ 상단 메뉴에서 (Lighting(☀))과 (Post Process(◉))의 기능을 추가해서 퀄리티를 올리고 마무리합니다.

# 3D DESIGN

## NOMAD SCULPT
### A SCULPTING AND PAINTING MOBILE APPLICATION

# Part 2

# 노마드 스컬프로 기본 입체 모델링하기

노마드 스컬프 역시 3D 입체를 만드는 앱이기 때문에 좌표에 대한 개념에 대한 이해가 필요합니다. 이번 파트에서는 노마드 스컬프에서 제공하는 기본 기능 설명과 다양한 기본 예제를 통해 직접 모델링을 함으로써 좌표와 입체의 개념을 쉽게 이해할 수 있을 것입니다. 아무리 복잡한 오브젝트도 기본 도형부터 시작하므로, 머릿속으로 상상한 오브젝트를 조합하여 만드는 방법을 배워보세요.

# 노마드 스컬프의 메뉴 기능 알아보기

노마드 스컬프의 메뉴 기능들에 대해 알아보겠습니다. 여기에 다양한 기능들을 추가로 활용한다면 더 쉽고 빠르게 많은 작업을 할 수가 있습니다. 메뉴별로 어떤 기능들이 있는지 하나씩 알아보도록 합니다.

## Nomad Sculpt로 화면 감상하기

Nomad Sculpt는 작업 중인 화면의 UI를 모두 비활성화하거나, 작업 중인 화면을 턴테이블 기능을 사용하여 회전하는 모델링을 감상할 수 있습니다. 상단 메뉴의 가장 왼쪽에 (Nomad Sculpt(🖱))를 탭하면 메뉴가 표시됩니다.

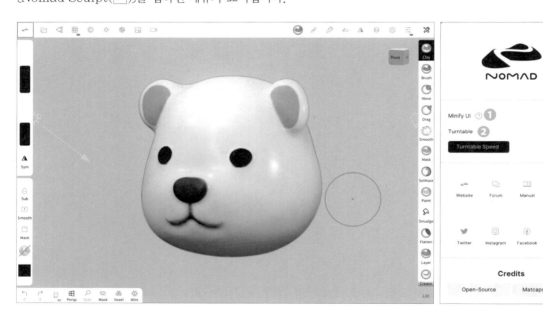

### ❶ Minify UI

Minify UI 오른쪽에 있는 상자를 탭하여 체크 표시를 활성화하면 모델링을 제외한 나머지 UI는 사라지며 이 상태에서도 화면을 회전하거나 컨트롤할 수 있습니다.

### ❷ Turntable

Turntable 오른쪽에 있는 상자를 탭하여 체크 표시를 활성화하면 모델링을 제외한 나머지 UI는 사라지며 모델링이 자동으로 회전하는 것을 감상할 수 있습니다. Turntable Speed 그래프를 드래그해서 속도와 방향을 지정합니다. 그래프가 중앙에 있거나 수치가 '0'이면 멈춤. 그래프가 왼쪽에 가깝거나 수치가 낮을수록 왼쪽으로 빠르게 회전합니다. 반대로 그래프가 오른쪽으로 가깝거나 수치가 높을수록 오른쪽으로 빠르게 회전합니다.

# Files로 다양한 파일 관리하기

Files는 작업 중인 Project를 저장하거나 외부로 넘길 수 있고, 작업 중인 화면을 이미지로 저장하는 작업을 담당합니다.

## Project

이 항목에서 새로운 Project를 생성하거나 파일을 저장하고 불러올 수 있습니다.

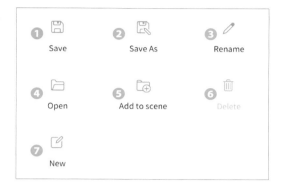

### ❶ Save

〔Files(📁)〕에서 〔Save〕를 탭하면 작업 중인 Project를 저장합니다. 아직 저장하지 않았을 경우 Project 항목 아래에 'Unsaved Changes!'라는 경고 문구가 표시됩니다.

〔Rename〕을 탭하고 이름을 입력한 다음 〔Save〕를 탭하여 저장하면 Project 항목 아래에 이름과 함께 작업 중인 섬네일이 표시됩니다.

**❷ Save As**

작업 중인 Project를 다른 이름으로 저
장합니다. 〔Save as〕를 탭하면 이미지
와 같이 새 이름을 저장할 수 있는 텍스
트 창이 표시됩니다.

**❸ Rename**

작업 중인 Project의 이름을 변경합니다.

**❹ Open**

작업할 다른 Project를 불러옵니다.

**❺ Add to scene**

작업 중인 Project에 다른 Project의 모델링을 추가로 불러옵니다. 이때 원래 작업 중인
모델링도 그대로 유지됩니다.

**❻ Delete**

저장된 Project 리스트에서 지워줄 Project를 선택해서 지웁니다.

**❼ New**

새 Project를 생성합니다.

**Import**

외부 기기에서 저장한 노마드 스컬프의
Project 파일을 불러옵니다.

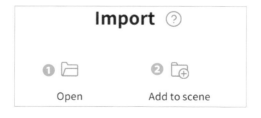

**❶ Open**

다른 타블렛 기기에서 저장한 노마드 스컬프의 Project 파일이나 다른 프로그램에서 작
업된 여러 포맷의 모델링 파일을 불러옵니다. 이때 원래 작업 중인 Project 대신 불러온
데이터로 대체되기 때문에 불러오기 전에 꼭 저장하도록 합니다.

**❷ Add to scene**

작업 중인 Project에 다른 Project 파일이나 여러 포맷의 모델링 파일을 추가로 불러옵
니다. 이때 원래 작업 중인 Project 내용도 유지됩니다.

## Project Auto Save

작업 중인 Project를 설정한 시간마다 자동으로 저장해 주는 기능입니다. 기본 설정은 5분으로 되어 있고 그래프를 탭하여 드래그하거나 수치를 설정하여 자동 저장하는 시간을 지정합니다. 체크를 해제하면 자동 저장 기능이 해제되지만 가급적 활성화해 두는 것이 좋습니다.

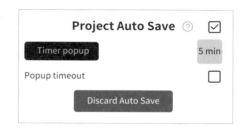

## Export

노마드 스컬프에서 작업한 모델링을 외부 프로그램으로 보내고자 할 때 해당 프로그램에서 호환되는 포맷으로 변경할 때 사용되며 Import와 반대 개념이라고 생각하시면 됩니다. 노마드 스컬프에서는 gltf, obj, stl 포맷을 지원합니다.

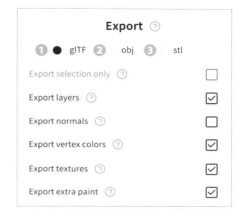

### ❶ glTF

작업 중이던 설정과 환경을 Scene 전체를 그대로 내보낼 수 있습니다. 다른 아이패드로 파일을 그대로 옮겨서 작업하고 싶을 때 유용해요. Gl Transmission Format의 줄임말이고 3차원 장면과 모델을 표현하는 파일 포맷으로, 실행에 필요한 부하를 최소화하도록 설계되어 있습니다. 말 그대로 최적화가 잘 되어 있는 포맷이라고 할 수 있어요.

### ❷ obj

가장 일반적으로 널리 쓰이는 포맷으로 단일 모델링을 다른 프로그램으로 보낼 때 가장 많이 사용되는 포맷입니다.

### ❸ stl

3D 프린팅할 때 주로 사용되며 CAD에서 사용되기도 합니다.

## Render

작업 중인 캔버스의 화면을 이미지로 저장합니다. 아래의 설정을 지정한 뒤에 〔Export png〕를 탭하면 이미지로 저장할 수 있습니다.

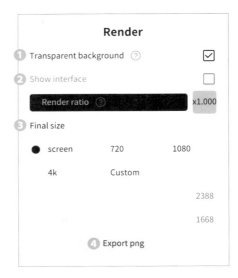

❶ **Transparent background**

Trasparent backgrond 오른쪽에 있는 상자를 탭하여 체크 표시를 활성화하면 캔버스의 백그라운드 이미지를 없애고 모델링만 이미지로 저장할 수 있어 다른 이미지와 합성하기 쉽습니다.

▲ Trasparent backgrond를 체크 표시하여 배경이 없는 이미지로 저장된 모습

▲ Transparent background를 체크 해제하여 백그라운드 이미지가 같이 저장된 모습

❷ **Show interface**

캔버스의 UI를 나타내면서 이미지를 저장합니다.

❸ **Final size**

저장될 이미지의 크기를 선택합니다. 일반적으로 screen을 선택하여 저장합니다.

**❹ Export png**

모든 설정을 마무리하고 〔Export png〕 버튼을 탭하면 새로운 화면이 표시됩니다. 오른쪽 상단의 '공유하기' 아이콘(🔲)을 탭한 다음 〔Save image〕를 탭하여 이미지로 저장합니다.

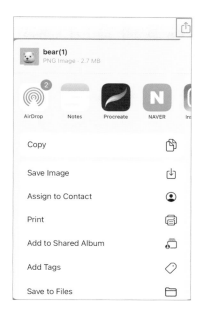

## Settings

각종 변경사항을 초기화합니다.

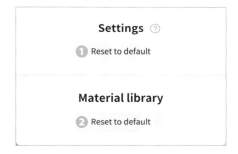

**❶ Reset to default**

Project의 각종 설정을 기본으로 되돌립니다.

**❷ Material library**

Material 리스트의 변경사항을 기본으로 되돌립니다.

## Scene으로 모델링 생성하고 리스트 관리하기

Scene에서는 작업 중인 모델링을 관리하거나 새로운 도형 모델링을 생성할 수 있습니다.

## 모델링 리스트 관리하기

모델링이 많아질 때 Scene에서 어떻게 관리를 해주느냐에 따라서 작업이 원활할 수도 있습니다. 모델링 리스트를 관리하는 법을 알아보도록 합시다.

01 캔버스에 두 모델링이 있습니다. 왼쪽 상단의 〔Scene(▦)〕을 탭합니다.

02 〔Scene(▦)〕의 모델링 리스트에서 'bear'와 'ball'이라는 이름의 모델링이 표시되는 것을 확인할 수 있습니다. 체크 표시가 선택되어 있는 'bear' 모델링은 캔버스에서 활성화되어 있고, 체크 표시가 되어 있지 않은 'ball' 모델링은 어둡게 비활성화되어 있습니다.

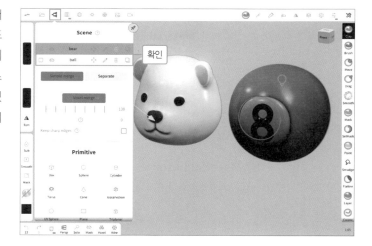

**03** 반대로 모델링 리스트에서 'ball' 모델링의 박스를 탭하여 체크 표시를 활성화하면 캔버스에서 'ball' 모델링만 활성화되어 있는 것을 확인할 수 있습니다.

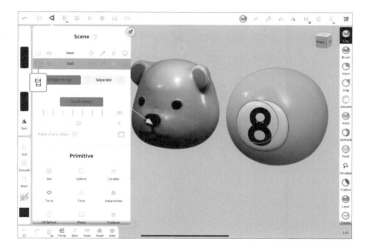

**TIP** 체크 표시는 현재 선택된 모델링을 나타냅니다.

**04** 모델링 리스트에서 두 개의 모델링의 박스를 모두 탭하여 선택하면 캔버스에서도 동일하게 두 모델링을 모두 활성화합니다.

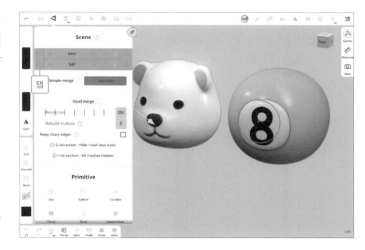

**TIP** 오른쪽 메뉴에서 (View)를 선택하면 손쉽게 모두 활성화할 수 있습니다.

**05** 모델링 리스트에서 '눈' 아이콘(👁)을 탭하여 모델링을 캔버스에서 보이지 않게 할 수 있습니다. 'ball' 모델링의 '눈' 아이콘(👁)을 탭하여 화면에서 숨겼어요.

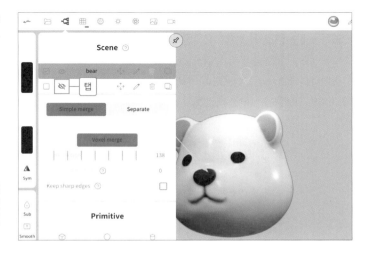

**TIP** 모델링이 모두 선택된 상태에서 하나의 모델링만 보이지 않게 설정하면 캔버스에서 숨긴 모델링이 빗금 표시로 선택된 것을 알려줍니다.

06 모델링 리스트에서 '이동' 아이콘 (⊕)을 탭한 다음 위아래로 드래그하면 모델링의 순서를 바꿀 수 있습니다.

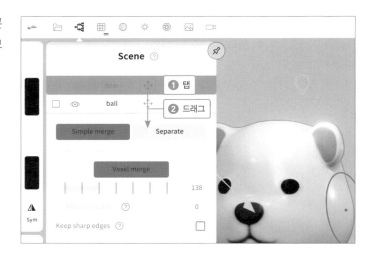

07 '연필' 아이콘(✏)을 탭하여 모델링의 이름을 변경할 수 있고, '휴지통' 아이콘 (🗑)을 탭하여 모델링을 지울 수 있습니다.

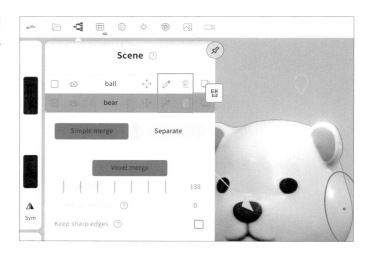

08 '복제' 아이콘(▢)을 탭하여 동일한 모델링을 같은 자리에 복제하고 모델링 리스트에 'bear' 모델링이 더 늘어난 것을 확인합니다. (Gizmo)를 이용하여 캔버스에 세 가지의 모델링을 나란히 배열했습니다.

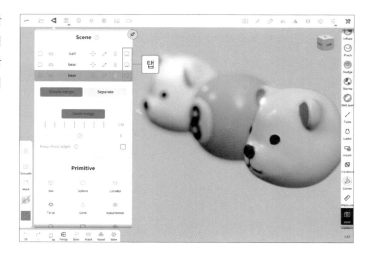

## 모델링을 하나로 합치기

Scene에서는 두 가지 방법으로 여러 모델링을 하나로 합칠 수 있습니다. 각각의 방법은 개념이 매우 다르기 때문에 잘 알아둘 필요가 있어요. 어떤 차이점이 있는지 확인해 봅시다.

### ❶ Simple merge

Simple merge는 복수 선택된 모델링을 하나로 합쳐주는 기능으로 정확히는 그룹화했다는 것이 올바른 표현입니다.

01 │ 모델링 리스트에서 'bear'와 'ball' 모델링을 동시에 선택하고 (Simple merge) 버튼을 탭합니다.

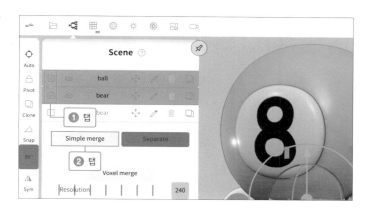

02 │ 모델링 리스트에 세 개였던 모델링이 두 개로 줄어들었습니다. 이제 당구공과 곰 모델링이 하나로 합쳐졌기 때문에 오른쪽 메뉴에서 (Gizmo)를 이용해 한 번에 컨트롤할 수 있게 되었습니다.

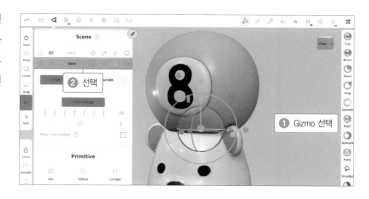

03 │ (Separate) 버튼을 탭하면 모델링이 원래대로 분리됩니다. (Simple merge)로 합쳐진 모델링은 (Separate)로 분리할 수 있습니다.

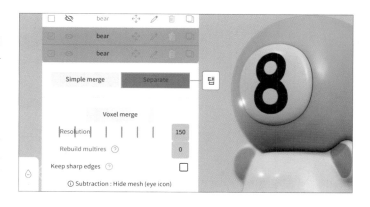

TIP (Simple merge)로 합쳐진 모델링은 하단 메뉴의 (Wire)를 탭하여 확인해 보면 두 모델링 사이의 Wire가 서로 연결되어 있지 않다는 걸 알 수 있습니다.

### ❷ Voxel merge

Voxel merge는 Simple merge와는 다르게 Wire의 흐름까지 완전히 이어주는 방식
이며, Wire의 밀도를 재정렬 시켜주는 기능입니다. Wire의 밀도는 옵션으로 선택 가능
합니다.

01 │ 상단 메뉴 (Scene(🖵))에서 모델링
리스트의 'bear'와 'ball' 모델링을 다중 선
택하고 Resolution을 '150'으로 설정한 다
음 (Voxel merge) 버튼을 탭합니다.

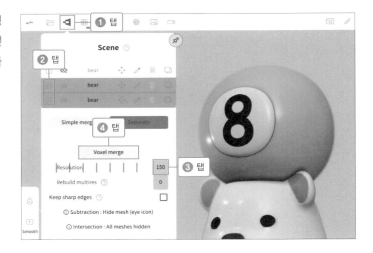

02 │ 실루엣은 동일한데 해상도가 낮은
것처럼 보입니다. Resolution의 수치가 낮
으면 그림과 같이 해상도가 낮은 결과물이
나타납니다.

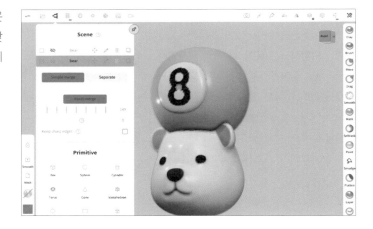

03 │ 하단 메뉴의 (Wire)를 선택하면 두
모델링 사이의 Wire가 완전히 하나로 이어
진 것을 알 수 있습니다.

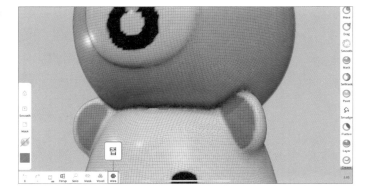

**04** 두 손가락으로 탭하여 처음 상태로 뒤로 가기를 합니다. 다시 (Scene(⬚))에서 모델링 리스트의 'bear'와 'ball' 모델링을 다중 선택하고 Resolution을 '500'으로 설정한 다음 (Voxel merge) 버튼을 탭합니다.

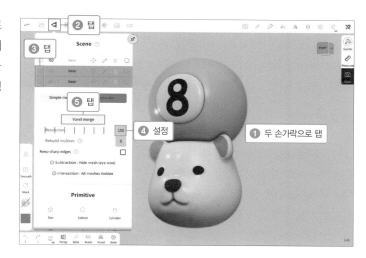

**05** 하단 메뉴의 (Wire)를 선택하여 활성화하면 이전보다 많은 양의 Wire가 촘촘한 것을 확인할 수 있습니다. Wire가 많을수록 더 많은 표현을 표시할 수 있습니다.

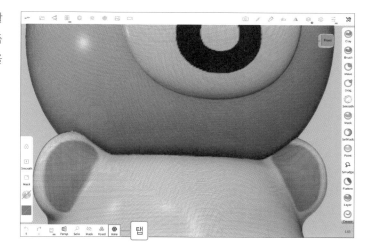

**06** 원본과 거의 흡사한 퀄리티로 하나로 합쳐진 결과물을 만들었습니다.

**TIP** 이처럼 (Voxel merge)는 Resolution의 수치에 영향을 받아 새로 폴리곤을 재정렬 시켜주는 특징을 가지고 있습니다. 하지만 (Simple merge)와는 다르게 다시 분리할 수 없어 작업할 때 신중하게 고려해야 합니다.

## Primitive로 여러 도형 생성하기

Primitive는 Box, Sphere, Cylinder 등 다양한 도형을 생성하여 작업에 활용할 수 있도록 도와주는 기능입니다. 상황에 맞게 도형을 만드는 방법을 알아봅시다.

### ❶ Box 만들기

**01** 상단 메뉴 (Scene(▣))에서 (Box)를 탭하여 모델링을 생성합니다. 캔버스에 박스 모델링과 함께 중앙에 편집 툴이 표시되는데, 이를 이용해서 모델링을 활성화하기 전에 모양을 수정할 수 있어요.

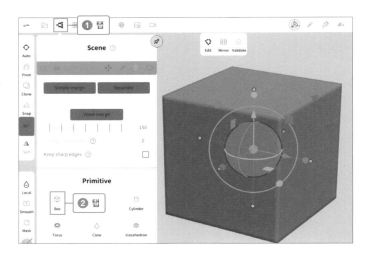

**02** (Gizmo)에 여러 색상의 포인트가 표시됩니다. 이 중에서 왼쪽 끝의 작은 빨간색 포인트를 드래그하면 박스의 오른쪽 면은 그대로 유지된 채로 왼쪽 면을 늘리거나 줄일 수가 있습니다.

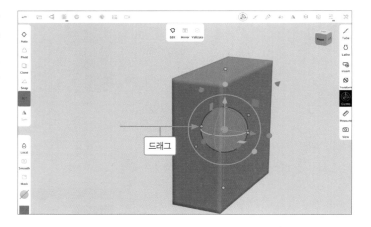

**03** (Gizmo)에서 아랫부분의 작은 초록색 포인트를 드래그하면 박스의 윗면은 그대로 유지한 채 아랫면만 늘리거나 줄일 수 있습니다.

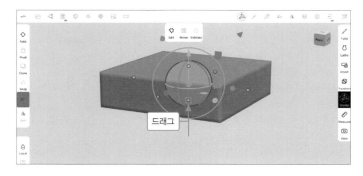

04 편집 툴에서 (Validate)를 탭하면
모델링이 활성화되고 스컬핑 작업을 할 수
있게 됩니다.

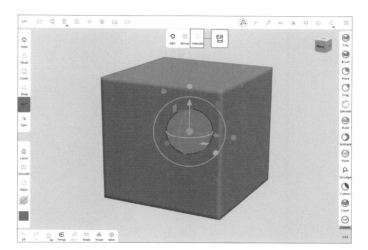

TIP 모델링이 활성화되면 (Gizmo)의 세분
화 되어 있던 포인트와 편집 툴이 사라집니다.

## ❷ Sphere 만들기

01 상단 메뉴 (Scene(▣))에서 (Sphe
re)를 탭하면 캔버스에 스피어 모델링과 함
께 편집 툴이 표시됩니다. (Validate)로 활
성화하기 전에 (Mirror)를 탭합니다.

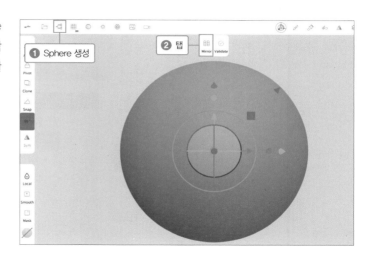

02 캔버스의 왼쪽에 반투명의 스피어
가 나타났습니다. Sphere의 (Gizmo)의 빨
간 화살표를 드래그하여 모델링을 이동하고
좌우 복사된 형태를 확인한 다음 편집 툴의
(Validate)를 탭합니다.

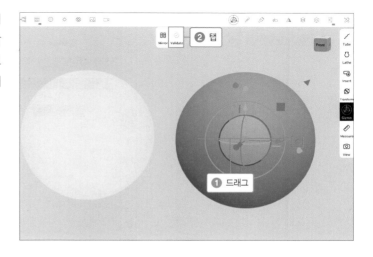

**03** 좌우로 복사된 두 개의 스피어 모델링이 활성화되었습니다.

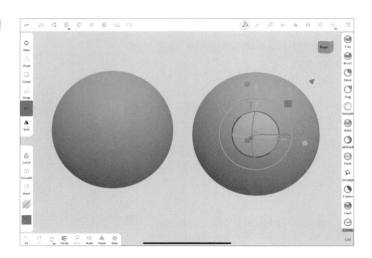

**04** 캔버스에서는 두 개가 독립된 것처럼 보이지만 상단 메뉴 (Scene(🔳))에서 모델링 리스트를 확인하면 하나의 단일 오브젝트인 것을 알 수 있습니다.

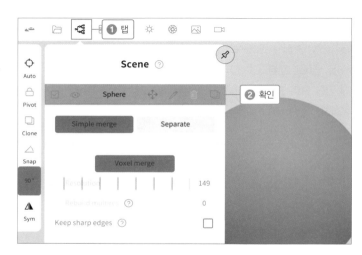

### ❸ Cylinder 만들기

**01** 상단 메뉴 (Scene(🔳))에서 (Cylinder)를 탭하여 모델링을 생성합니다.

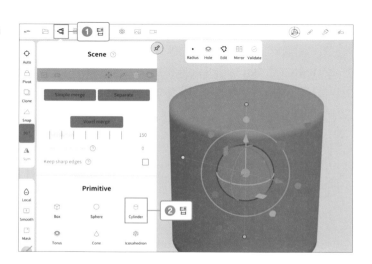

02 〔Gizmo〕에서 아랫부분의 작은 초록색 포인트를 드래그하면 실린더의 윗면은 그대로 유지된 채로 아랫면만 늘리거나 줄일 수 있습니다.

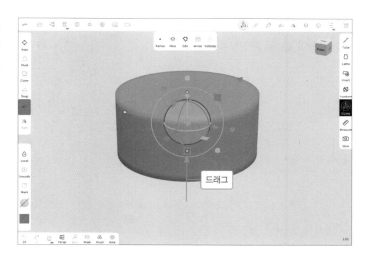

03 〔Gizmo〕의 작은 노란색 포인트를 드래그하면 실린더의 오른쪽 면은 그대로 유지된 채로 왼쪽 면만 늘리거나 줄일 수 있습니다.

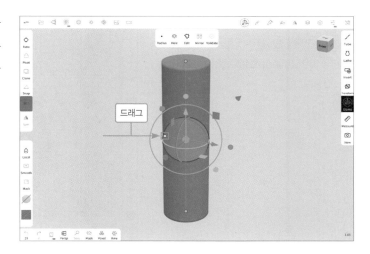

04 편집 툴의 〔Radius〕를 탭하면 Radius 아이콘의 포인트 개수가 두 개로 변경됩니다. 실린더의 〔Gizmo〕에서 작은 노란색 포인트가 위아래 두 개 생성되었습니다.

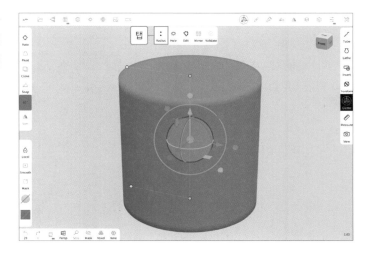

**05** 각각의 노란색 포인트를 드래그하면 위아래 면의 넓이를 제어할 수 있습니다.

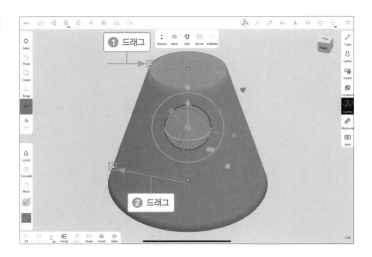

**06** 편집 툴의 (Hole)을 탭하면 실린더 중앙에 구멍을 만들 수 있습니다. 모든 작업이 끝나면 (Validate)를 탭하여 모델링을 활성화합니다.

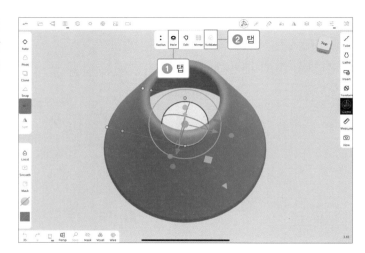

### ❹ Torus 만들기

**01** 상단 메뉴 (Scene(□))에서 (Torus)를 탭하여 생성합니다. 토러스는 도너츠 형태의 모델링입니다.

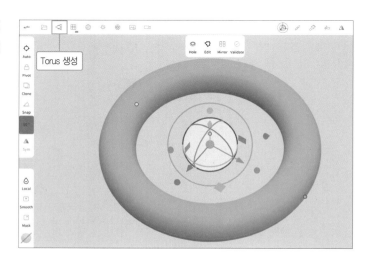

02 | 토러스의 작은 노란색 포인트를 드래그하면 링의 두께는 유지하면서 크기를 줄일 수 있습니다.

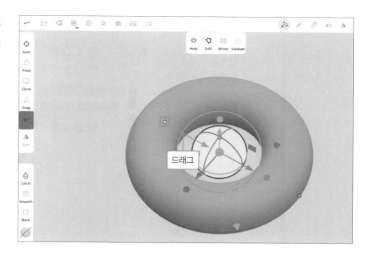

03 | [Gizmo]의 녹색 화살표에 작은 초록색 포인트를 위아래로 드래그하면 토러스의 크기는 유지하면서 링의 두께를 조절할 수 있습니다.

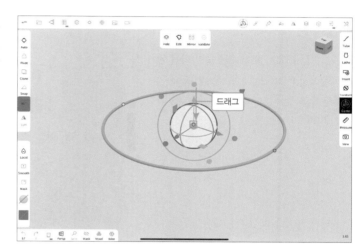

04 | 같은 방법으로 Cone, Icosahedron, Plane도 생성할 수 있습니다.

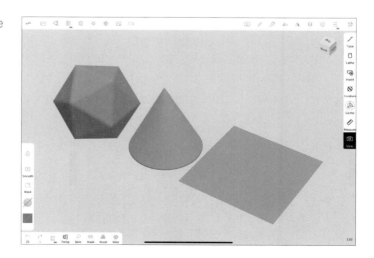

### ❺ Triplanar로 모델링 만들기

01 │ 상단 메뉴 (Scene(⬚))에서 (Triplanar)를 탭하면 모델링이 그림과 같이 나타납니다. 표시된 편집 툴을 보면 (Back), (Right), (Bottom)과 같은 각 방향을 선택할 수 있는 항목이 있습니다.

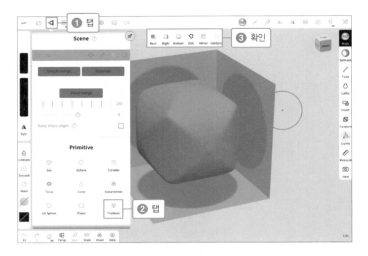

02 │ 편집 툴에서 (Back)을 탭한 다음 왼쪽 메뉴에서 (Unmask), (Smooth)를 선택하여 마스크 영역을 지정하면 모델링에 바로 반영됩니다.

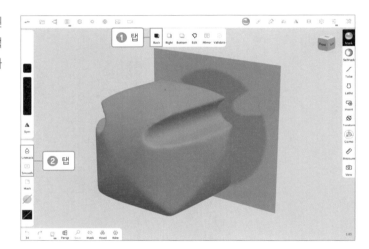

03 │ 마찬가지로 (Right), (Bottom)을 탭한 다음 각 영역을 마스크 작업을 진행하면서 원하는 모양을 만들 수 있습니다.

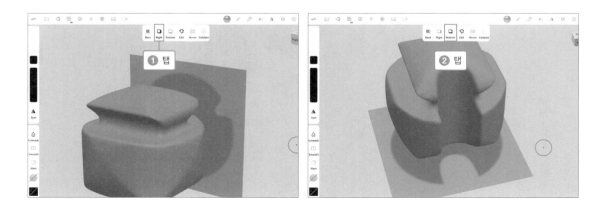

# Topology의 폴리곤 기능 알아보기

Topology의 각 항목은 폴리곤을 늘리거나 최적화하는 등 모델링의 폴리곤을 관리하는 내용을 담당하고 있습니다.

## Multires로 폴리곤 관리하기

Multires에서는 오브젝트 폴리곤의 양을 늘려줄 수 있는 Subdivide 기능과 함께, 폴리곤을 재정렬해 주는 Voxel remeshing, 많은 양의 폴리곤을 최적화하는 Decimation 기능을 사용할 수 있습니다. Scene에서 여러 오브젝트를 관리했다면, Multires에서는 각 오브젝트의 폴리곤을 관리하게 됩니다.

● 예제 파일 : 02\병아리.glb

**01** 상단 메뉴 (Files(⬚))에서 Import의 (Open)을 탭한 다음 (Yes)를 탭합니다. 02 폴더에서 '병아리.glb' 파일을 선택하고 불러옵니다.

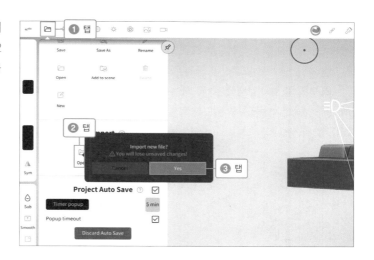

**02** 상단 메뉴 (Topology(⊞))에서 (Multires) 탭을 선택하면 상단에 Faces, Triangles, Vertices, Quads, Name, Type 항목이 표시됩니다. 각각의 항목은 오브젝트의 형태를 이루는 폴리곤의 용어를 지칭하며, 숫자는 오브젝트 폴리곤의 양을 수치화한 것입니다.

**TIP** 각 항목은 삼각형, 점, 면 등 3D의 작은 단위를 나타냅니다. 병아리의 폴리곤 양이 표시된 것처럼 '77.1k'라고 이해하면 됩니다.

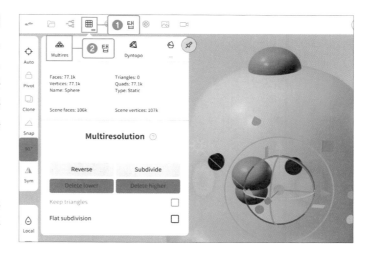

**03** | Multiresolution의 (Subdivide) 버튼을 탭하면 폴리곤이 늘어나고 그래프와 함께 여러 항목이 활성화됩니다. 폴리곤의 양을 확인하면, '77.1k'에서 '308k'로 많은 양의 폴리곤이 늘어났지만 눈에 띄는 차이점은 알기 어렵습니다.

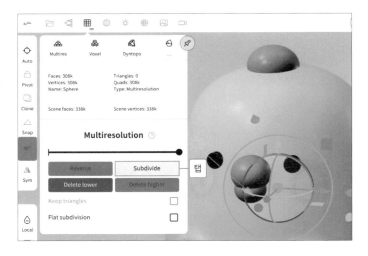

**04** | (Subdivide) 버튼을 한 번 더 탭하여 Multiresolution의 그래프를 한 칸 더 생성합니다. 그래프를 오른쪽으로 드래그하여 가장 높은 단계로 조절하면 폴리곤 양이 '1.23M'으로 늘어납니다. 하단 메뉴의 (Wire)를 선택하여 폴리곤의 밀도가 복합한 폴리곤을 확인합니다.

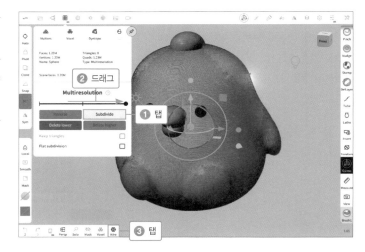

**05** | Multiresolution 그래프를 가운데로 드래그하여 조절합니다. Subdivide가 이전 단계로 내려가고 Wire의 밀도 또한 달라졌습니다.

**TIP** 전체 3단계의 Subdivide 단계에서 현재 2단계에 위치해 있고, 1단계와 3단계를 오갈 수 있습니다.

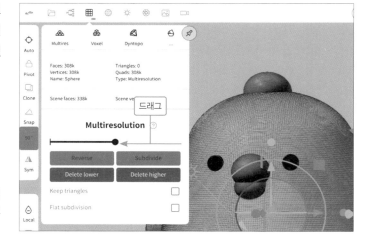

**06** 이 상태에서 (Delete lower) 버튼을 탭하면 이전 단계의 Subdivide를 삭제합니다. 더 이상 지울 이전 단계가 없어 (Delete lower) 버튼이 비활성화됩니다.

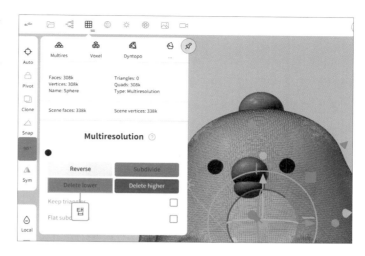

**07** 이 상태에서 (Delete higher)을 탭하면 다음 단계의 Subdivide를 삭제합니다. 더 이상 지울 다음 단계가 없어 (Delete higher) 버튼이 비활성화됩니다.

**TIP** 이렇게 작업 중인 오브젝트의 폴리곤이 부족하다면 (Subdivide)를 탭하여 폴리곤의 양을 늘리고, 늘어남에 따라 각 단계를 오가며 효율적으로 작업할 수 있습니다. 폴리곤의 양이 늘어나면 디테일한 작업을 할 수 있고, 불필요한 이전 단계를 지워 없애거나, 다음 단계를 지워 없애는 작업 또한 할 수 있습니다.

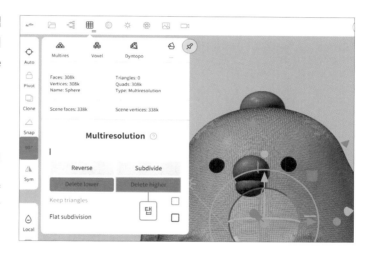

## Voxel으로 폴리곤 재정렬하기

Voxel은 Scene의 Voxel merge와 용어가 비슷합니다. Voxel은 합치는 기능 없이 선택된 단일 오브젝트의 폴리곤을 재정렬해 주는 기능입니다. 여러 오브젝트를 합치고 폴리곤을 재정렬할 때는 Scene의 Voxel merge, 단일 오브젝트 폴리곤을 재정렬할 때는 Topology의 Voxel에서 Voxel remeshing을 활용하면 됩니다.

● 예제 파일 : 02\병아리.glb

01 │ (Topology(▦))에서 병아리 모델링의 폴리곤의 양을 확인하면 '308k'의 폴리곤을 지니고 있습니다.

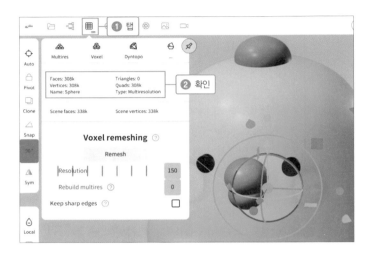

02 │ 두 번째 항목의 (Voxel) 탭을 선택합니다. Voxel remeshing의 Resolution을 '150'으로 설정하고 (Remesh) 버튼을 탭하여 폴리곤을 재정렬합니다. 폴리곤의 양이 '76.3k'로 줄어든 것을 확인할 수 있습니다.

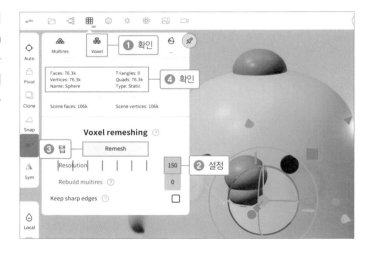

**03** 하단 메뉴의 (Wire)를 선택하여 폴리곤의 양이 줄어든 모습을 확인할 수 있습니다.

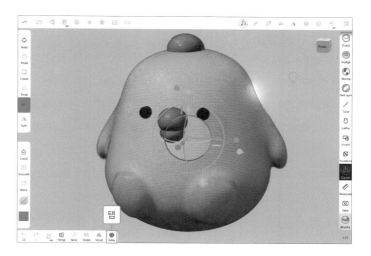

**04** 오른쪽 메뉴의 (Drag)를 선택하여 형태를 수정하다 보면 모델링이 늘어나는 경우가 많습니다. 이때 Wire가 불규칙하게 늘어나면서 그 부분에 표현을 제대로 할 수 없는 상황이 생기는데 이때 Remesh 기능으로 폴리곤을 재정렬 시켜주면 효율적으로 작업을 할 수 있습니다.

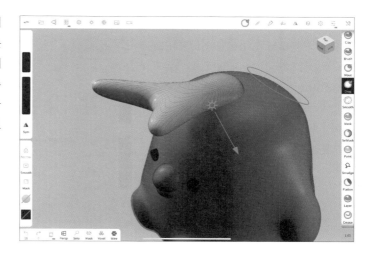

**05** 늘어난 Wire가 Remesh로 인해 균일하게 재정렬되어 원활한 작업을 할 수 있습니다.

**TIP** Remesh를 할 때 Resolution의 수치를 늘려주면 높은 양의 폴리곤으로 만들어 줄 수 있지만, 오브젝트의 크기와 중요도를 고려해서 수치를 설정하는 것이 중요합니다.

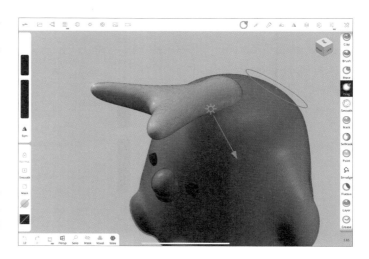

## Dyntopo로 폴리곤 최적화하기

Dynamic topology라고 불리는 메뉴로 먼저 간단한 개념만 짚고 넘어가도록 하겠습니다. 일반적으로 Nomad Sculpt나 Zbrush와 같은 스컬핑 프로그램으로 작업하면 많은 양의 폴리곤을 다루게 되는데 여기에서 작업된 많은 양의 모델링 데이터, 즉 하이폴리곤 데이터를 Blender, 3ds Max로 그대로 옮길 경우 많은 데이터양 때문에 원활한 작업이 어렵습니다. 이를 해소하기 위해서는 폴리곤의 최적화가 필요한데 모델링의 퀄리티는 유지하면서 폴리곤을 자동으로 최적화해 주는 기능이 'Decimation', 이를 통해 최적화된 모델링을(게임 데이터 등) 활용하기 위해 표면의 폴리곤 배열을 일일이 작업하는 것을 'Topology'라고 합니다. Dynamic topology는 '동적 토폴로지'로 작업하는 즉시 모델링 최적화가 동시에 진행되는 방식입니다. 이로 인해 작업자는 폴리곤 토폴로지를 신경 쓰지 않고 오로지 스컬핑에만 집중할 수 있습니다.

01 │ 상단 메뉴 (Topology(▦))의 (Dyntopo) 탭에서 Dynamic topology의 'Enabled'를 체크 표시하면 모델링의 Subdivide가 모두 사라진다는 경고 메시지가 나타나며 Detail 수치에 따라 폴리곤이 재정렬됩니다.

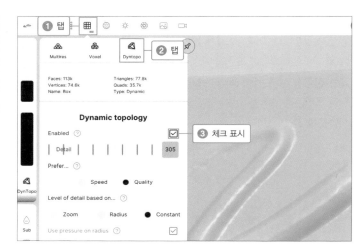

02 │ Dynamic topology의 Detail은 (Voxel) 탭의 Resolution과 동일하게 나타나지만 Dynamic topology의 'Enabled'를 체크 해제하면 활성화되지 않습니다.

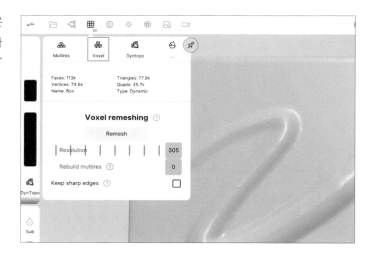

03 │ Dynamic topology를 적용한 다음
스컬핑 작업을 했지만, 기존 작업과 표면적
으로는 큰 차이를 느끼기 어렵습니다.

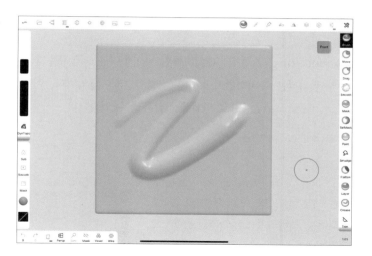

04 │ 하단 메뉴의 (Wire)를 선택하여 모
델링을 확인하면 Wire의 흐름이 다르다는
것을 알 수 있습니다.

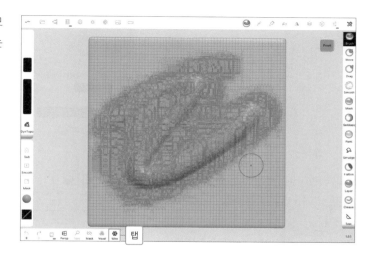

05 │ 확대하면 Subdivide를 하지 않아도
스컬핑 작업이 제대로 되었습니다. 동시에
삼각형과 사각형의 조합으로 폴리곤이 최적
화되어 있습니다. 스컬핑 작업을 하지 않은
나머지 부분은 원래대로 폴리곤이 낮은 상
태를 유지하고 있습니다.

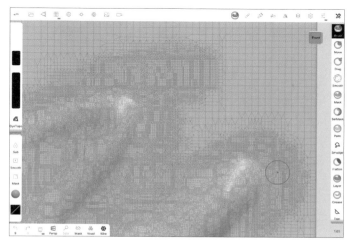

**TIP** 작업과 동시에 폴리곤을 최적화해 주는
기능이 Dynamic topology의 특징이라고 할
수 있습니다.

# Decimation으로 폴리곤 양 줄이기

Decimation은 스컬핑 작업을 통한 하이폴리곤 모델링을 최적화할 때 사용되며, 스컬 핑의 퀄리티는 유지하면서 폴리곤의 양을 대폭 줄입니다. 이 데이터를 Blender, 3ds Max, Procreate 등으로 연동해서 활용할 수 있습니다.

● 예제 파일 : 02\해바라기.glb

01 상단 메뉴 (Files(▤))에서 Import의 (Open)을 탭한 다음 (Yes)를 탭합니다. 02 폴더에서 '해바라기.glb' 파일을 선택하고 불러옵니다.

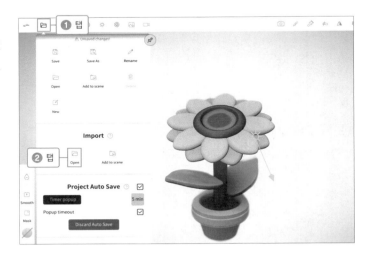

02 하단 메뉴의 (Wire)를 선택하고 모 델링의 Wire 흐름을 확인합니다. 상단 메뉴 (Topology(▦))의 (Decimation) 탭에서 '6.83M'으로 상당히 많은 양의 폴리곤으로 이루어져 있고 Target triangles을 '50%', Preserve painting을 '50'으로 설정되어 있는 것을 확인하고 (Decimate) 버튼을 탭 합니다.

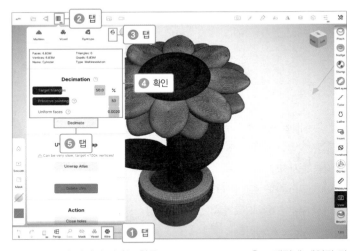

**TIP** Target triangles는 모델링의 폴리곤을 몇 퍼센트를 줄일 것인지 정하는 항목, Preserve painting은 모델링에 페인팅 작 업이 되어 있다면 페인팅 퀄리티를 어느 정도로 유지할지 결정하는 항목입니다.

03 | 폴리곤의 수치가 '3.41M'으로 절반이 줄어들었습니다. Target triangles를 '9.9%'로 설정하고 한 번 더 (Decimate) 버튼을 탭하여 폴리곤을 줄입니다.

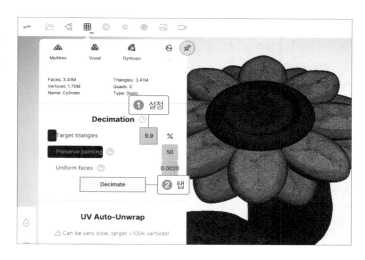

04 | 폴리곤의 수치가 '341k'로 줄어들었고 모델링의 Wire 밀도 또한 여유로워진 것을 한눈에 알 수 있습니다.

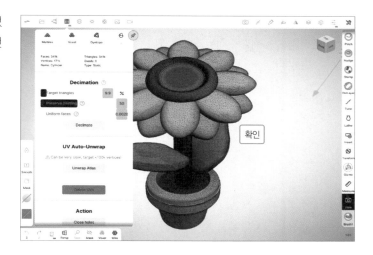

05 | 하단 메뉴의 (Wire)를 선택 해제하여 폴리곤이 굉장히 줄어들었는데도 퀄리티가 거의 비슷한 형태로 유지되는 것을 확인할 수 있습니다.

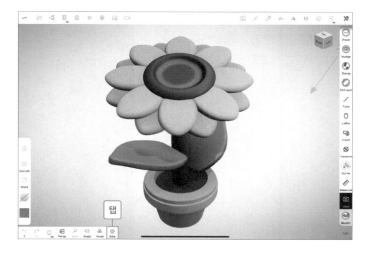

06 | 같은 방법으로 (Decimate)를 여러 번 실행한 결과 폴리곤의 수치가 '4838'까지 줄어들었습니다.

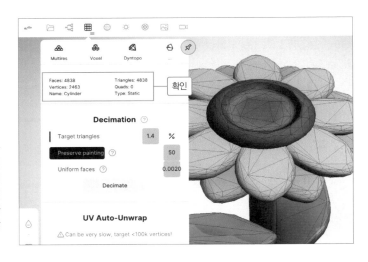

TIP 모델링이 단독으로 사용될 때는 수치를 줄일 필요가 없지만, 전체 구성에서 모델링의 크기가 작게 배치된다면 많은 양의 폴리곤이 필요하지 않고 유용하게 사용될 것입니다. 이럴 때 오브젝트마다 중요도를 정해서 사용하면 기기에 무리가 가지 않게 화면 구성을 할 수 있습니다.

07 | 해바라기 화분의 퀄리티가 많이 낮아졌지만 이정도면 배경의 작은 요소로 활용할 수 있습니다.

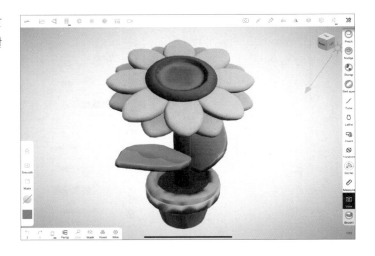

08 | 충분한 최적화가 이루어졌기 때문에 많은 모델링이 화면에 출력되어도 느려지거나 기기에 무리가 가지 않게 되었습니다.

## Material로 재질 설정하기

왼쪽 메뉴에 있는 Material에서는 금속부터 고무 같은 표면 재질에 대한 설정을 지정한다면, 상단 메뉴에 있는 Material에서는 오브젝트의 태생적 특성을 설정합니다. 불투명도부터 빛을 발광하는 설정을 할 수 있으며, 여기에 왼쪽 메뉴의 Material에서 Material의 표면 재질을 추가하면 다양한 재질을 표현할 수 있습니다.

## Material의 재질 알아보기

캔버스에 선택된 오브젝트 재질의 특성을 변경할 수 있는 메뉴입니다.

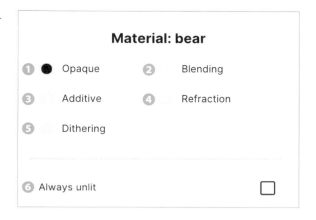

### ❶ Opaque

가장 기본적으로 설정되어 있습니다. 거의 대부분의 작업에서 사용되며 불투명한 특징을 나타냅니다.

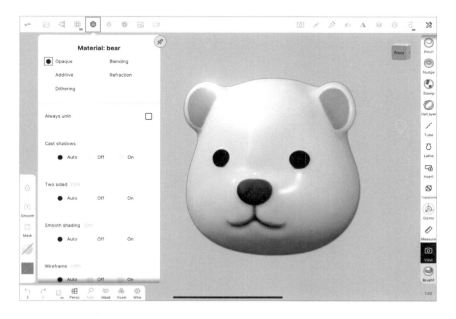

**❷ Blending**

Blending을 선택하면 Opacity가 활성화됩니다. Opacity 수치가 '1'로 되어 있으면 Opaque와 같은 모습을 보이지만, 그림과 같이 '0.5'로 설정하면 모델링이 반투명한 모습을 보입니다.

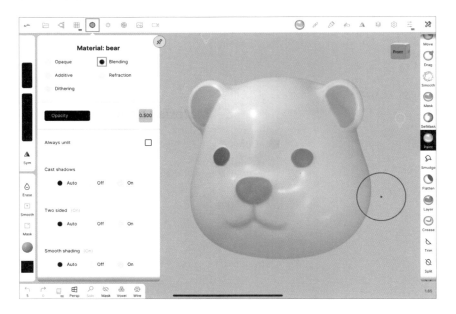

**❸ Additive**

Blending과 동일하게 반투명처럼 보이고 Opacity도 활성화되어 있습니다. Opacity를 낮게 설정하면 차이를 느끼기 힘들지만, 높게 설정하면 오브젝트 자체에서 빛을 발광하는 듯한 설정으로 변화합니다. Additive는 물체에 발광하는 특성을 부여하며, 조명과 환경 값의 조합으로 더 강조할 수 있습니다.

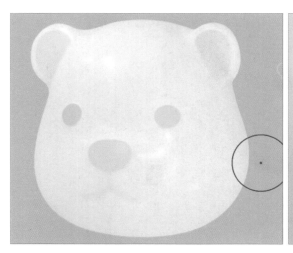

▲Opacity를 낮게 설정했을 때

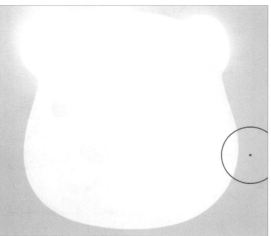

▲Opacity를 높게 설정했을 때

### ❹ Refraction

오브젝트에 주변 환경을 맺히게 하는 특징을 나타냅니다. Refraction을 선택하면 Index of Refraction이 활성화되는데, 주변에 있는 오브젝트나 환경이 맺히는 굴절률을 수치로 설정할 수 있습니다. (Paint glossy) 버튼을 탭하면 굴절률과 함께 오브젝트에 광택을 부여합니다.

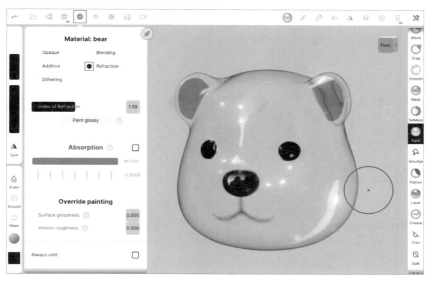

TIP 오브젝트에 광택과 함께 환경 값으로 설정된 이미지가 맺히고 있습니다.

### ❺ Dithering

오브젝트에 표현된 컬러의 수를 줄이는 특징이 있습니다. Opacity 수치를 조절해서 거친 입자가 두드러지게 나타나는 특성을 지정합니다.

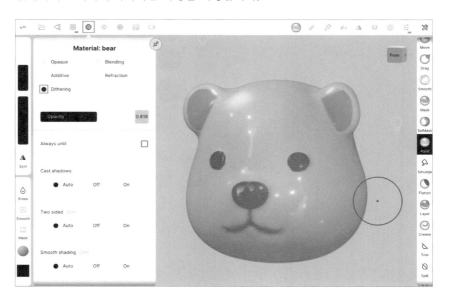

**❻ Always unlit**

'Always ublit'을 체크 표시하면 오브젝트의 모든 입체적인 표현을 평평하게 만듭니다. 일반적으로 잘 쓰이진 않지만, 3D 오브젝트로 2D 느낌을 낼 때 사용합니다.

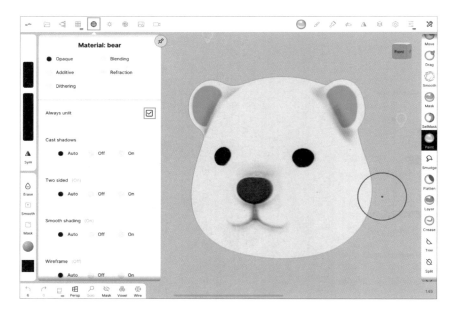

## 왼쪽 메뉴에서 Material 재질 설정하기

앞서 말씀드린 것처럼 왼쪽 메뉴의 Material에서 Material의 표면 재질을 설정할 수 있습니다. 여러 Material 샘플들이 각각의 재질과 색상이 지정된 채로 나열되어 있지만 원하는 설정을 직접 만들어줄 수도 있습니다.

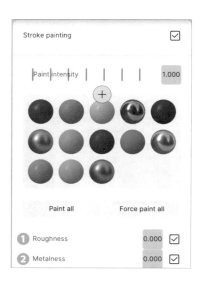

**❶ Roughness**

표면의 거칠기를 나타내며 그래프가 왼쪽으로 갈수록 부드럽고 그래프가 오른쪽으로 갈수록 거친 표현을 지정합니다. Roughness를 '0'으로 설정할 때 윤기가 나면서 부드러운 느낌이 두드러지고, Roughness를 최대치인 '1'로 설정할 때 윤기가 사라진 재질이 됩니다.

▲ Roughness를 '0'으로 설정했을 때

▲ Roughness를 '1'로 설정했을 때

**❷ Metalness**

금속 질감의 정도를 나타내며, Metalness를 조절하면서 금속 느낌을 지정할 수 있습니다.

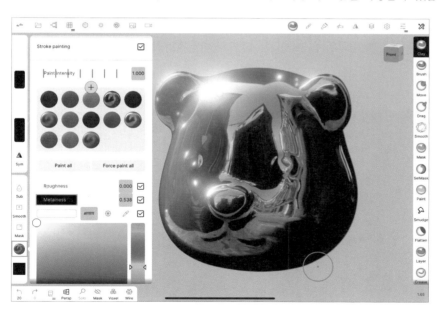

**TIP** Roughness와 Metalness를 설정한 다음 (Paint all) 버튼을 탭해야 설정이 적용됩니다.

## Lighting으로 오브젝트에 음영 부여하기

Lighting은 오브젝트의 표면에 음영을 부여하는 여러 가지 처리 방법이라고 이해하면 됩니다. 이번 항목에서 다루게 될 Shading, Lights, Environment를 이용해서 다양한 결과물을 만들어 낼 수 있습니다.

## Shading 항목 알아보기

Shading에는 여러 Shader가 존재하는데, Shader는 색의 농담, 색조, 명암 효과를 주는 주체를 뜻합니다. 각 Shader의 특징을 알아보도록 하겠습니다.

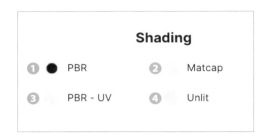

### ❶ PBR

PBR(Physical Based Rendering), 물리 기반 렌더링이라고 불리며 표면의 재질에 따른 빛의 반사가 물리적으로 어떻게 이루어지는지 그래픽으로 표현하는 기법입니다. 노마드 스컬프에서는 PBR Shader를 기본적으로 사용하고 있으며, 우리가 흔히 접하는 고품질 게임에 주로 사용되는 방식이기도 합니다. 메뉴에 Lights와 Environment가 활성화되어 있는 것을 확인할 수 있습니다. 각 항목의 옵션들이 실시간으로 반영되는 특징이 있습니다.

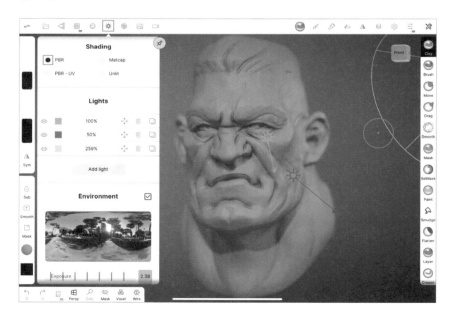

**②** Matcap

Matcap은 라이팅과 재질 등을 텍스처 이미지로 맵핑하는 Shader입니다. [Matcap]을 탭하면 PBR과 달리 Lights 항목이 사라지며 Matcap의 아이콘을 탭하면 그림과 같이 여러 설정 값이 지정된 Matcap Shader 리스트가 표시됩니다. 이 중 하나를 선택하면 바로 오브젝트에 적용되고 각 Matcap에 그려진 색상과 라이팅 방향이 오브젝트에 반영 되는 방식으로 최적화하기 쉽고 높은 결과물을 낼 수 있다는 장점이 있습니다.

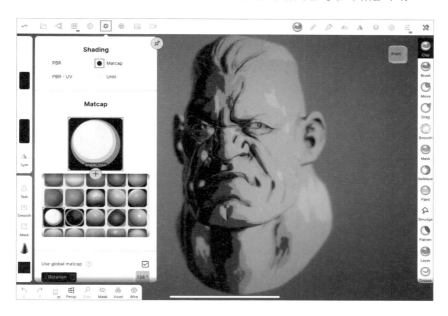

**③** PBR - UV

오브젝트에 UV 데이터가 있을 때, 외부에서 작업된 그림 텍스처를 불러올 수 있도록 합니다. 프로크리에이트와의 연동에 대한 내용에서 자세히 다루겠습니다.

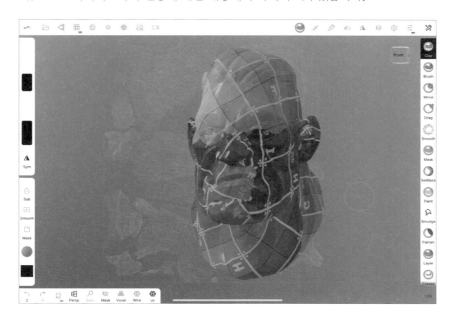

**❹ Unlit**

오브젝트의 입체적인 느낌을 모두 없애주는 Shader입니다. 3D 오브젝트를 2D처럼 보이고 싶을 때 사용됩니다. Matcap과 마찬가지로 Lights, Environment가 비활성화되어 있습니다.

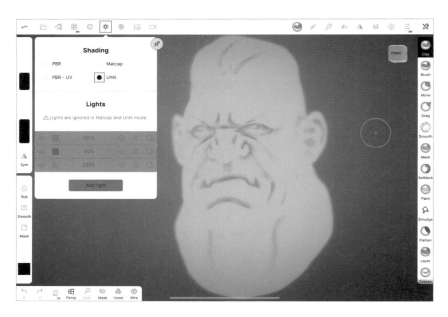

## Lights 항목 알아보기

Lights는 Shading이 PBR로 설정되어 있을 때 활성화됩니다.

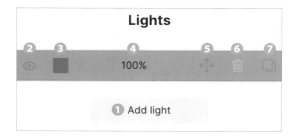

### ❶ Add light

〔Add light〕 버튼을 탭하면 조명이 한 개 생성되며, 캔버스에 라이트가 나타납니다. 라이트를 선택하면 〔Gizmo〕가 활성화되어 이동하거나 회전할 수 있습니다. 기본적으로 생성되는 라이트는 Directional light로 이 라이트는 주광의 역할을 담당하는 태양이라고 생각하면 됩니다. 〔Gizmo〕를 이용해서 위치를 이동해도 반응하지 않고, 회전 값에만 반응하는 특징이 있습니다. 계속해서 Add light를 이용해서 여러 개의 라이트를 추가할 수 있고 그때마다 Directional light가 생성됩니다.

**TIP** 생성되는 라이트의 최대 개수는 세 개에서 네 개로 기기 스펙에 따라 다릅니다.

라이트가 추가되면서 리스트가 두 개로 늘어나고 캔버스 중앙에 라이트가 추가되었습니다.

❷ 눈(⊙)

라이트 리스트에서 '눈' 아이콘(⊙)을 탭하여 비활성화하면 캔버스에서 선택된 라이트가 사라집니다. 이때 조명의 효과도 같이 사라집니다.

❸ 색상

'색상' 아이콘(■)을 탭하면 라이트의 설정을 변경할 수 있는 메뉴가 나타납니다. 기본적으로 주광의 역할을 담당하는 Directional이 활성화되어 있고, Spot, Point를 각각 탭하여 변경할 수 있습니다. Shadow에서 색상을 지정할 수 있습니다.

❹ 100%

색상의 설정에서 라이트의 밝기가 수치화되어 나타납니다.

❺ 이동(✛)

리스트에서 위아래로 드래그하여 순서를 바꿔줍니다.

❻ 휴지통(🗑)

선택된 라이트를 리스트에서 지웁니다.

❼ 복제(🗐)

선택된 라이트를 리스트에 동일한 설정으로 복제합니다.

## Lights의 종류 알아보기

노마드 스컬프에는 3종류의 Light를 지원하며 모두 실시간으로 세기와 색상 등을 조절할 수 있으며, 기기의 스펙에 따라서 최대 네 개까지 동시에 생성할 수 있습니다.

### ❶ Directional

Intensity 수치로 라이트의 밝기를 지정합니다. 캔버스에서 Gizmo로 움직일 수 있지만 회전 값만 반영이 되고 위치에 따른 라이팅의 변화는 없습니다.

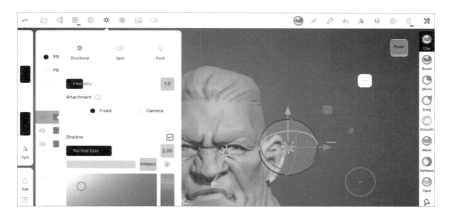

### ❷ Spot

손전등처럼 특정 부분을 강조하고 싶을 때 주로 사용됩니다. Softness 수치를 조절해서 조명의 가장자리 부분을 부드럽게 하거나 선명하게 지정할 수 있습니다. Cone angle 수치를 조절해서 조명 가장자리의 범위를 키우거나 줄입니다. Intensity 수치를 조절해서 빛의 세기를 지정하며 캔버스의 Gizmo를 이용해서 위치와 회전 값 모두 오브젝트에 반영됩니다.

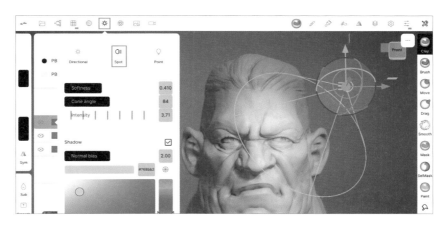

**❸ Point**

전구 모양의 아이콘이 활성화되며 전방위로 빛을 발산하는 특성 때문에 Gizmo에서 회전
값이 나타나지 않습니다. Intensity 수치로 빛의 세기를 지정합니다.

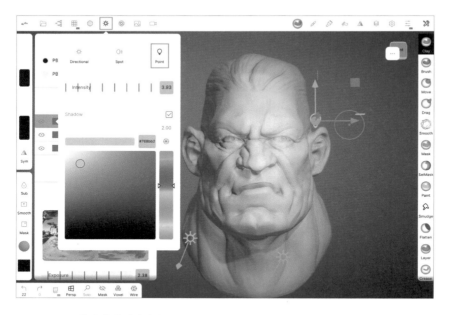

**TIP** Lights 설정 쉽게 변경하기

캔버스에서 라이트 아이콘을 탭하면 Gizmo 주변에 '...' 아이콘이 나타납니다. '...' 아이콘을 탭하면 표시되는 세부 설정 화
면에서 라이트 종류를 변경하거나, 색상을 변경하고 라이트를 복제할 수 있습니다.

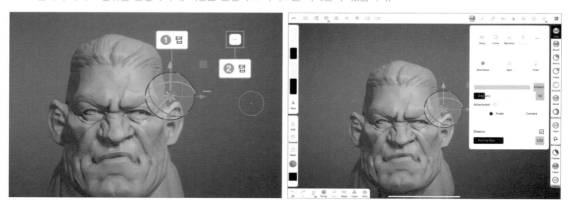

## Environment 항목 알아보기

Environment는 환경에 대한 설정을 담당하는 항목입니다. Environment의 종류에 따라 오브젝트의 분위기를 쉽게 바꿀 수 있으며, Light와의 조합으로 원하는 느낌을 극대화합니다.

❶ 배경 이미지

Environment 항목에 배경 이미지가 현재 적용된 환경을 나타냅니다.

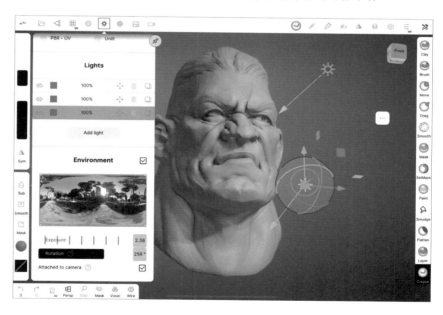

## ❷ Exposure

Exposure 그래프를 드래그하여 조절하거나 수치를 설정하여 환경의 노출 정도를 정합니다. 수치가 높을수록 강도가 세지며, 라이트의 세기와는 별도로 화면의 전반적인 노출을 극단적으로 올릴 수 있습니다. 적절한 수치를 유지하는 것이 가장 좋습니다.

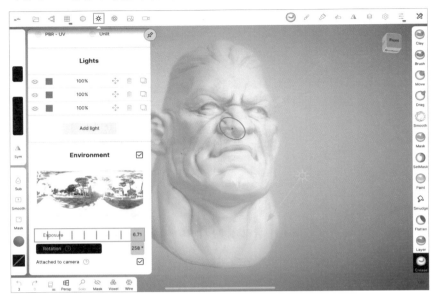

## ❸ Rotation

Rotation 그래프를 드래그하여 조절하거나 수치를 설정하여 환경을 회전합니다. 이때 선택된 Environment 이미지가 회전하고 있다는 것을 알 수 있습니다.

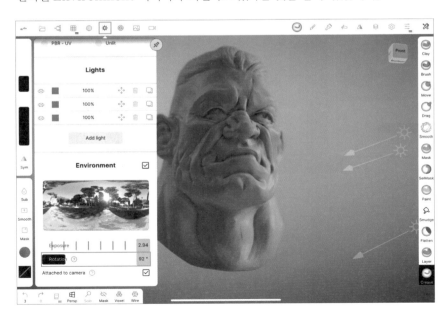

# Post Process로 렌더링 효과 더하기

Post Process는 기존 렌더링된 장면에 추가로 렌더링 효과를 더하는 후처리 작업을 말합니다. 이 기능은 시각적인 효과를 즉시 구현하고 장면의 품질을 한층 더 개선할 수 있는 장점이 있고, 비주얼 퀄리티를 획기적으로 증가시킵니다. 반면에 실시간으로 여러 가지 효과를 추가하는 만큼 노마드 스컬프에서 가장 무거운 기능이기도 하므로 사용하는 아이패드나 타블렛의 스펙에 따라서 작업 마지막에 설정을 잡아주는 것이 필요할 수도 있습니다. 고스펙의 기기라면 작업하는 내내 활성화해도 큰 문제없습니다.

## Quality

Max samples, Full Resolution 이러한 옵션을 선택하여 활성화하면 기기 성능에 따라 느려짐이 발생하지만, 작업 품질을 개선합니다. 특히 Reflection, Ambient Occlusion, Depth Of Field 효과의 품질이 올라가지만, 활성화해도 당장 눈에 띄는 변화는 찾을 수 없습니다.

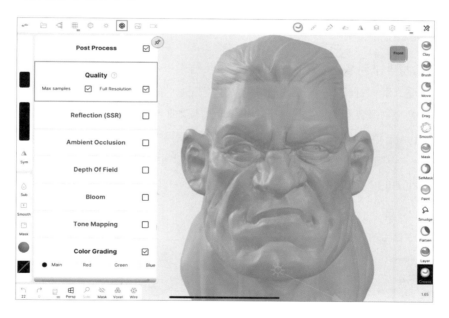

## Reflection(SSR)

화면 공간 반사 기능입니다. 화면 공간의 데이터를 재사용하여 반사율을 계산하는 기법입니다. 쉽게 말해 젖은 바닥이나 물웅덩이처럼 물체를 반사하는 효과를 주고 싶을 때 주로 사용됩니다. 단독으로 쓰이기보다는 이미지처럼 바닥 모델링이 있을 경우 반사되는 효과를 확인할 수 있습니다. Reflection(SSR)이 비활성화되었을 때 바닥에 모델링이 맺히지 않지만, 활성화되어 있으면 바닥에 모델링이 맺히는 것을 알 수 있습니다.

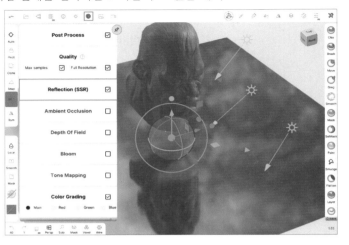

**TIP**  바닥에 맺히는 배경 이미지는 Environment에서 선택된 환경 설정이 반영됩니다.

## Ambient Occlusion

현실에서도 방의 구석 부분은 훨씬 더 어두운 것처럼, 구석이나 틈 같은 곳을 더 어둡게 하여 더욱 자연스럽고 사실적인 느낌을 낼 수 있도록 해주는 기능입니다. Post Process에서 가장 좋은 결과물을 내주는 기능이기 때문에 작업 성향에 따라서 설정하는 것이 중요합니다. Ambient Occlusion을 탭하여 체크 표시를 활성화하면 주름과 주름 사이, 음영이 드리워지는 부분에 좀 더 사실적인 표현이 추가되는 걸 알 수 있습니다. Strength는 그림자의 세기, Size는 그림자의 범위, Curvature bias는 그림자의 곡률 정도를 각각 나타냅니다.

**TIP**  Size를 극단적으로 키우면 이렇게 과장되어 어색한 느낌이 나게 됩니다. 적당한 설정이 중요합니다.

## Depth Of Field

카메라와의 거리에 따라 물체를 흐리게 만들어 주는 기능이에요. Far blur 수치가 클수록 카메라에서 멀리 있는 오브젝트를 흐리게 해주고, Near blur 수치가 클수록 카메라에서 가까이 있는 오브젝트를 흐리게 합니다.

Far blur을 크게 설정하고 Near blur를 설정하지 않았을 때 멀리 있는 오브젝트가 블러 처리됩니다.

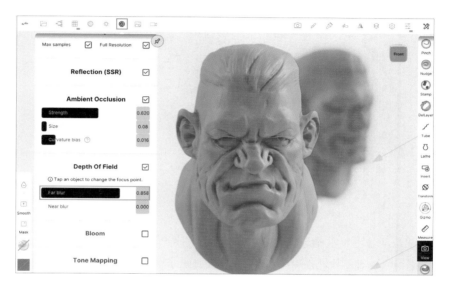

Far blur를 낮게 설정하고 Near blur를 높게 설정했을 때 앞에 있는 오브젝트에 블러 처리됩니다.

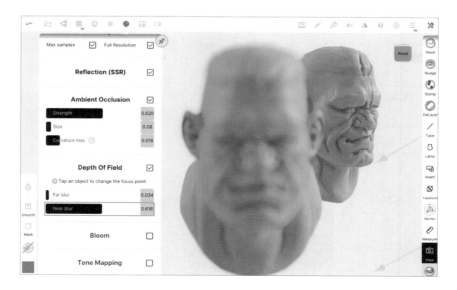

Far blur와 Near blur 수치를 적절히 배분하면 자연스러운 효과를 만들 수 있습니다. Far blur를 '0.614', Near blur를 '0.198'로 설정한 화면입니다.

## Bloom

Bloom은 빛을 받는 물체의 광량을 극대화할 수 있는 기능으로, 라이트와 메터리얼 설정에 따라 몽환적인 느낌을 내거나 빛을 산란시키는 효과를 낼 수 있는 기능입니다. 아래 그림을 보면 오브젝트 주변에 Point Light가 있습니다. 빛의 세기도 강하고, 물체와 가깝기 때문에 타는 듯한 느낌이 납니다. Post Process의 Bloom은 비활성화된 상태입니다.

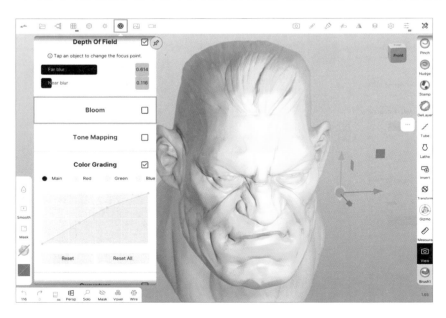

Bloom을 체크 표시하여 활성화하면 Bloom의 수치와 Light로 인해 굉장히 과장된 빛의 표현이 됩니다. 이처럼 Bloom은 단독으로 쓰이기보다는 물체의 재질 특성과 라이트의 설정에 영향을 받기 때문에 여러 항목과의 적절한 조합이 중요하게 작용하는 기능입니다.

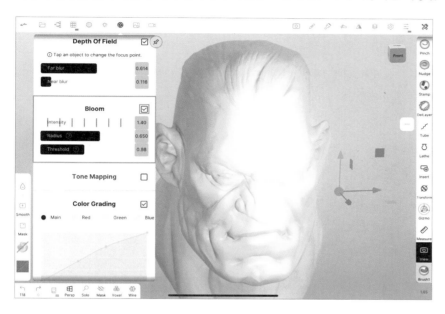

Bloom 효과를 잘 나타내기 위해서 Light의 위치를 오브젝트에서 멀리 떨어뜨리고, Environment의 세기를 낮춰서 배경을 어둡게 만듭니다. Bloom의 Intensity를 '0.381', Radius를 '0.236', Threshold를 '0.68'로 설정합니다. Bloom을 우선적으로 강조하기보다 이렇게 특정 라이팅을 보조하고 싶을 때 설정하면 좋습니다. 사람의 귀 부분을 잘 보면 어두운 배경 부분에도 빛이 산란하는 듯한 효과를 확인할 수 있습니다. 만약 배경이 밝은 색상이었다면 눈에 띄지 않았을 겁니다. 꼭 모든 기능을 사용하는 것보다 적절한 상황에서 적절한 기능을 사용하는 것이 중요합니다.

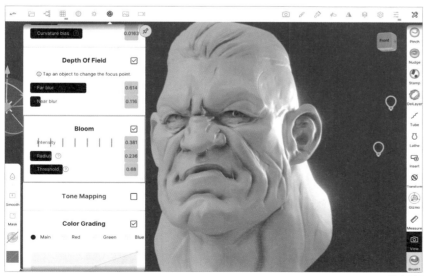

## Tone Mapping

Tone Mapping은 기존 색상의 강도와 대비, 채도를 각각 조절해서 색감을 풍성하게 만들어 줄 수 있는 기능입니다. Tone Mapping을 활성화하지 않은 상태에서도 나쁘지 않은 결과물을 보이고 있습니다.

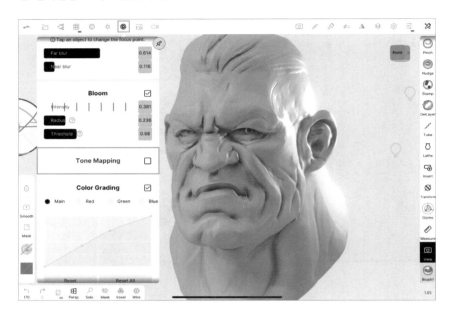

Tone Mapping을 체크 표시하여 활성화하고 Exposure를 '0.77' Contrast를 '0.03', Saturation을 '1.09'로 설정했습니다. 대비와 채도가 조금만 올라갔는데도 붉은 색감이 강조된 것을 알 수 있습니다.

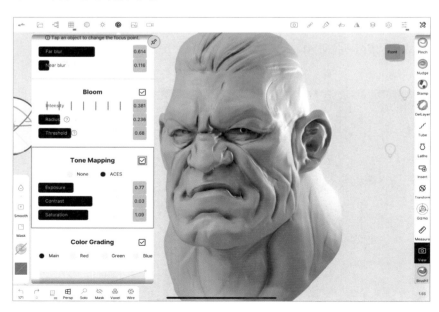

Contrast를 '0.16', Saturation을 '0'으로 설정하면 그림과 같이 극단적인 느와르 풍 흑백 화면을 만들어 낼 수 있습니다. Tone Mapping은 어떻게 사용하는지에 따라 재미있는 표현을 할 수 있습니다.

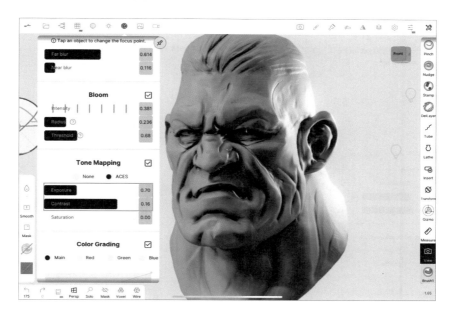

## Color Grading

Color Grading은 그래프를 통해 색상 보정을 하는 기능입니다. 그래프를 탭하면 포인트가 생성되며 포인트를 드래그하면서 직접적으로 톤을 바꿀 수 있습니다.

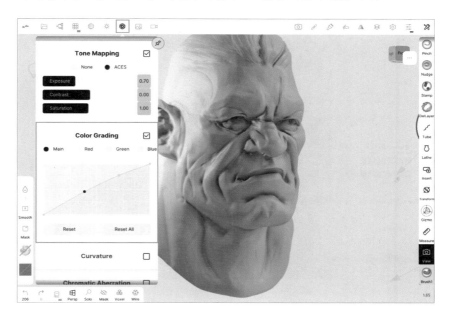

## Curvature

Curvature는 Cavity, Bump 각각의 영역에 색상을 지정할 수 있습니다. 두 항목 모두 검은색으로 지정된 화면입니다.

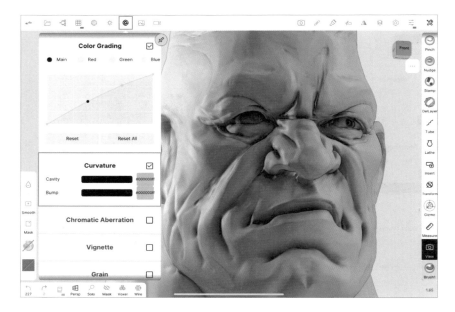

각각 다른 색상으로 지정하면 어떤 영역이 해당되는지 파악할 수 있지만, 정작 어떤 상황에 사용해야 할지 감이 오지 않을 수 있습니다.

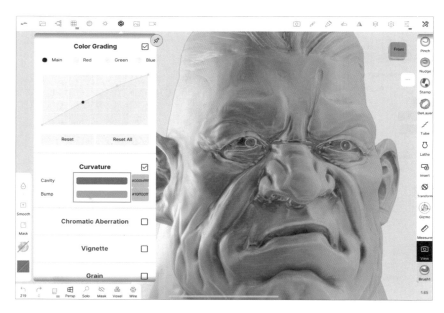

Cavity를 '검은색'으로 지정하고 Bump를 탭하여 표시되는 Wheel picker 창에서 가장 오른쪽의 Alpha를 맨 아래로 드래그하면 화면에 나타나지 않게 됩니다. 이렇게 하면 흔히 카툰 렌더링에서 쓰이는 것처럼 외곽선만 나타나도록 만들 수 있습니다.

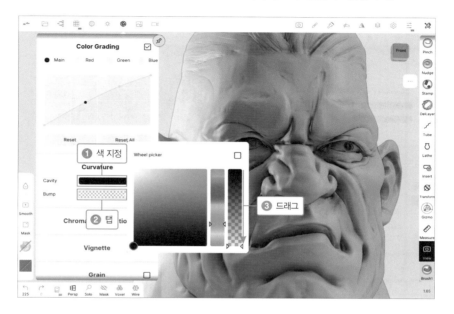

## Chromatic Aberration

Chromatic Aberration은 색수차라고도 하며, 파장에 따른 굴절률의 차이에 의해 생기는 수차라고 합니다. 사전적 의미는 크게 와닿지 않지요. 활성화하면 오브젝트의 가장자리에 프리즘 효과가 만들어지며, 옛날 필름카메라 느낌을 내고 싶을 때 사용됩니다.

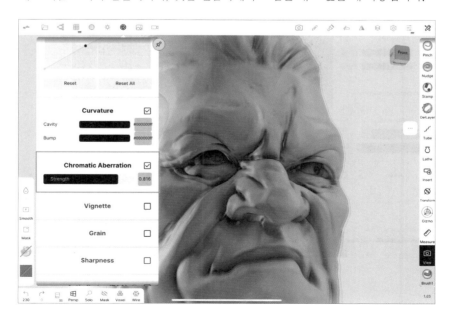

## Vignette

Vignette를 활성화하면 캔버스 주변부가 어둡게 되어 오브젝트를 강조하는 효과를 낼 수 있습니다. Size를 '0.370', Hard ness를 '0.395'로 설정한 화면입니다.

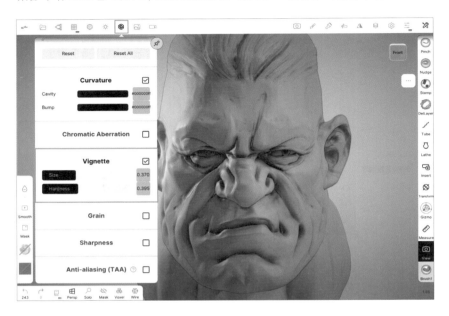

극단적인 연출도 가능하지만, 캔버스 중앙을 기준으로 하기에 포커스되는 위치를 바꿀 수 없습니다.

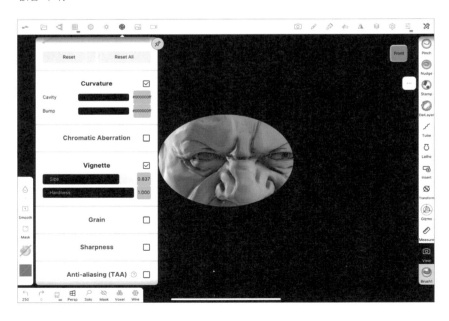

## Grain

Grain은 필름 그레인 효과처럼 캔버스에 거친 입자를 뿌립니다.

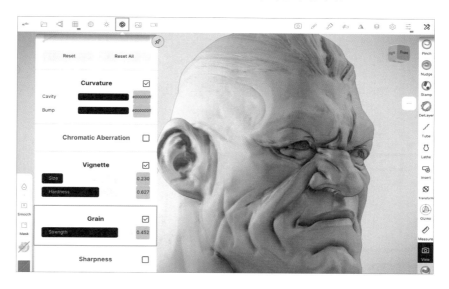

## Sharpness

Sharpness는 수치가 높을수록 이미지를 선명하게 만들지만, 너무 높으면 인위적인 느낌이 나고 이미지가 훼손되어 적절하게 설정하는 것이 좋습니다.

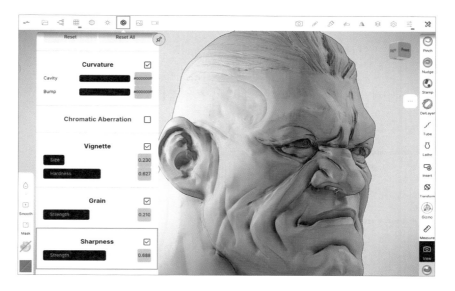

## Anti- aliasing(TAA)

오브젝트 가장자리의 계단식 모양을 부드럽게 처리합니다.

## Background로 배경 화면 지정하기

캔버스의 배경 화면을 Environment의 이미지나, Color 혹은 기기에 저장된 사진 이미지를 불러와 지정할 수 있습니다.

### Environment

지정된 Environment 이미지를 불러옵니다. Blur로 선명도를 결정하고 Exposure로 세기를 정합니다.

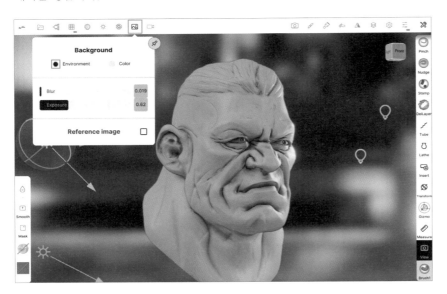

### Color

색상을 지정해서 캔버스 배경 화면에 적용합니다. 흰색을 적용한 화면입니다.

## Reference image

Reference를 체크 표시하여 활성화하면
기기에 저장된 이미지를 불러올 수 있습니
다. 이미지를 선택하면 배경 화면에 나타
나고 크기와 위치를 설정할 수 있습니다.

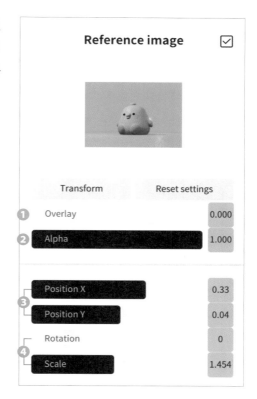

❶ Overlay : 오브젝트와 겹쳐지는 느낌을 나타냅니다.

❷ Alpha : 백그라운드와 이미지의 투명도를 설정합니다.

❸ Position : X, Y 백그라운드의 이미지를 좌우, 상하로 이동합니다.

❹ Rotation, Scale : 백그라운드의 이미지를 회전하거나 크기를 설정합니다.

## Camera로 Projection 알아보기

Camera 항목에서는 주로 다루는 Projection에 대해서 알아보겠습니다.

### Perspective

Camera의 왜곡된 정도를 수치로 조절할 수 있습니다. 우리가 눈으로 보는 사물은 원근감에 의해 어느 정도 왜곡된 형태로 보이게 되는데, 이를 프로그램에서 Perspective로 조절하게 됩니다. Vertical Fov를 각각 '18', '30', '60'로 설정했을 때 차이를 확인해 보면 왜곡된 정도를 쉽게 확인할 수 있습니다.

◀ Vertical Fov를 '18'로 설정했을 때

TIP Perspective의 수치는 하단 메뉴의 Perspective를 활성화했을 때와 동일하게 적용됩니다.

◀ Vertical Fov를 '30'으로 설정했을 때

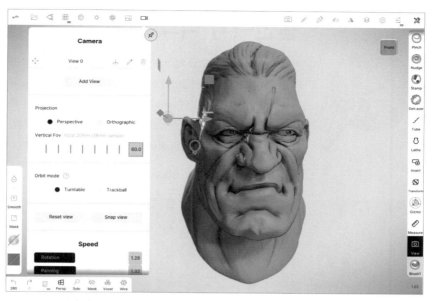

▲ Vertical Fov를 '60'으로 설정했을 때

## Orthographic

과장된 값이 아예 없는 수치로 원래 형태 그대로 오브젝트를 볼 수 있게 합니다. 오브젝트를 잘라줄 때처럼 정밀한 작업을 할 때 주로 선택하게 됩니다.

# 실린더와 박스로 게임 컨트롤러 만들기

이번 예제에서는 실린더와 박스 모델링을 이용해서 게임 컨트롤러를 만들겠습니다. 컨트롤러의 형태를 보면 어떻게 만들어야 할지 처음에는 감이 잘 오지 않지만, 파츠 하나씩 따로 분리해서 살펴보면 그 형태가 단순하다는 것을 알 수 있습니다. 각종 버튼은 형태가 단순하기 때문에 바로 알 수 있고, 몸통은 실린더와 박스 모델링을 합치면 게임 컨트롤러 모양의 모델링을 만들 수 있습니다. 게임 컨트롤러가 어떻게 만들어지는지 한 번 살펴보겠습니다.

● 완성 파일 : 02\게임 컨트롤러_완성.glb

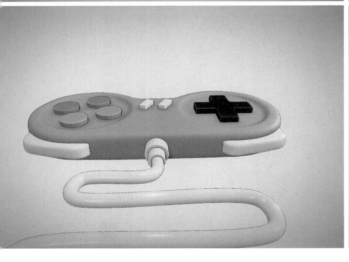

## POINT

❶ Voxel merge를 이용한 모델링 합치기와 홈파내기
❷ Gizmo를 이용해 모델링을 이동하는 설정하기
❸ Tube를 이용한 라인 형태의 모델링 만들기

## 컨트롤러 만들기

01 │ 상단 메뉴 (Files(⬚))에서 (New)를 탭하여 새로운 씬을 생성합니다.

02 │ 새로운 프로젝트를 생성하면 화면에 자동으로 Sphere가 만들어집니다. 상단 메뉴 (Scene(⬚))에서 'Sphere' 모델링의 '휴지통' 아이콘(⬚)을 탭하여 삭제하고 (Cylinder)를 탭하여 새로운 실린더를 생성합니다.

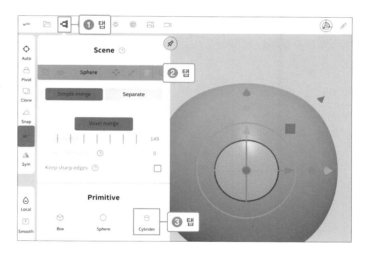

03 │ (Gizmo)의 빨간색 화살표를 오른쪽으로 드래그하여 이동한 다음 편집 툴에서 (Mirror)를 탭하여 똑같은 모델링으로 복제합니다. (Validate)를 탭하여 모델링을 활성화합니다.

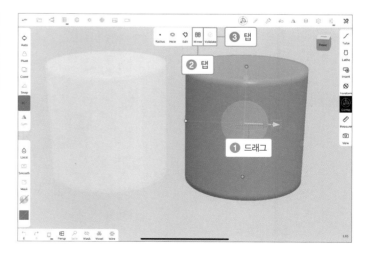

**04** 〔Gizmo〕의 초록색 포인트를 아래로 드래그하여 모델링을 넓적하게 만듭니다.

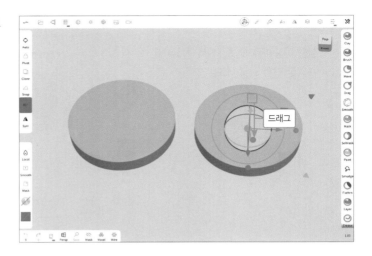

**05** 상단 메뉴 〔Scene(⬚)〕에서 〔Box〕를 탭하여 모델링을 생성합니다.

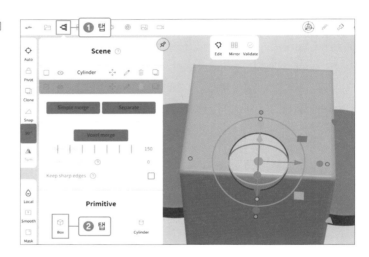

**06** 〔Gizmo〕를 이용해서 그림과 같이 넓적하게 만듭니다.

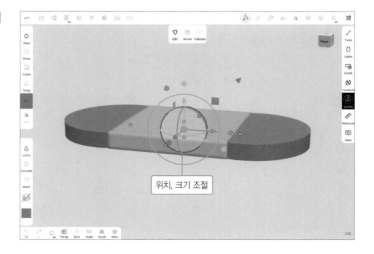

**07** (Snap Cube)에서 (Top)을 탭하여 Top View로 시점을 변경하고 (Gizmo)의 파란색 포인트를 위쪽으로 드래그하여 폭을 줄입니다.

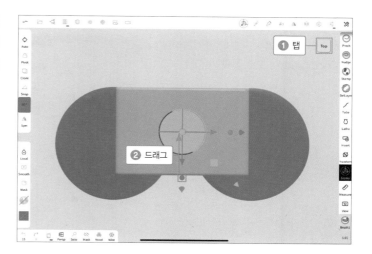

**08** 상단 메뉴 (Scene(▧))에서 두 모델링을 모두 선택합니다. Resolution을 '150'으로 설정하고 (Voxel merge) 버튼을 탭하여 하나로 만듭니다.

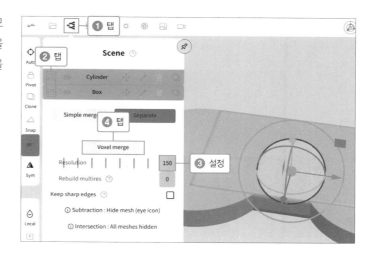

**09** 왼쪽 메뉴 (Material(◐))에서 Roughness를 '0.6', Metalness를 '0'으로 설정합니다. 색상을 지정하고 (Paint all) 버튼을 탭하여 재질을 적용합니다.

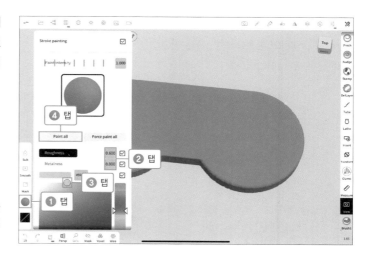

**TIP** 모델링을 잘 살펴보면 윗부분에 Box와 합치면서 면이 고르지 못하다는 것을 알 수 있습니다.

**10** 윗부분을 반듯하게 잘라주기 전에
상단 메뉴 (Camera(🎥))에서 Projection
을 'Orthographic'으로 선택합니다.

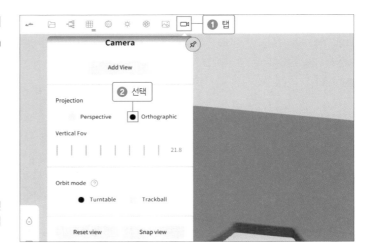

**TIP** Prejection을 'Orthographic'으로 선
택하면 카메라의 왜곡이 없어져 균일한 작업
을 하기 수월합니다.

**11** (Snap Cube)에서 (Front)를 탭하여 Front View로 시점을 변경합니다. 오른쪽 메뉴에서 (Trim)을 선택하고 왼
쪽 메뉴에서 (Rect)를 선택한 다음 그림과 같이 드래그하여 윗면과 아랫면의 고르지 못한 부분을 잘라냅니다.

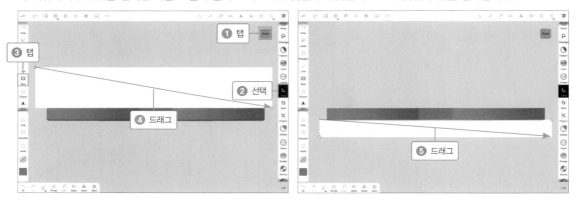

**12** 깔끔하게 잘라냈지만 하단 메뉴에서
(Wire)를 선택하여 활성화하면 폴리곤이 불
규칙한 형태로 나타납니다.

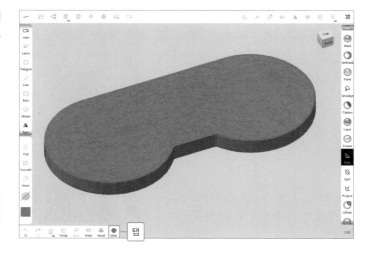

**TIP** Trim을 이용해 모델링을 잘라내면 이렇
게 고르지 못한 상태가 되므로 나중에 디테일
한 작업을 할 수 없습니다.

**13** 하단 메뉴에서 (Voxel)을 탭하여 폴리곤을 재정렬합니다.

TIP 하단 메뉴 (Voxel)은 상단 메뉴 (Topology(▦)) → (Voxel) 탭의 Resolution과 동일하게 적용됩니다.

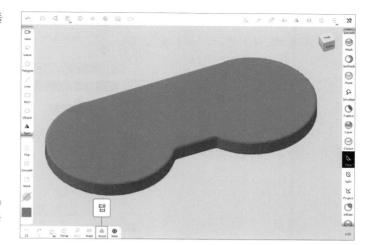

**14** 상단 메뉴 (Topology(▦))에서 'Flat subdivision'를 체크 표시하고 (Subdivide) 버튼을 탭하여 폴리곤을 한 단계 높입니다. 왼쪽 메뉴의 (Smooth)를 선택하여 모델링을 문질러 부드럽게 다듬습니다.

TIP Flat subdivision을 활성화하면 모델링의 각진 부분을 유지한 채로 폴리곤을 늘려줄 수 있습니다.

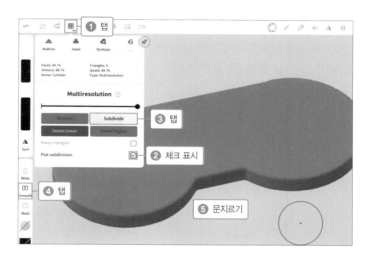

**15** 상단 메뉴의 (Lighting(☼))에서 (Add light) 버튼을 탭하여 라이트를 한 개 생성합니다. 모델링에 그림자가 맺히도록 합니다.

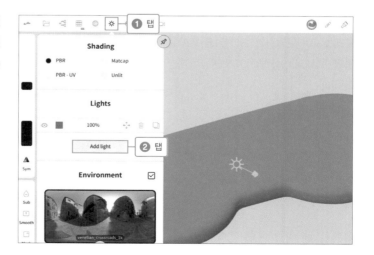

16 상단 메뉴 (Scene(⊞))에서 (Cylinder)를 탭하여 모델링을 생성하고 (Snap Cube)에서 (Top)을 탭하여 Top View로 시점을 변경합니다.

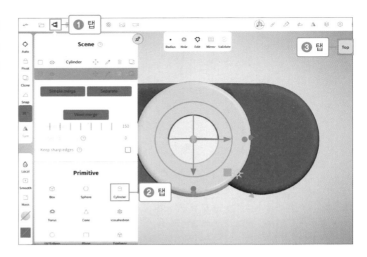

17 (Gizmo)의 빨간색 화살표를 오른쪽으로 드래그하여 모델링을 이동한 다음 편집 툴에서 (Mirror)를 탭하여 복제합니다.

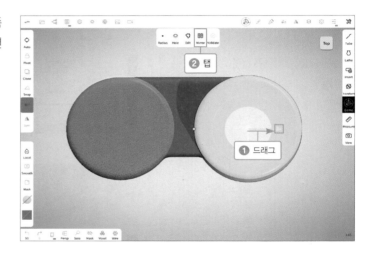

18 (Gizmo)의 주황색 원을 안쪽으로 드래그하여 모델링의 크기를 줄이고 편집 툴의 (Validate)를 탭하여 모델링을 활성화합니다.

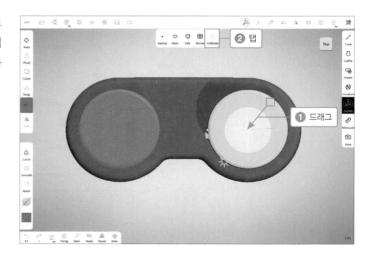

**19** 〔Gizmo〕의 초록색 화살표를 아래로 드래그하여 실린더 모델링을 컨트롤러 모델링과 살짝 겹칠 때까지 이동합니다.

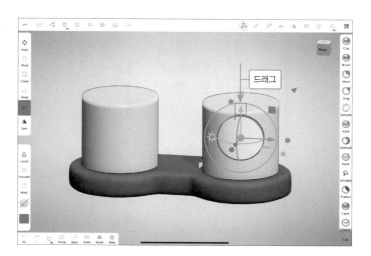

**20** Mirror로 만든 Cylinder 모델링은 홈을 파기 위해 활용될 예정입니다. 상단 메뉴 〔Scene(🔲)〕에서 Mirror로 만든 실린더 모델링의 '눈' 아이콘(👁)을 클릭하여 비활성화합니다.

**21** 두 모델링을 모두 선택한 다음 Resolution을 '300'으로 설정하고 〔Voxel merge〕 버튼을 탭하여 하나의 모델링으로 만듭니다.

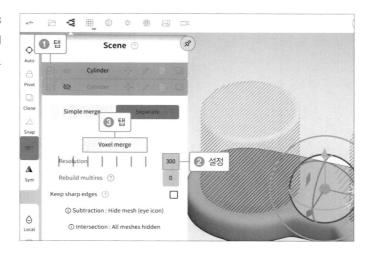

**22** Mirror로 만든 실린더 모델링의 '눈' 아이콘()이 비활성화되어 있었기 때문에 겹쳐진 영역만큼 컨트롤러 모델링에 홈이 파지는 상태가 되고 Mirror로 만든 실린더 모델링은 사라졌습니다.

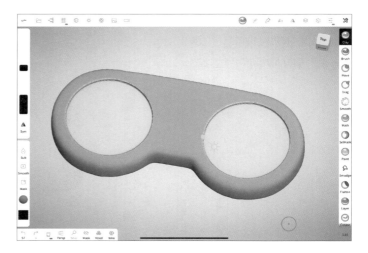

**23** 왼쪽 메뉴 (Material(⬤))에서 Roughness를 '0.6', Metalness를 '0'으로 설정합니다. 색상을 '하늘색'으로 지정한 다음 (Paint all) 버튼을 탭하여 재질과 색상을 적용합니다.

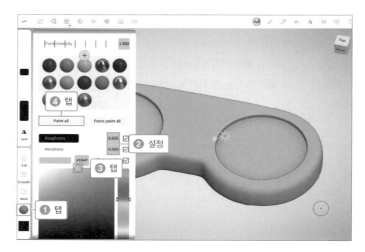

**24** 왼쪽 메뉴에서 (Smooth)를 탭한 다음 모델링을 문질러 부드럽게 다듬어 주도록 합니다.

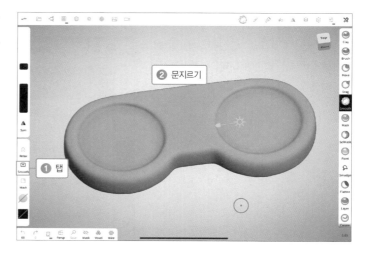

## 컨트롤러 십자키 버튼 만들기

**01** 컨트롤러의 십자키를 만들겠습니다. 메뉴 상단 (Scene(⬚))에서 (Box)를 탭하여 모델링을 생성합니다.

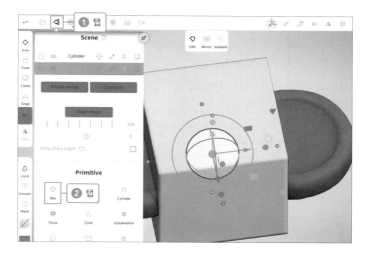

**02** (Gizmo)를 이용해서 크기를 줄이고 왼쪽으로 이동합니다.

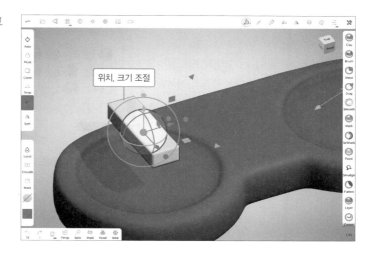

**03** (Gizmo)가 선택된 상태로 왼쪽 메뉴에서 (Clone)을 탭하여 복제하고 (Snap)을 선택합니다. 회전각을 '90°'로 설정한 다음 (Gizmo)의 초록색 원을 드래그하여 회전합니다.

**TIP** Snap의 수치는 원하는 값으로 설정할 수 있습니다. Snap이 활성화되어 있으면 설정한 수치만큼 회전하게 됩니다.

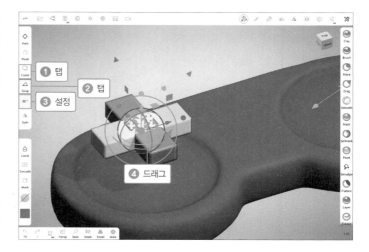

**04** 상단 메뉴 (Scene(▧))에서 두 개의 'Box' 모델링을 선택한 다음 Resolution을 '150'으로 설정합니다. (Voxel merge) 버튼을 탭하여 하나의 모델링으로 만듭니다.

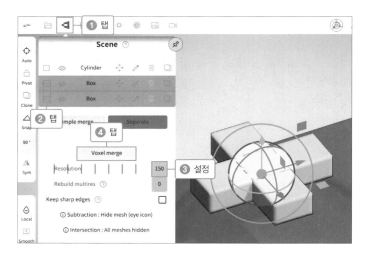

**05** 왼쪽 메뉴 (Material(◯))에서 Roughness를 '0.6', Metalness를 '0'으로 설정합니다. 색상을 '짙은 회색'으로 지정하고 (Paint all) 버튼을 탭하여 재질과 색상을 적용합니다.

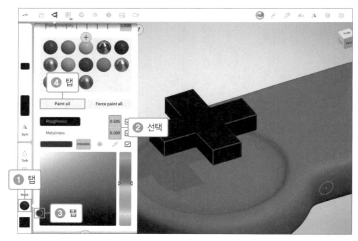

**06** 오른쪽 메뉴에서 (Gizmo)를 선택하고 초록색 화살표를 아래로 드래그하여 컨트롤러 왼쪽에 맞게 이동합니다.

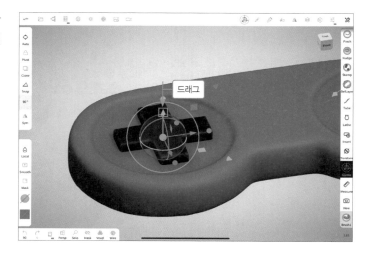

**07** 상단 메뉴 (Scene(⊞))에서 (Cylinder)를 탭하여 모델링을 생성합니다.

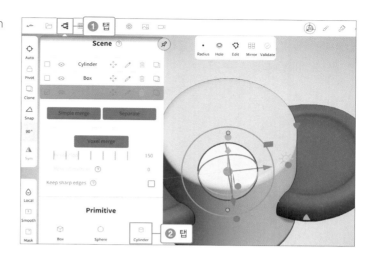

**08** (Gizmo)를 이용해서 모델링의 크기를 줄이고 컨트롤러의 오른쪽으로 이동합니다.

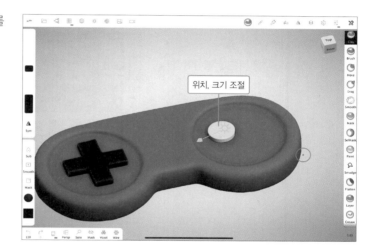

**09** 왼쪽 메뉴 (Material(◉))에서 Roughness를 '0.6', Metalness를 '0'으로 설정합니다. 색상을 '주황색'으로 지정하고 (Paint all) 버튼을 탭하여 재질과 색상을 적용합니다.

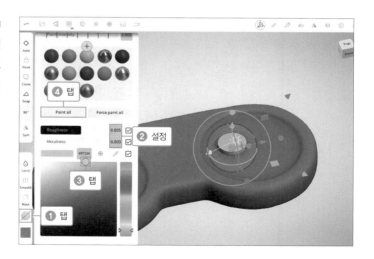

**10** (Gizmo)가 선택된 상태로 왼쪽 메뉴에서 (Clone)을 탭하여 모델링을 복제하고 옆으로 이동합니다.

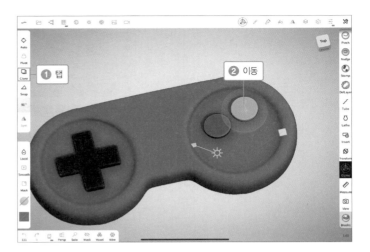

**11** 상단 메뉴 (Scene(⬚))에서 버튼으로 만든 'Cylinder' 모델링을 다중 선택한 다음 (Simple merge) 버튼을 탭하여 하나의 그룹으로 만듭니다.

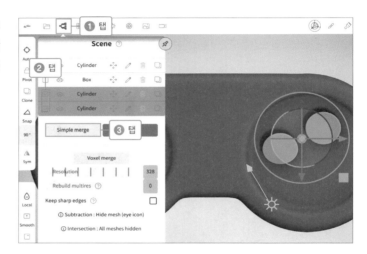

**12** (Gizmo)가 선택된 상태로 왼쪽 메뉴에서 (Clone)을 탭하여 버튼으로 만든 실린더 모델링 그룹을 복제해서 이동합니다.

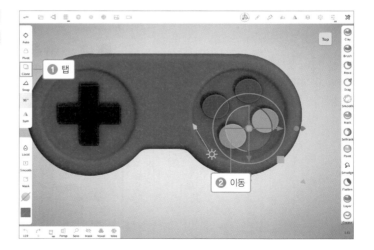

**13** │ 왼쪽 메뉴 (Material(⚫))에서 Rough
ness를 '0.605', Metalness를 '0'으로 설정
합니다. 색상을 '빨간색'으로 지정하고 (Paint
all) 버튼을 탭하여 재질과 색상을 적용합니다.

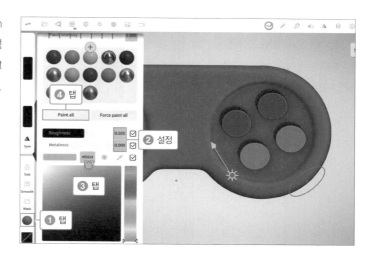

**14** │ 이제 컨트롤러의 대략적인 형태가
만들어졌습니다. 계속해서 버튼을 만들겠습
니다. 메뉴 상단 (Scene(▦))에서 (Box)를
탭하여 모델링을 생성합니다.

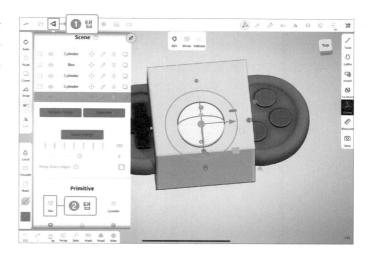

**15** │ (Gizmo)의 주황색 원을 안쪽으로 드
래그하여 모델링의 크기를 줄이고 컨트롤러
의 중앙부로 이동한 다음 살짝 회전합니다.

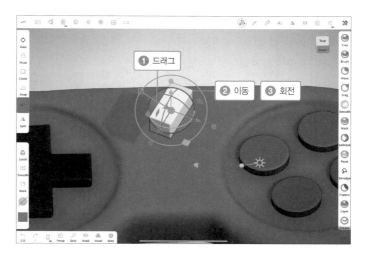

**TIP** 왼쪽 메뉴에서 (Snap)이 비활성화되어
있어야 회전을 자유롭게 할 수 있어요.

**16** 모델링을 복제해서 옆으로 나란히 만들려고 합니다. (Gizmo)를 조금 전에 회전했기 때문에 회살표 위치가 틀어져 있어 정확히 옆으로 이동하기가 어려운 상태입니다.

**17** 상단 메뉴에서 (Gizmo) 아이콘을 탭하여 Settings 항목으로 이동합니다. Action의 (Bake) 버튼을 탭하여 틀어진 (Gizmo)를 다시 원래대로 기준점을 설정합니다.

**18** (Gizmo)가 선택된 상태로 왼쪽 메뉴에서 (Clone)을 탭하여 복제한 다음 모델링을 옆으로 이동하여 나란히 위치합니다.

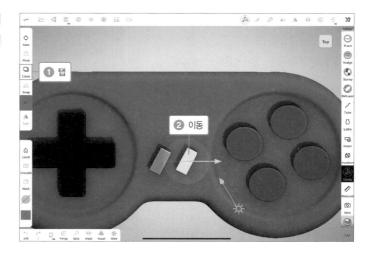

19 | 범퍼 버튼을 만들기 위해 상단 메뉴 [Scene(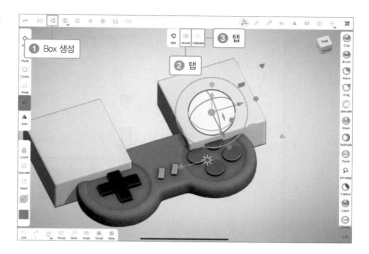)]에서 [Box]를 탭하여 모델링을 생성합니다. 편집 툴에서 [Mirror]를 탭하여 좌우 동일한 모델링을 만든 다음 [Validate]를 탭합니다.

20 | [Gizmo]를 이용해서 그림과 같이 컨트롤러 모델링의 두께보다 얇게 만듭니다.

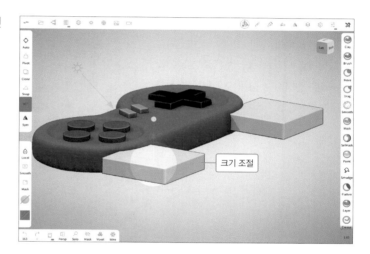

21 | 적당한 위치로 이동하면 컨트롤러의 범퍼 버튼이 만들어집니다.

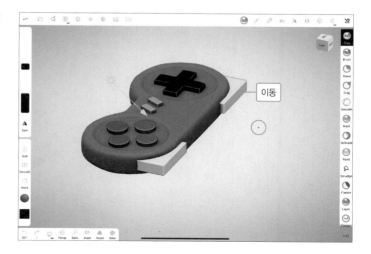

22 | 상단 메뉴 (Topology(⊞))에서 [Multires] 탭을 선택하고 [Subdivide] 버튼을 탭하여 폴리곤의 양을 늘립니다.

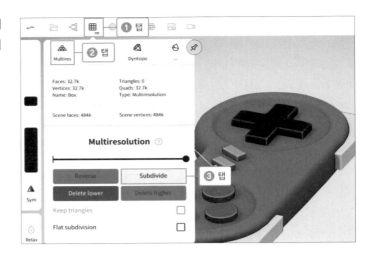

23 | 왼쪽 메뉴에서 [Smooth]를 선택한 다음 범퍼 버튼의 각진 부분을 문질러 부드럽게 형태를 다듬습니다. 오른쪽 메뉴에서 [View]를 선택하여 전체 모델링을 활성화하고 진행 사항을 체크합니다.

## 컨트롤러 전선 만들기

01 | [Scene(⊲)]에서 [Cylinder]를 탭하여 모델링을 생성합니다.

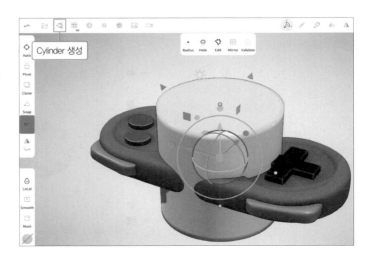

02 | 왼쪽 메뉴에서 (Snap)을 선택하고 회전 각도를 '90°'로 설정한 다음 (Gizmo) 의 빨간색 원을 드래그하여 모델링을 회전 합니다.

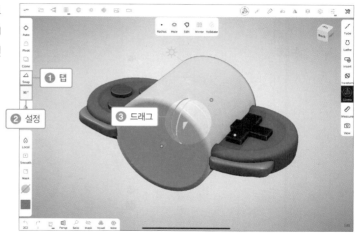

03 | (Gizmo)를 이용해서 모델링의 크기 를 줄이고 컨트롤러의 중앙 상단부로 위치 를 이동합니다.

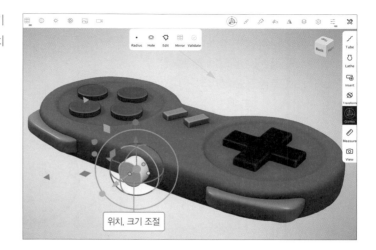

04 | 왼쪽 메뉴에서 (Clone)을 탭하여 모 델링을 복제하고 크기를 줄인 다음 그림처 럼 이동합니다.

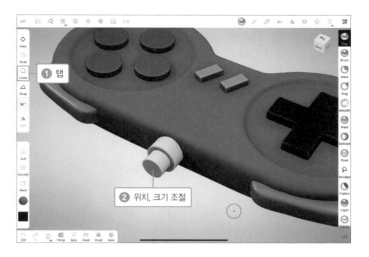

**05** 라인을 만들기 편하도록 (Snap Cube)에서 (Top)을 탭하여 Top View로 시점을 변경합니다.

**TIP** 이때 상단 메뉴 (Camera(▢))에서 'Orthographic'이 선택되어 있는지 확인해 주세요.

**06** 오른쪽 메뉴에서 (Tube)를 선택한 다음 왼쪽 메뉴에서 (Path)를 선택합니다. 캔버스의 빈 곳을 탭하여 라인의 형태를 만들고 초록색 포인트를 탭합니다.

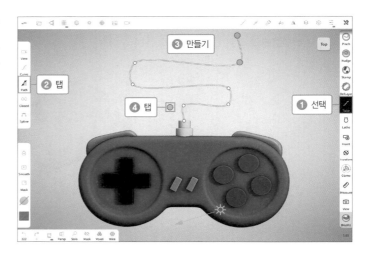

**07** 라인대로 모델링이 생성됩니다. 이때 처음 포인트를 생성했던 곳에 노란색 작은 포인트가 있는 것을 알 수 있습니다.

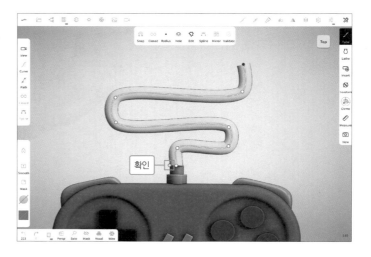

**08** 노란색 포인트를 드래그하여 모델링의 두께를 조절합니다. 활성화되어 있는 라인 사이를 탭하여 포인트를 추가하고 이를 이용해서 형태를 자연스럽게 다듬습니다. 형태가 마무리되었다면 편집 툴의 (Validate)를 탭하여 모델링을 활성화합니다.

**TIP** 라인이 꺾이는 지점에 포인트를 추가해서 형태를 자연스럽게 만듭니다.

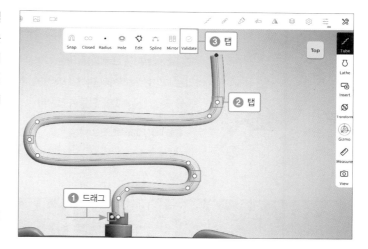

**09** 오른쪽 메뉴에서 (Gizmo)를 선택한 다음 라인의 위치를 컨트롤러 모델링에 맞도록 이동합니다.

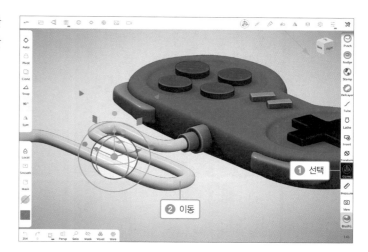

**10** 오른쪽 메뉴에서 (View)를 선택하여 전체 모델링을 활성화하고 모델링을 완성합니다.

# 기능을 활용한 브러시로 로켓 만들기

오른쪽 메뉴에는 스컬핑을 위한 다양한 브러시뿐만 아니라 독특한 기능을 활용해서 만들 수 있는 다양한 브러시가 여러 가지 있습니다. 이번 예제에서는 Lathe, Tube, Trim, Split 기능들을 활용해서 로켓을 만들어 봅시다.

● 완성 파일 : 02\로켓_완성.glb

## POINT

❶ Trim과 Path로 새로운 모델링하기
❷ Trim으로 모델링을 잘라내기
❸ Split으로 모델링을 분리하기
❹ Tube로 라인 모델링을 생성하기

## 로켓 몸통 만들기

01 Lathe 기능으로 로켓 몸통을 만들어 보겠습니다. (Files(🗀))에서 (New) 버튼을 탭하여 새로운 Project를 만듭니다.

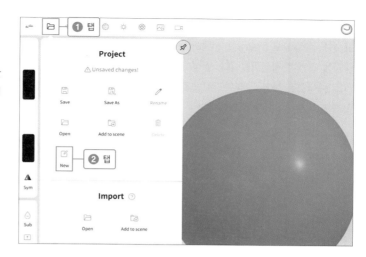

02 정확한 작업을 위해 카메라의 왜곡 설정을 해제해야 합니다. 상단 메뉴 (Camera(▯))에서 Projection을 'Orthographic' 으로 선택합니다.

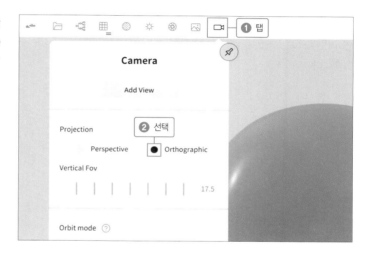

03 기본으로 생성되어 있는 Sphere 모델링은 사용하지 않기 때문에 상단 메뉴 (Scene(🖧))에서 'Sphere' 모델링의 '휴지통' 아이콘(🗑)을 탭하여 모델링을 지웁니다.

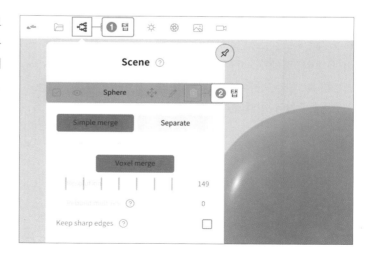

04 | 오른쪽 메뉴에서 (Lathe)를 선택하고 왼쪽 메뉴에서 (Path)를 선택하여 화면 중앙에 라인을 활성화합니다. 활성화한 라인을 중심으로 화면을 연속으로 탭하여 그림과 같이 로켓의 단면을 만듭니다.

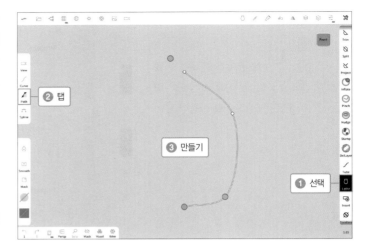

**TIP** 단면을 만들 때 양쪽을 다 만들 필요 없이 오른쪽만 표현해 주세요.

05 | 그림과 같이 두 포인트 사이를 탭하면 파란색으로 포인트를 중간에 추가할 수 있습니다.

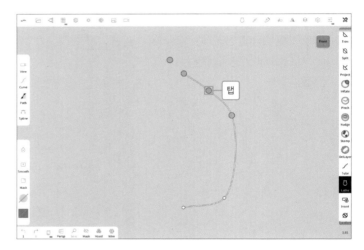

**TIP** 이렇게 생성된 포인트는 기본적으로 하얀색을 띄고 있습니다.

06 | 포인트를 한 번씩 탭하면 흰색 포인트가 검은색 포인트로 변화하고 연결 부분이 곡선에서 직선으로 바뀌어 각진 형태로 변경됩니다. 이를 이용해서 그림과 같이 로켓 몸통을 만들어 주세요.

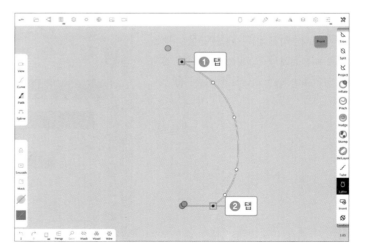

**TIP** 실수로 포인트를 잘못 생성할 경우 포인트를 탭하여 선택하고 드래그하여 인접한 포인트에 겹치면 삭제할 수 있습니다.

**07** 라인을 정리한 다음 녹색 포인트를 탭하여 오브젝트의 형태로 만듭니다.

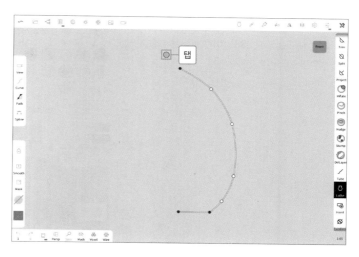

**TIP 오브젝트 위치가 틀어져 있는지 확인하는 방법**

(Gizmo)가 선택된 상태에서 상단 메뉴의 (Gizmo) 아이콘을 탭하여 Action의 (Move origin) 버튼을 탭하면 오브젝트가 화면 중앙으로 이동합니다.

**08** 라인을 기준으로 360°로 돌린 모델링이 생성되었습니다. 아직 라인이 사라지지 않은 상태기 때문에 각 포인트를 이동하여 형태를 수정하고, 포인트를 추가하거나 삭제할 수 있습니다.

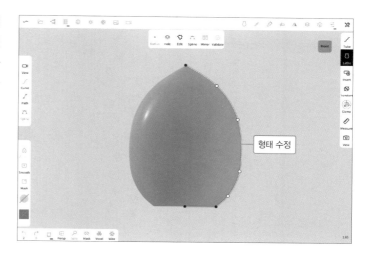

**09** 편집 툴의 (Validate)를 탭하면 오브젝트가 스컬핑 작업이 가능한 폴리곤으로 활성화됩니다.

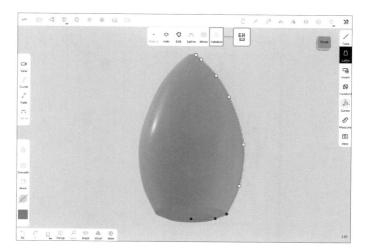

10 │ 왼쪽 메뉴의 [Material(◐)]에서 Roughness를 '0.233', Metalness를 '0.016'으로 설정합니다. 색상을 '빨간색'으로 지정하고 [Paint all] 버튼을 탭하여 적용합니다.

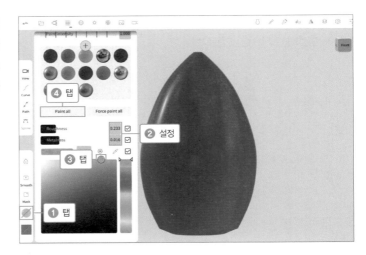

11 │ 오른쪽 메뉴에서 [Split]를 선택한 다음 왼쪽 메뉴에서 [Rect]를 선택합니다.

TIP Split는 모델링을 잘라 분리하는 기능입니다.

12 │ 캔버스를 드래그하여 오브젝트의 윗부분과 아랫부분을 잘라 분리합니다.

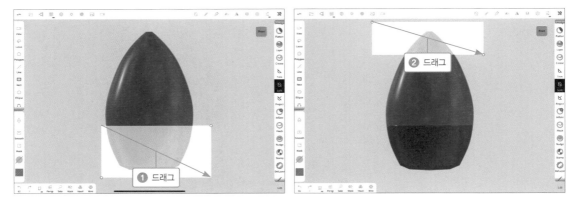

13 오른쪽 메뉴에서 (Gizmo)를 선택하고 화살표를 이용해 움직이면 완전히 분리된 것을 확인할 수 있습니다. 상단 메뉴 (Scene([이미지]))에서도 'Lathe' 레이어가 세 개로 늘어난 것을 확인할 수 있어요.

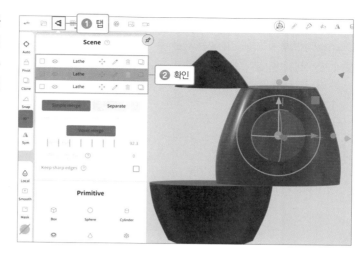

14 가운데 모델링을 선택한 다음 왼쪽 메뉴의 (Material([이미지]))에서 색상을 '흰색'으로 지정하고 (Paint all) 버튼을 탭하여 적용합니다.

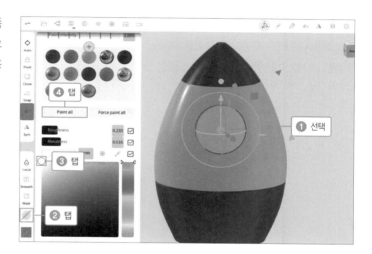

15 모델링 사이의 이음새를 메꾸기 위해 상단 메뉴 (Scene([이미지]))에서 (Torus)를 탭하여 모델링을 생성합니다.

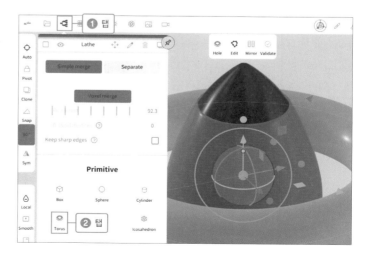

16 편집 툴이 활성화되어 있는 상태로
〔Gizmo〕의 초록색 화살표에 있는 작은 초
록색 포인트를 아래로 드래그하여 링의 두
께를 가늘게 조절합니다.

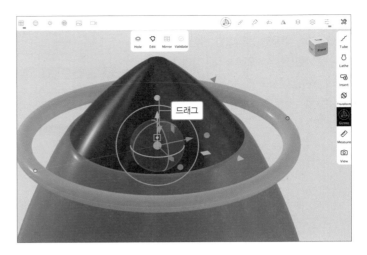

17 〔Gizmo〕의 작은 노란색 포인트를
드래그하여 토러스 모델링의 크기를 로켓
모델링 사이의 이음새에 잘 맞도록 조절합
니다.

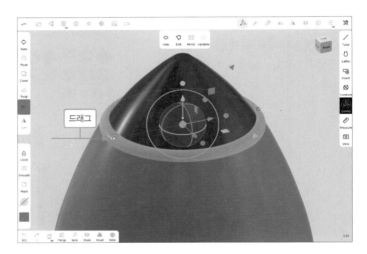

18 〔Gizmo〕가 선택된 상태로 왼쪽 메
뉴에서 〔Clone〕을 탭하여 링 모델링을 복제
합니다. 복제한 링 모델링을 그림과 같이 로
켓 모델링의 위쪽으로 이동하고 크기를 조
절합니다.

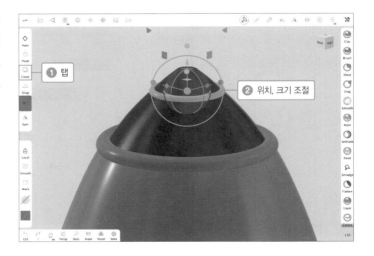

19 ｜ 같은 방법으로 복제한 모델링을 아래쪽에 위치시키고 상단 메뉴 (Scene(📑)) 에서 세 개의 'Tours' 레이어를 모두 선택한 다음 (Simple merge) 버튼을 탭하여 합칩니다.

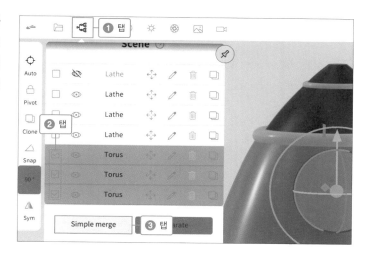

20 ｜ 왼쪽 메뉴의 (Material(⬤))에서 Roughness를 '0.256', Metalness를 '1'로 설정하고 색상을 '연노란색'으로 지정한 다음 (Paint all) 버튼을 탭하여 적용합니다.

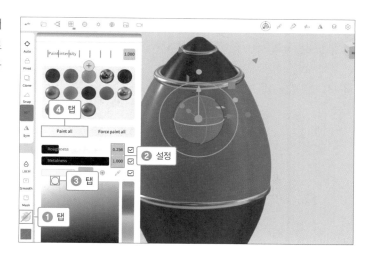

21 ｜ 오른쪽 메뉴에서 (View)를 선택하여 전체 모델링을 활성화합니다. 로켓의 몸통을 완성하였습니다.

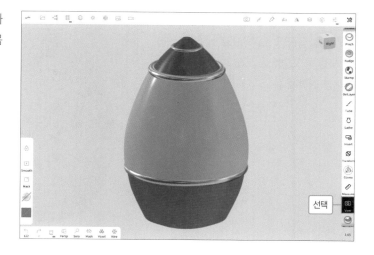

## 로켓 날개 만들기

01 │ 상단 메뉴 (Scene(🔲))에서 (Box)를 탭하여 새로운 모델링을 생성합니다.

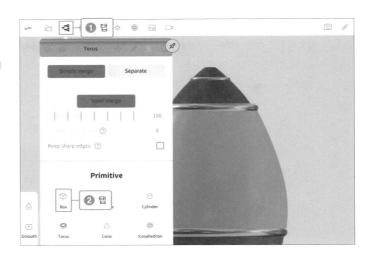

02 │ (Snap Cube)에서 (Front)를 탭하여 정면을 향하게 만든 다음 오른쪽 메뉴에서 (Gizmo)를 선택하고 날개가 위치할 부분으로 모델링을 이동합니다.

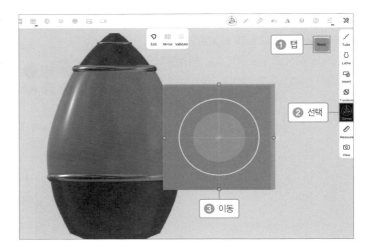

03 │ (Gizmo)가 선택된 상태에서 파란색 포인트를 탭하면 노란색으로 바뀝니다. 바뀐 노란색 포인트를 드래그하면 모델링의 두께를 조절할 수 있습니다.

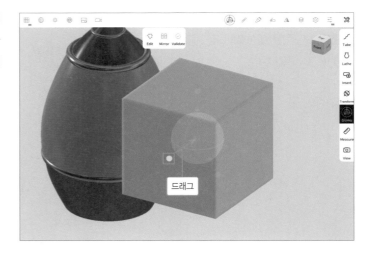

**04** 박스 모델링의 두께를 얇게 만든 다음 편집 툴에서 (Validate)를 탭합니다.

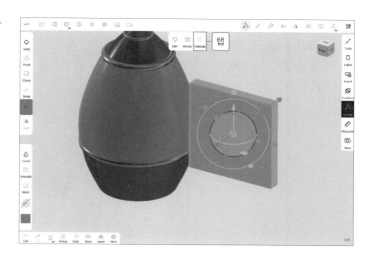

**05** 오른쪽 메뉴에서 (Trim)을 선택한 다음 왼쪽 메뉴에서 (Line)을 선택합니다.

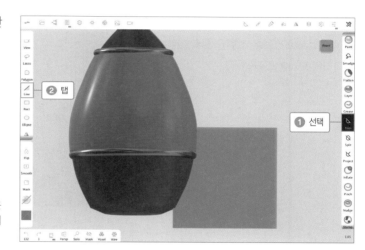

**TIP** Trim은 모델링이 잘려진 나머지 부분은 없애 버리는 특성이 있습니다. 분리하는 특성의 Split과 비슷하지만 다른 성격의 기능입니다.

**06** Line이 선택된 상태에서 캔버스에 탭한 다음 드래그를 해주면 하얀색 영역이 나타나며 각도를 조절할 수 있게 됩니다. 원하는 각도를 지정한 다음 탭을 떼면 하얀색 영역에 포함되어 있던 부분은 잘리며 없앨 수 있습니다.

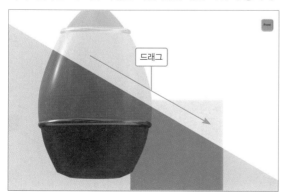

**07** | 날개 모양을 좀 더 만들겠습니다. 왼쪽 메뉴에서 (Polygon)을 선택한 다음 잘라줄 부분을 탭하여 지정하고 초록색 포인트를 탭하여 모델링을 자릅니다.

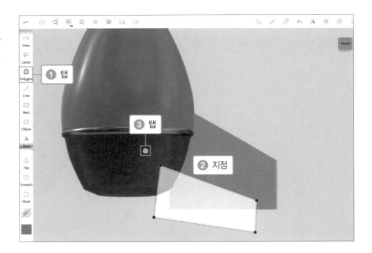

**08** | 오른쪽 메뉴에서 (Gizmo)를 선택한 다음 (Gizmo)의 주황색 원을 안쪽으로 드래그하여 크기를 조절합니다.

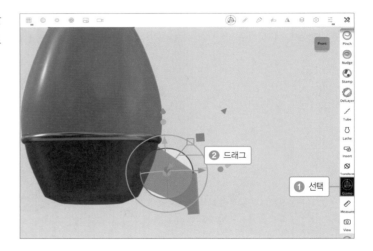

**09** | 날개를 복사하기 전에 (Snap Cube)에서 (Top)을 탭하여 시점을 위로 변경합니다.

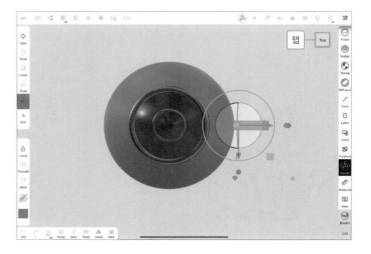

10 | 오브젝트의 Pivot의 위치를 수정하
겠습니다. 오른쪽 메뉴에서 (Gizmo)를 선
택한 다음 왼쪽 메뉴에서 (Pivot)을 선택합
니다. (Gizmo)의 빨간색 화살표를 이용하
여 모델링의 중앙으로 이동합니다.

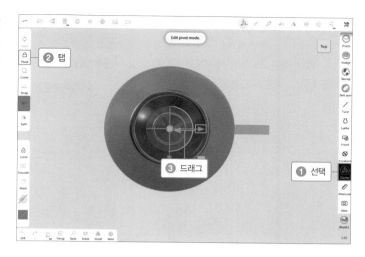

TIP  Pivot은 회전하는 물체의 균형을 잡아
주는 중심축을 말합니다. 모든 물체는 이 중심
축을 기준으로 회전하거나 움직이게 됩니다.
이제 날개 모델링의 Pivot이 로켓의 중앙으로
설정되어 복제하여 배치하기 쉬워졌습니다.

11 | (Gizmo)가 선택된 상태로 왼쪽 메
뉴에서 (Clone)을 탭하여 날개 모델링을 복
제합니다. 이어 (Snap)을 선택한 다음 아
래 (90°)를 탭하여 '90'으로 설정하면 회전각
이 90°로 고정됩니다. (Gizmo)의 회전축을
드래그하여 날개 모델링을 회전하고 복제된
날개를 이동합니다.

12 | 같은 방법으로 네 개의 날개를 만들
어 로켓 날개를 완성합니다.

TIP  날개 모델링의 Pivot이 로켓 모델링의
중앙(캔버스 중앙)으로 이동했기 때문에 모델
링을 쉽고 정확한 각도로 복사할 수 있었습니다.

# 로켓 세부 파츠 만들기

01 │ 상단 메뉴 (Scene(▧))에서 (Cylinder)를 탭하여 새로운 모델링을 생성합니다.

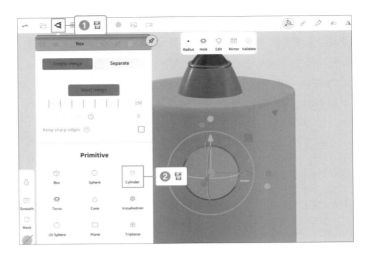

02 │ (Gizmo)의 주황색 원을 안쪽으로 드래그하여 크기를 줄입니다.

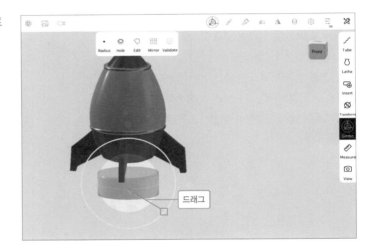

03 │ (Gizmo)의 초록색 화살표를 위로 드래그하여 로켓 아랫부분으로 위치를 이동합니다. 편집 툴에서 (Validate)를 탭하여 모델링을 활성화합니다.

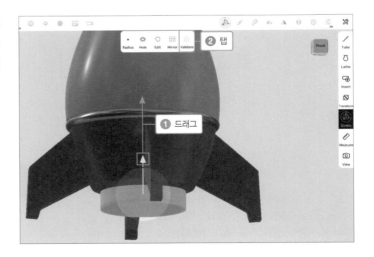

04 상단 메뉴 (Scene(▦))에서 (Cylin der)를 한 번 더 탭하여 새로운 모델링을 생성합니다.

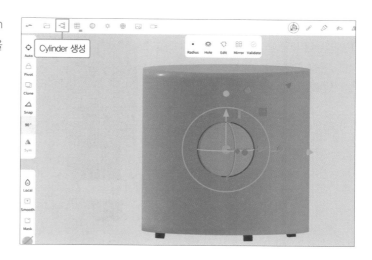

05 편집 툴에서 (Hole)을 탭하여 모델링에 구멍을 냅니다. 로켓의 가장 아랫부분으로 위치를 이동하고 크기를 조절합니다.

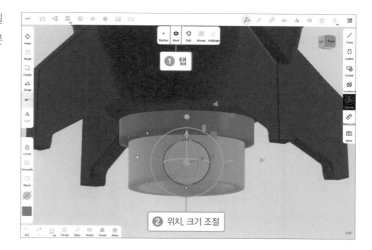

06 편집 툴에서 (Radius)를 탭하면 아이콘의 포인트 모양이 바뀌며 (Gizmo)의 위아래에 작은 노란색 포인트가 추가됩니다.

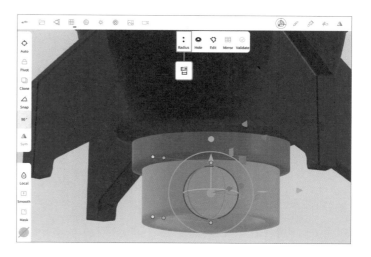

**07** 아래의 노란색 포인트를 왼쪽으로 드래그하여 모델링의 아랫부분을 넓게 조절하고 편집 툴에서 (Validate)를 탭하여 모델링을 활성화합니다.

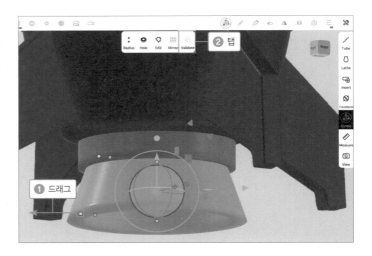

**08** 하단 메뉴에서 (Voxel)을 탭하여 폴리곤을 재정렬 합니다.

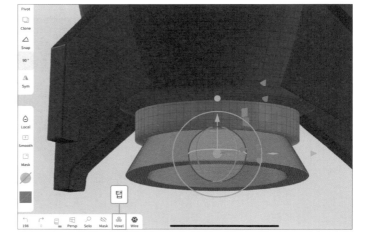

**TIP** 새로 생성된 모델링은 폴리곤의 수가 기본적으로 적기 때문에 바로 스컬핑 작업을 할 경우 폴리곤을 상당량 늘려줘야 합니다. 방금 Voxel을 적용한 아래쪽의 모델링과 다른 모델링의 와이어를 비교해보면 차이를 알 수 있습니다.

**09** 상단 메뉴 (Symmetry(△))에서 Planes의 (X)를 선택 해제하고 (Y)를 선택한 다음 Radial Y를 그래프를 '32'로 설정합니다. 이제 Y축으로 한 번에 32회의 획을 그을 수 있게 되었습니다.

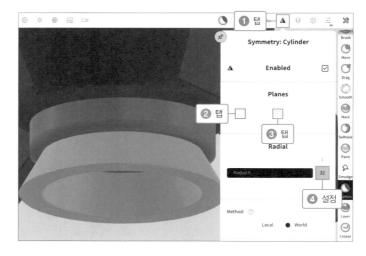

10 │ 오른쪽 메뉴에서 (Flatten)을 선택한 다음 모델링의 아랫부분을 살짝 드래그하여 그림과 같이 형태를 만듭니다.

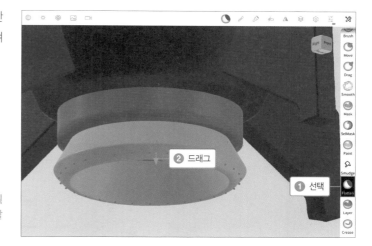

**TIP** Flatten을 이용하면 한 번에 32번의 획이 동시에 작업되기 때문에 손쉽게 작업을 할 수 있습니다.

11 │ 왼쪽 메뉴의 (Material(◖))에서 두 개의 실린더 모델링의 재질과 색상을 지정합니다.

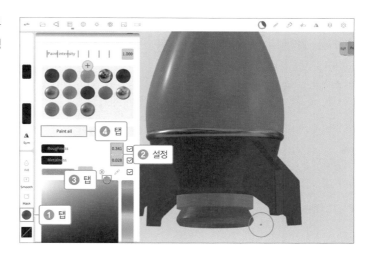

12 │ 위에 있는 실린더 모델링도 같은 방법으로 상단 메뉴 (Symmetry(▲))에서 Planes의 (X)를 선택 해제하고 (Y)를 선택한 다음 Radial Y를 그래프를 '32'로 설정합니다. 오른쪽 메뉴에서 (Flatten)을 선택한 다음 모델링의 가장자리를 스컬핑해서 다듬습니다.

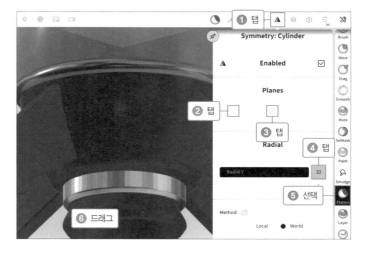

**13** | 로켓에 유리창을 만들겠습니다. 상단 메뉴 (Scene(⊞))에서 (Cylinder)를 탭하여 새로운 모델링을 생성합니다.

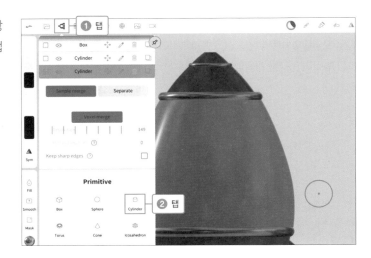

**14** | 왼쪽 메뉴에서 (Snap)을 선택하여 Cylinder 모델링을 회전합니다. (Clone)을 탭하여 복제한 다음 복제된 실린더의 크기와 위치를 조절합니다.

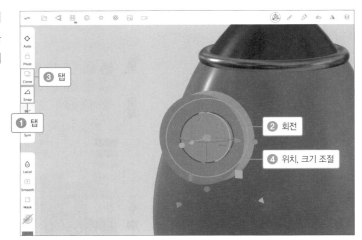

**15** | 왼쪽 메뉴의 (Material(●))에서 복제한 실린더의 색상을 '검은색', 테두리 실린더의 색상을 '흰색'으로 지정합니다. 메탈 느낌이 나도록 'Material'을 선택한 다음 (Paint all) 버튼을 탭하여 적용합니다.

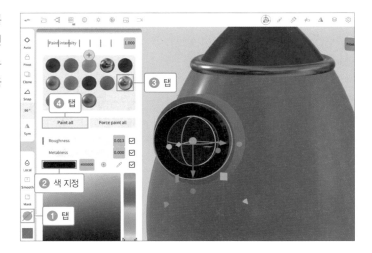

**16** | 측면에서도 몸체에 잘 달라붙을 수 있도록 각도를 조절합니다.

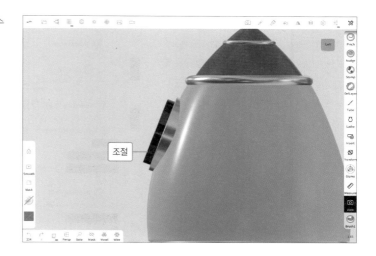

**17** | 상단 메뉴 (Scene(⬛))에서 전체 레이어를 선택하고 (Simple merge) 버튼을 탭하여 하나의 그룹으로 합칩니다. 로켓 모델링이 완성되었습니다.

**TIP** 모델링을 모두 합쳐두면 나중에 로켓의 위치를 이동하거나 각도를 지정하기가 수월합니다.

## 로켓에 빛과 효과 추가하기

**01** | 상단 메뉴 (Lighting(☀))에서 (Add light)를 탭하여 라이트를 생성합니다. 모델링의 그림자와 광택이 두드러지게 차이가 나는 것을 확인할 수 있습니다.

**TIP** 기본 생성되는 라이트는 'Directional light'로 위치에는 영향을 받지 않고 방향에만 영향을 받는 특성이 있습니다.

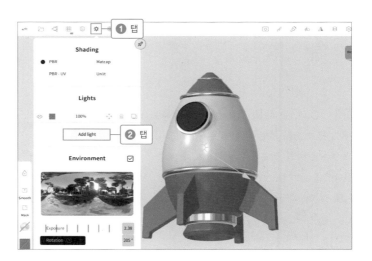

02 상단 메뉴 (Post Process(⚙))에서 'Post Process', Quality의 'Max Simple', 'Full Resolution', 'Reflection (SSR)'을 체크 표시합니다. Ambient Occlusion의 Strength를 '0.326', Size를 '0.09', Curvature bise를 '0.0097', Depth Of Field의 Far blur를 '0.645', Near blur를 '0.062'로 설정합니다.

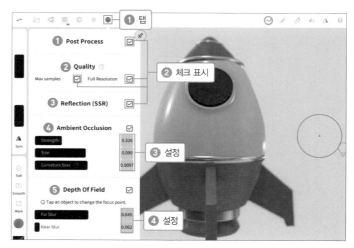

TIP ❶ Post Process : 후처리 기능을 활성화합니다.
❷ Quality : 결과물 퀄리티의 최대치를 화면에 표시합니다.
❸ Reflection (SSR) : 인접한 오브젝트가 재질에 따라 반사되도록 합니다.
❹ Ambient Occlusion : 물체에 맺히는 그림자를 설정합니다.
❺ Depth Of Field : 카메라의 거리 값에 따른 블러 수치를 지정합니다.

03 Bloom의 Intensity를 '1.59', Radius를 '0.543', Threshold '1.56', Tone Mapping의 Exposure를 '0.7', Contrast를 '0.01', Saturation을 '1.32'로 설정하고 Color Grading의 그래프를 조정하여 색상을 조절합니다.

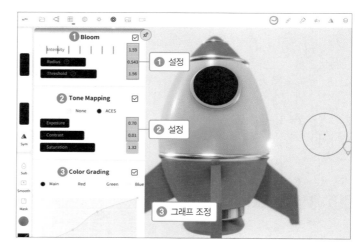

TIP ❶ Bloom : 빛이 산란하는 효과를 활성화합니다.
❷ Tone Mapping : 화면에 보이는 전체 색 보정을 합니다.
❸ Color Grading : 그래프를 통해 화면에 보이는 전체 색 보정을 합니다.

04 Curvature의 Cavity를 '#06040264', Bump를 '1a0d0afd'로 색 지정하고 Vignette의 Size를 '0.24', Hardness를 '0.461', Sgarpness의 Strength를 '0.143'으로 설정합니다.

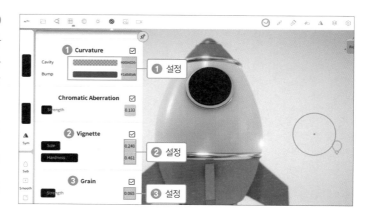

TIP ❶ Curvature : 오브젝트의 경계면의 색상을 지정합니다.
❷ Vignette : 화면 가장자리의 음영을 설정합니다.
❸ Grain : 물체의 선명한 정도를 지정합니다.

# 로켓 궤적 만들기

01 | 상단 메뉴 (Scene(⬚))에서 (Sphere)를 탭하여 새로운 모델링을 생성합니다.

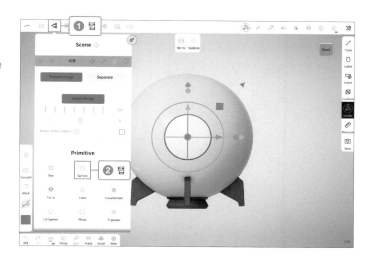

02 | (Gizmo)의 초록색 화살표를 아래로 드래그하여 이동합니다.

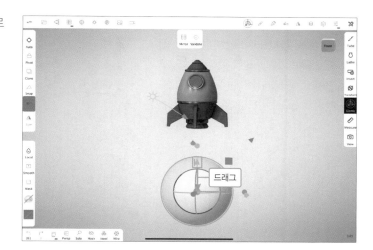

03 | (Gizmo)의 초록색 포인트를 드래그하여 넓적하게 크기를 조절합니다.

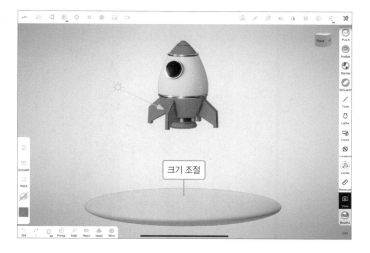

04 (Snap Cube)에서 (Front)를 탭한 다음 (Gizmo)의 회전 원을 드래그하여 로켓 모델링의 방향을 회전합니다.

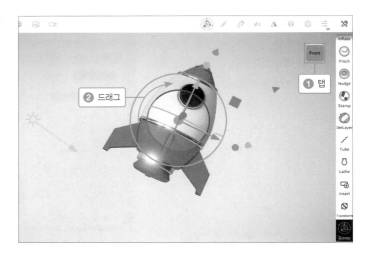

05 오른쪽 메뉴에서 (Tube)를 선택하고 왼쪽 메뉴에서 (Path)를 선택합니다. 캔버스를 탭하여 그림과 같이 로켓의 궤적 모양을 만들고 마무리되었다면 녹색 포인트를 탭하여 폴리곤으로 만듭니다.

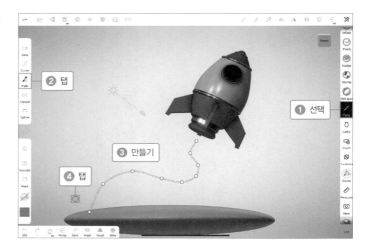

06 편집 툴에서 (Radius)를 탭하면 튜브 모델링의 양 끝에 작은 노란색 포인트가 표시됩니다.

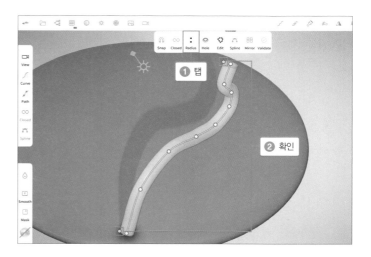

**07** 각각의 작은 노란색 포인트를 드래그하여 튜브의 두께를 각각 조절할 수 있습니다. 라인으로 표현된 궤적의 포인트를 탭하여 모양을 다듬어 주세요.

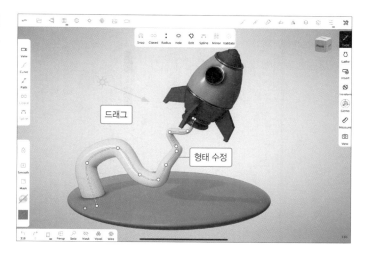

**08** 궤적과 로켓의 위치를 조정한 다음 편집 툴의 (Radius)를 탭하면 아이콘의 포인트가 세 개로 바뀌어 모든 지점에 노란색 포인트가 나타나고 각각의 두께를 모두 지정할 수 있습니다.

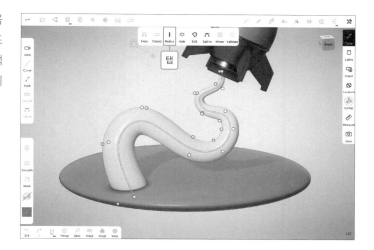

**09** 상단 메뉴 (Scene(⬚))에서 바닥에 있는 'Sphere' 모델링과 'Tube' 모델링을 선택한 다음 (Voxel merge) 버튼을 탭하여 하나의 모델링으로 만듭니다.

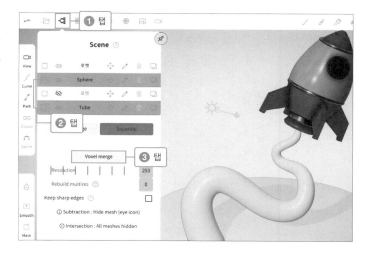

**10** 두 모델링의 경계면이 어색하기 때문에 왼쪽 메뉴에서 (Smooth)를 선택한 다음 모델링을 문질러 부드럽게 만듭니다.

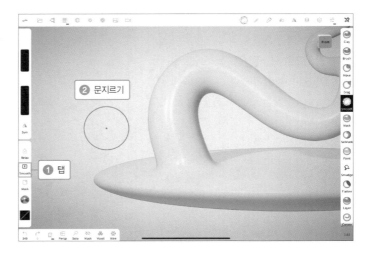

**11** 날아가는 로켓과 연기의 궤적이 만들어졌습니다.

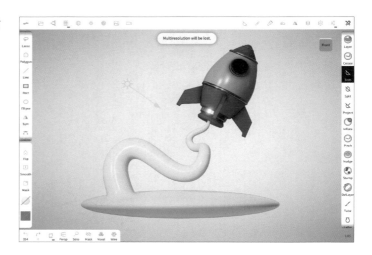

**12** 좀 더 구름의 풍성한 느낌을 표현하겠습니다. 상단 메뉴 (Scene(⬚))에서 (Sphere)를 탭하여 새로운 모델링을 생성합니다.

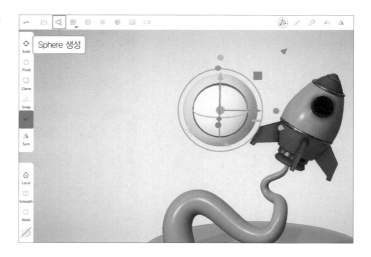

13 〔Gizmo〕를 선택한 상태로 위치를 이동한 다음 왼쪽 메뉴에서 〔Clone〕을 탭하여 복제하고 군데군데 배치합니다.

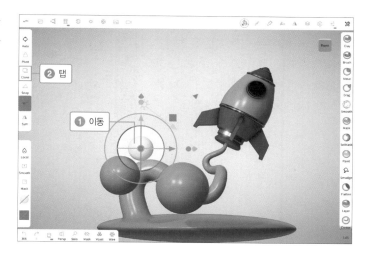

14 상단 메뉴 〔Scene(▣)〕에서 구름으로 만든 'Sphere' 모델링을 모두 선택한 다음 〔Voxel merge〕 버튼을 탭하여 하나의 모델링으로 합칩니다.

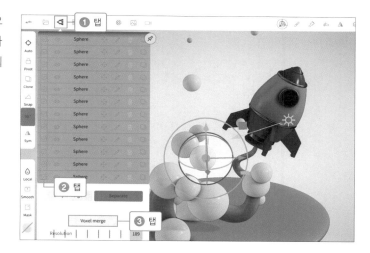

15 스피어 모델링의 경계면이 딱딱해 보이기 때문에 왼쪽 메뉴에서 〔Smooth〕를 선택하고 모델링을 문질러 부드럽게 만듭니다.

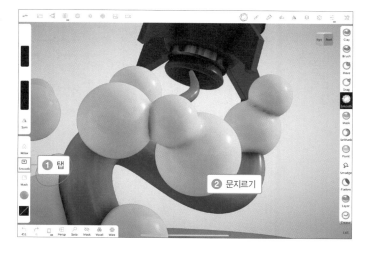

16 | 캔버스에 있는 (Directional light)를
선택한 다음 표시되는 '...' 아이콘을 탭하면
아래와 같은 창이 표시됩니다. 표시되는 창
에서 (Clone)을 탭하여 복제하고 (Point)를
선택하여 Light의 종류를 바꿔 주세요.

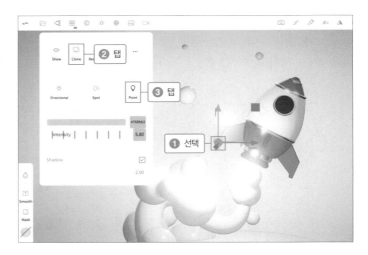

17 | (Gizmo)를 이용해 Light의 위치를
이동하고 색상을 지정합니다.

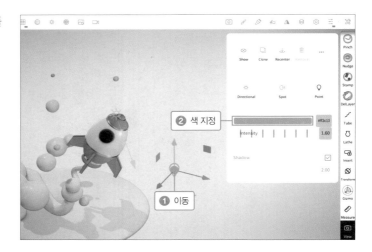

18 | 상단 메뉴 (Background(🖼))에서
Color를 탭하여 표시되는 Wheel picker
창에서 배경 색상을 지정합니다.

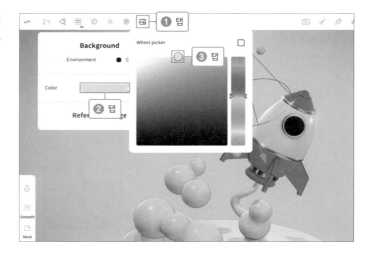

19 상단 메뉴 (Camera(□))에서 Pro-jection을 'Perspective'로 선택하여 카메라의 왜곡 설정을 활성화합니다. Vertical Fov도 설정하여 왜곡의 정도를 결정합니다.

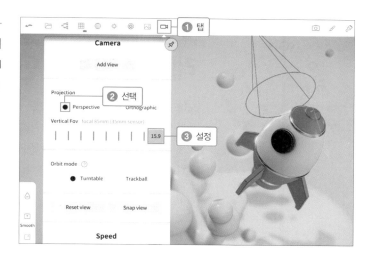

19 Lathe, Tube, Split 기능을 활용해서 로켓의 디오라마를 만들어 봤어요. 모델링을 만드는 방법은 정말 다양합니다. 노마드 스컬프는 스컬핑에 최적화되어 있는 프로그램이지만, 이렇게 다양한 방식으로 모델링을 만들 수가 있어요.

**TIP** Symmetry

Symmetry는 기본적으로 X축을 기준으로 좌우 동시 작업이 되도록 합니다. 이 항목에서는 동시 작업이 되는 축을 변경하거나 한 번에 여러 번의 동작을 수행할 수 있도록 지정하고, 축을 기준으로 오브젝트를 이동시킬 수 있는 기능을 포함하고 있습니다.

# 로우 폴리곤을 활용한
# 레트로 키보드 만들기

노마드 스컬프 같은 스컬핑 프로그램은 폴리곤의 양이 많을수록 디테일한 스컬핑 작업을 할 수가 있어 기본적으로 하이 폴리곤 작업을 하게 됩니다. 반대로 굉장히 적은 양의 폴리곤을 이용해서 모델링하는 것을 로우 폴리곤이라고 하며, 실무에서는 이런 방법을 Hard Surface 작업이라고 합니다. 이번에는 로우 폴리곤을 활용한 레트로 키보드를 만들어 보겠습니다.

● 완성 파일 : 02\레트로 키보드_완성.glb

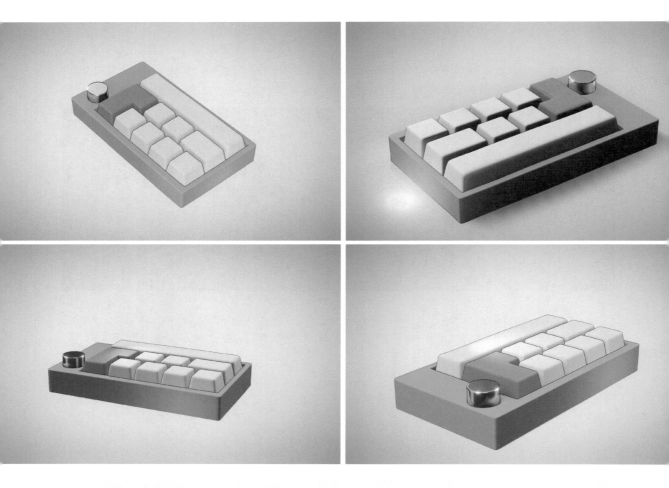

## POINT

❶ 로우 폴리곤 생성하기
❷ 로우 폴리곤의 형태를 유지하며 폴리곤 늘리기
❸ Voxel merge를 활용한 모델링하기
❹ Mask를 활용한 모델링하기

## 로우 폴리곤으로 키 캡 만들기

**01** 상단 메뉴 (Files(📁))에서 (New) 버튼을 탭하여 새로운 씬을 생성합니다. 새로운 프로젝트를 생성하면 화면에 자동으로 스피어가 만들어집니다.

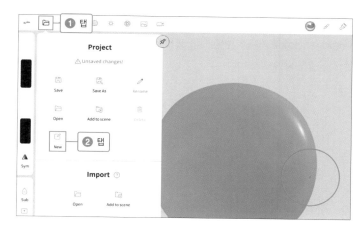

**02** 상단 메뉴 (Scene(🔗))에서 해당 'Sphere' 오브젝트의 '휴지통' 아이콘(🗑)을 탭하여 삭제합니다.

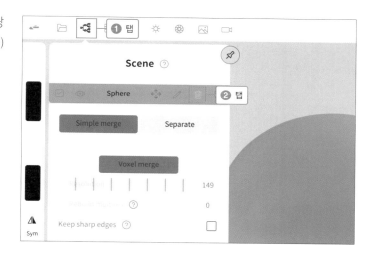

**03** 상단 메뉴 (Scene(🔗))에서 (Box)를 탭하여 모델링을 생성합니다.

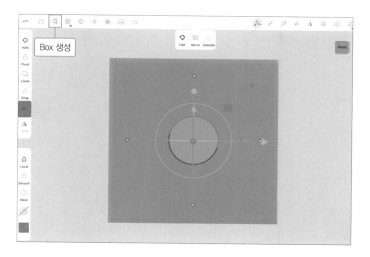

**04** | 상단 메뉴 [Topology([Ⅲ])]에서 Primitive: Box로 항목이 변경되어 표시되는 것을 확인할 수 있습니다.

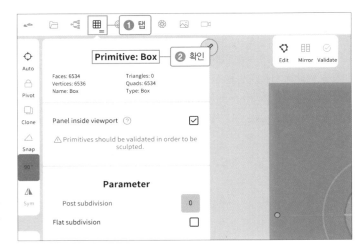

**TIP** 편집 툴에서 [Validate]로 모델링을 활성화하기 전에는 이렇게 다른 메뉴를 확인할 수 있습니다.

**05** | Box–Topology에서 Division X, T, Z를 '0'으로 설정한 다음 편집 툴의 [Validate]를 탭하여 모델링을 활성화합니다.

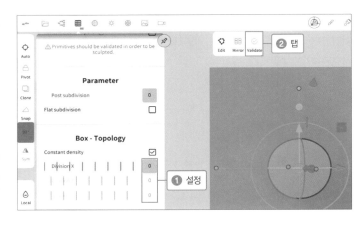

**TIP** Topology의 수치를 이용해서 이처럼 정육면체의 로우 폴리곤을 만들 수 있습니다. 하단 메뉴의 [Wire]를 탭하여 확인해 보면 폴리곤의 양을 가늠해 볼 수 있어요.

**06** | 오른쪽 메뉴에서 [Gizmo]를 선택한 다음 초록색 포인트를 드래그하여 Box 모델링의 높이를 줄입니다.

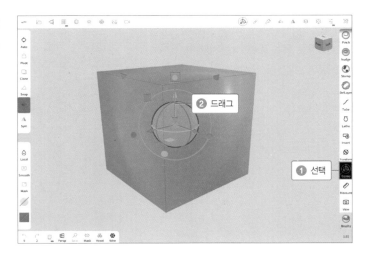

**07** 오른쪽 메뉴에서 (Move)를 선택한 다음 정육면체 윗부분의 점을 하나씩 드래그하여 마름모 형태가 되도록 위치를 이동합니다.

**TIP** 이때 상단 메뉴 (Camera(🎥))에서 Projection의 'Orthographic'을 선택하여 카메라 설정을 변경하면 좀 더 정확한 형태를 확인할 수 있습니다.

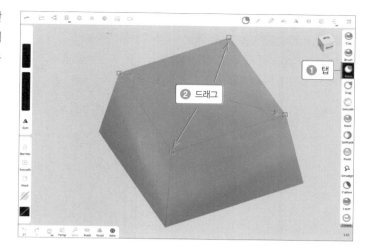

**08** 상단 메뉴 (Topology(⊞))에서 (Multires) 탭을 선택하고 Multiresolution의 'Flat subdivision'을 체크 표시한 다음 (Subdivide) 버튼을 여러 번 탭하여 폴리곤의 양을 늘립니다.

**TIP** 'Flat subdivision'을 체크 표시하여 활성화하면 각진 형태를 유지하면서 폴리곤이 늘어납니다.

**09** 하단 메뉴에서 (Wire)를 선택하여 활성화하고 폴리곤의 양이 Faces 기준으로 '6144'가 될 때까지 (Subdivide) 버튼을 탭합니다.

**TIP** Subdivide가 늘어남에 따라 모델링의 경계면이 날카롭게 만들어지는 것을 확인할 수 있어요.

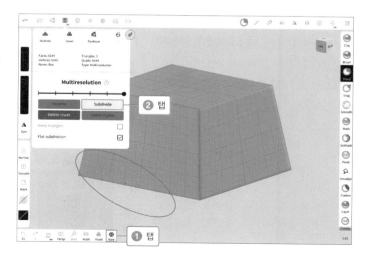

10 | 한 번에 여러 면을 작업할 수 있도록
설정하겠습니다. 상단 메뉴 [Symmetry(⚠)]
에서 Planes의 [X], [Y], [Z]를 선택하여 활
성화하고 각각의 Radial을 '6'으로 설정합
니다.

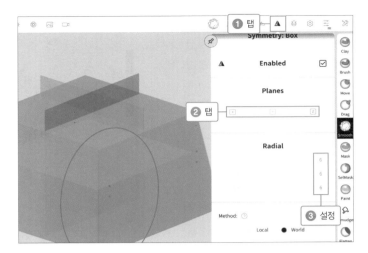

11 | 오른쪽 메뉴에서 [Smooth]를 선택
한 다음 모델링의 경계면을 문질러 다듬습
니다.

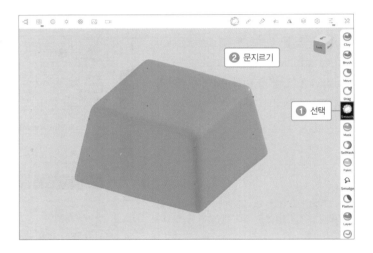

12 | 왼쪽 메뉴 [Material(●)]에서 Rou
ghness를 '0.429', Metalness를 '0'으로
설정합니다. 색상을 원하는 색으로 지정하
고 [Paint all] 버튼을 탭하여 플라스틱 재질
을 만듭니다.

**TIP** Roughness와 Metalness 값을 조절
하면 고무 재질부터 금속 재질까지 자유자재
로 설정할 수 있어요.

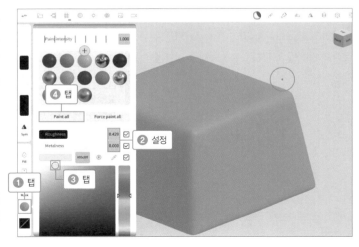

**13** | 키 캡의 상단 부분을 매끄럽게 만들 겠습니다. 반듯한 라인을 그을 수 있도록 상단 메뉴 (Stroke(✏️))에서 Stroke의 Stroke spacing를 '13', Lazy rope stabilizer를 '100'으로 설정합니다.

**14** | 오른쪽 메뉴에서 (Flatten)을 선택한 다음 키 캡 모델링의 상단 부분을 드래그하면 캔버스에 빨간색 라인이 길게 따라오면서 미세한 손 떨림을 보정합니다. 키 캡 모델링의 윗부분을 정리합니다.

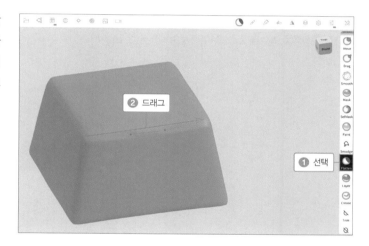

**15** | 키 캡 모델링의 윗부분 정리가 끝났으면 왼쪽 메뉴의 (Smooth)를 선택하고 모델링 윗부분을 문질러 부드럽게 다듬습니다.

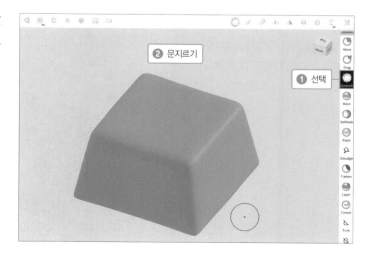

## 키 캡으로 키보드 배열하기

01 〔Snap Cube〕에서 〔Top〕을 탭하여 Top View로 시점을 변경한 다음 오른쪽 메뉴에서 〔Gizmo〕를 선택하고 왼쪽 메뉴의 〔Clone〕을 탭하여 모델링을 복제합니다.

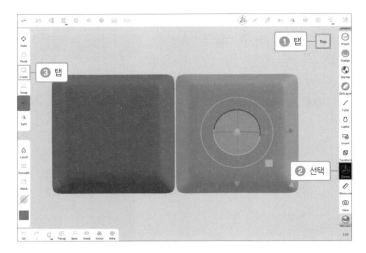

02 복제한 상태에서 〔Gizmo〕를 이용해 키 캡 모델링을 옆으로 하나씩 이동하여 배치합니다.

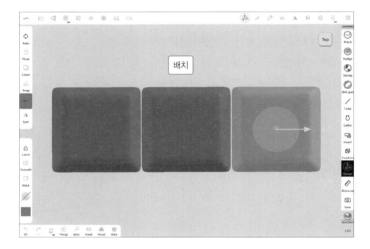

03 아랫줄도 한 줄 만들겠습니다. 두 번째 줄의 첫 번째 키 캡을 복제하여 옆으로 살짝 이동한 다음 그림과 같이 겹치게 합니다.

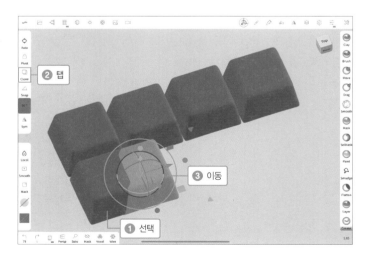

**04** 계속해서 (Clone)을 탭하여 복제한
다음 그림과 같이 엔터키가 되도록 겹칩니다.

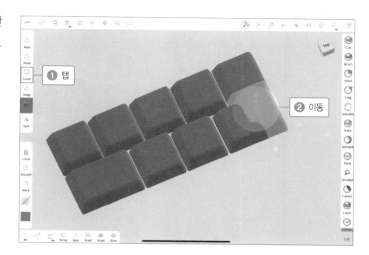

**05** 스페이스 바를 만들기 위해 세 번째
줄까지 모델링을 복제합니다.

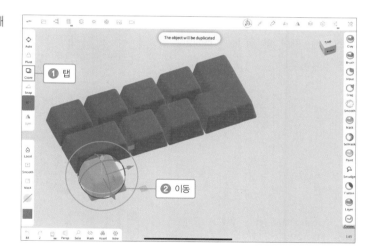

**06** 같은 방법으로 (Clone)을 탭하여 세
번째 줄의 모델링을 끝으로 이동합니다.

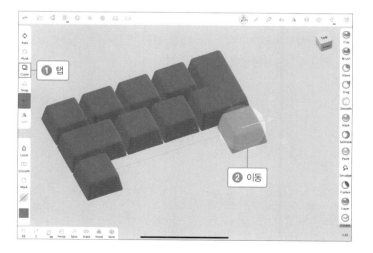

**07** 같은 방법으로 가장 끝의 모델링을 복제하여 세 번째 줄 중앙으로 이동합니다.

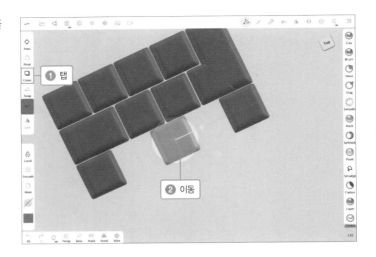

**08** (Gizmo)의 빨간색 포인트를 오른쪽으로 드래그하여 중앙의 키 캡 모델링을 좌우로 길게 늘립니다.

**TIP** (Gizmo)에서 선택한 화살표, 포인트, 원은 노란색으로 표시됩니다.

**09** 가장 처음과 끝의 모델링에 완전히 겹쳐질 때까지 늘려준 다음 스페이스 바에 해당하는 세 모델링을 탭하여 선택합니다.

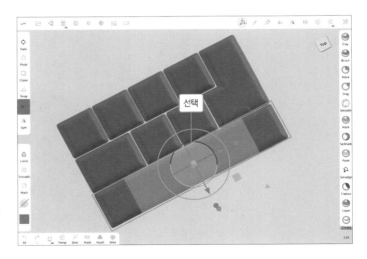

**TIP** 모델링 다중 선택은 상단 메뉴의 (Scene ([⬚]))에서 해당하는 모델링을 동시에 탭하여 선택하면 됩니다.

10 상단 메뉴 (Scene(📠))에서 스페이스 바에 해당하는 세 모델링이 선택된 상태로 Resolution을 '400'으로 설정한 다음 (Voxel merge) 버튼을 탭하여 하나의 모델링으로 만듭니다.

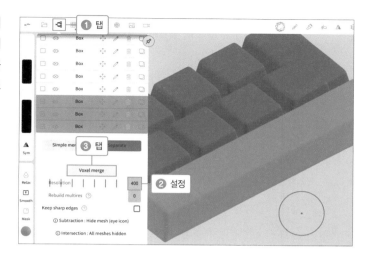

11 왼쪽 메뉴의 (Smooth)를 선택한 다음 스페이스 바 모델링을 문질러 부드럽게 다듬습니다.

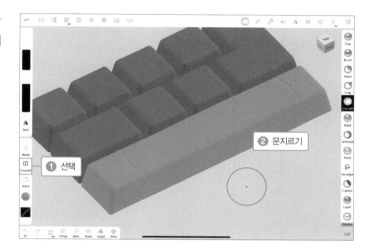

12 상단 메뉴 (Scene(📠))에서 쉬프트 키에 해당하는 두 모델링을 다중 선택합니다. 이번에는 Resolution을 '300'으로 설정하고 (Voxel merge) 버튼을 탭합니다.

TIP 스페이스 바 모델링보다 크기가 작기 때문에 Resolution 수치를 낮춰도 좋습니다.

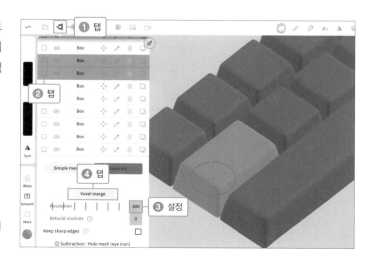

13 │ 같은 방법으로 [Smooth]를 이용해
서 부드럽게 정리합니다.

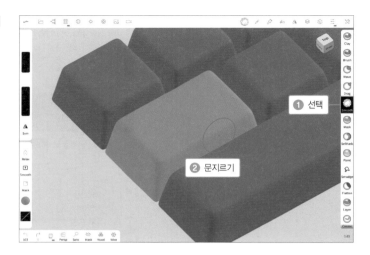

14 │ 상단 메뉴 [Scene(▦)]에서 엔터
키에 해당하는 세 모델링을 다중 선택한 다
음 [Voxel merge] 버튼을 탭하여 하나의
모델링으로 만듭니다.

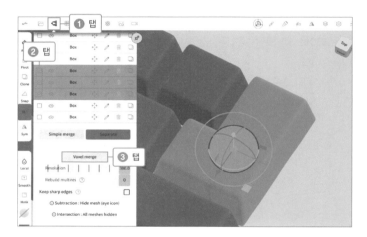

15 │ 왼쪽 메뉴의 [Smooth]를 선택하고
모델링을 문질러 정리합니다.

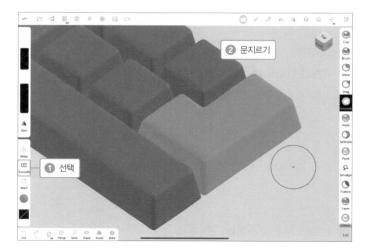

## 키보드 몸통 만들기

01 │ 이제 키보드의 몸통을 만들기 전에
상단 메뉴 (Lighting(☼))에서 (Add light)
버튼을 탭하여 Directional light를 생성합
니다.

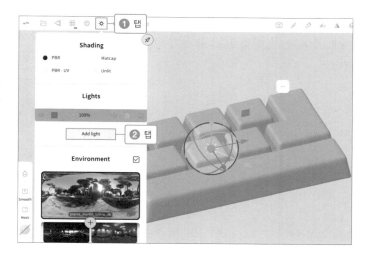

02 │ 상단 메뉴 (Scene(▦))에서 (Box)
를 탭하여 모델링을 생성합니다.

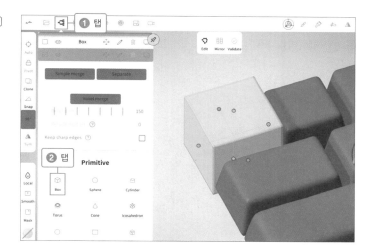

03 │ (Gizmo)를 이용해 키보드 중앙으로
위치를 이동합니다.

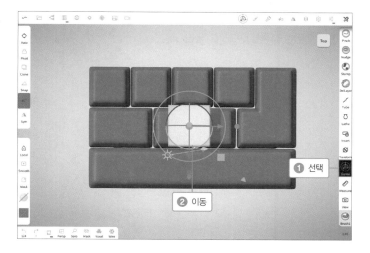

**04** 〔Gizmo〕의 주황색 원을 바깥으로 드래그하여 Box 모델링의 크기를 크게 만듭니다.

**05** 〔Gizmo〕의 초록색 화살표를 아래로 드래그하여 박스 모델링의 위치를 아래로 이동합니다.

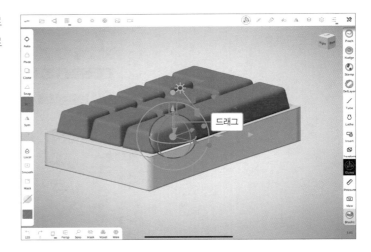

**06** 〔Gizmo〕의 빨간색 포인트를 오른쪽으로 드래그하여 박스 모델링을 늘립니다.

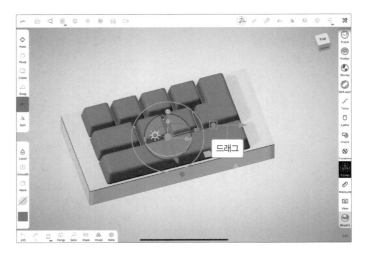

07 〔Gizmo〕의 빨간색 화살표를 오른쪽으로 드래그하여 모델링을 이동한 다음 상단 메뉴 〔Topology(⊞)〕에서 〔Multires〕 탭을 선택하고 〔Subdivide〕 버튼을 탭하여 폴리곤을 늘립니다.

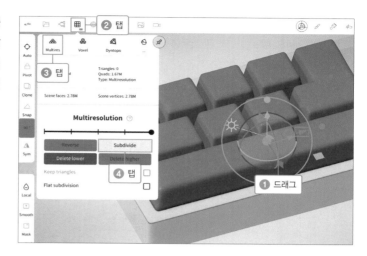

08 오른쪽 메뉴에서 〔Mask〕를 선택하고 박스 모델링에 키보드 버튼 주변을 감싸도록 마스크 영역을 지정합니다.

09 상단 메뉴 〔Stroke(✐)〕에서 Stroke의 Stroke spacing을 '21%', Lazy rope stabilizer를 '131.6'로 설정하여 손 떨림 보정을 설정합니다.

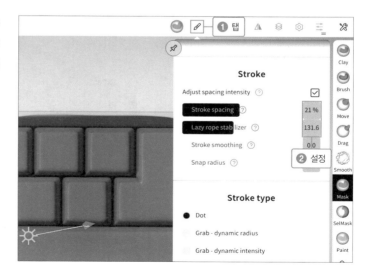

10 | 왼쪽 메뉴에서 (Unmask)를 선택하고 박스 모델링의 마스킹 영역을 지우면 반듯한 라인으로 지울 수 있습니다.

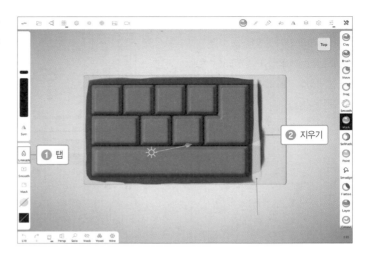

11 | 키보드 키 캡 모델링 주변으로 마스킹 영역이 깔끔해지도록 정리합니다.

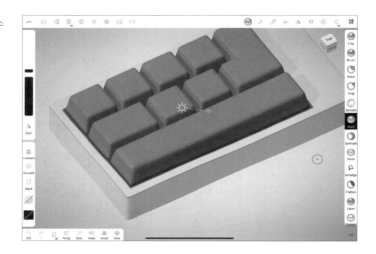

12 | 계속해서 Mask가 선택된 상태로 상단 메뉴 (Settings(Mask))에서 (Invert) 버튼을 탭하여 마스크 영역을 반전합니다.

**13** | 오른쪽 메뉴에서 (Gizmo)를 선택한 다음 초록색 화살표를 아래로 드래그하면 마스킹 영역에 포함되어 있지 않는 부분을 이동할 수 있습니다.

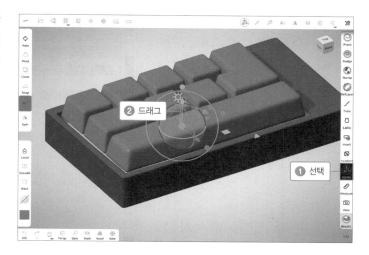

**14** | 상단 메뉴 (Settings(Mask))에서 (Clear) 버튼을 탭하여 마스킹 영역을 전부 지웁니다.

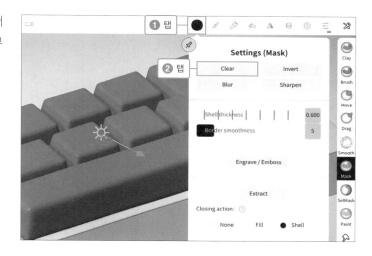

**15** | 오른쪽 메뉴에서 (Gizmo)를 선택하고 초록색 화살표 위로 드래그하여 박스 모델링을 위로 살짝 올립니다. 이렇게 하면 자연스럽게 키보드 몸통에 키 캡 모델링이 들어가 있는 것처럼 만들 수 있습니다.

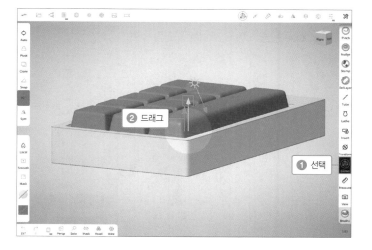

**16** 조그 컨트롤을 만들기 위해 상단 메뉴 (Scene(⬚))에서 (Cylinder)를 탭하여 모델링을 생성합니다.

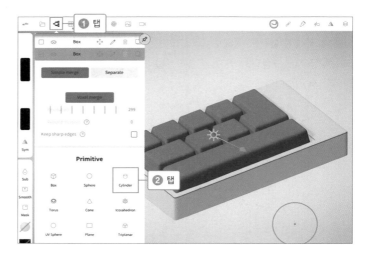

**17** (Gizmo)를 이용해서 오른쪽으로 이동한 다음 편집 툴의 (Validate)를 탭하여 활성화합니다.

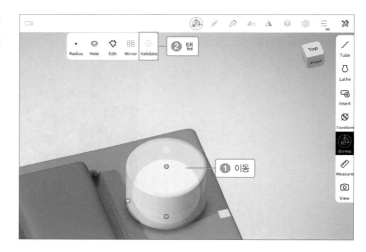

**18** (Gizmo)가 선택된 상태로 왼쪽 메뉴에서 (Clone)을 탭하여 Cylinder 모델링을 복제합니다.

**TIP** 모델링을 복제한 다음 상단 메뉴 (Scene (⬚))의 리스트에서 Cylinder 모델링이 복제되어 두 개인 것을 꼭 확인합니다.

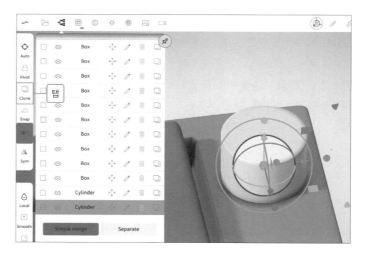

19 | 상단 메뉴 (Scene(🔲))에서 복제한 'Cylinder' 모델링과 키보드 몸통으로 만든 'Box' 모델링을 동시에 탭하여 선택합니다. 복제된 'Cylinder' 모델링의 '눈' 아이콘(👁)을 탭하여 보이지 않게 비활성화합니다.

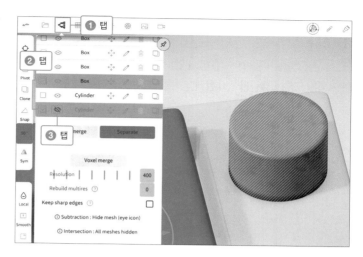

20 | 두 모델링이 선택된 상태에서 (Voxel merge) 버튼을 탭하면 두 모델링이 하나로 합쳐지면서 Cylinder 모델링이 겹쳐진 만큼 키보드 몸통 모델링에 홈이 만들어집니다.

**TIP** (Voxel merge)를 이용한 방법 중, 선택된 두 모델링 중 한 개의 모델링의 눈을 감긴 채 합치면 눈을 감긴 모델링의 형태대로 홈을 파거나 구멍을 낼 수 있습니다. 반대로 두 모델링의 눈을 모두 켠 채로 합치면 형태를 그대로 유지한 채 합치게 됩니다. 합집합과 교집합이라고 생각하시면 이해하기 쉽습니다.

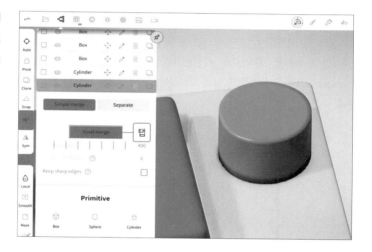

21 | 왼쪽 메뉴의 (Smooth)를 선택하여 키보드 몸통 모델링의 거친 부분을 다듬고 (Gizmo)를 이용해 Cylinder 모델링을 원래 위치로 이동합니다.

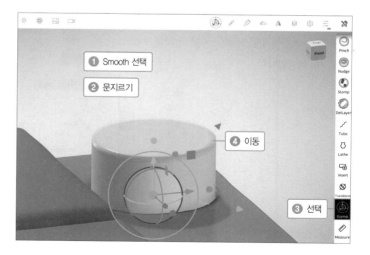

## 키보드에 빛과 재질 설정하기

01 ┃ 상단 메뉴 (Scene(⬛))에서 엔터키
를 제외한 모든 모델링을 선택합니다.

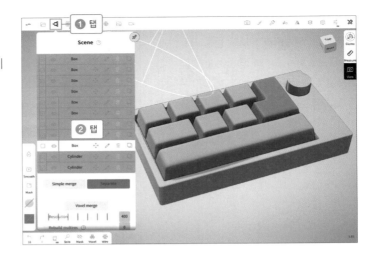

02 ┃ 왼쪽 메뉴 (Material(⬤))에서 Rou-
ghness를 '0.518', Metalness를 '0'으로
설정하고 색상을 '흰색'으로 지정한 다음
(Paint all) 버튼을 탭하여 재질과 색상을 적
용합니다.

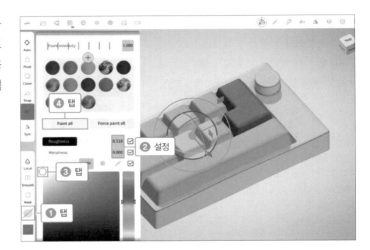

03 ┃ 바닥 모델링을 만들겠습니다. 상단
메뉴 (Scene(⬛))에서 (Plane)을 탭하여
모델링을 생성합니다.

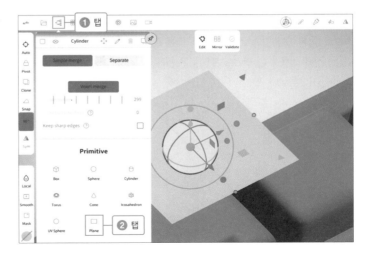

**04** 〔Gizmo〕의 주황색 원을 바깥으로 드래그하여 화면에 가득 찰 정도로 키운 다음 편집 툴에서 〔Validate〕를 탭하여 모델링을 활성화합니다.

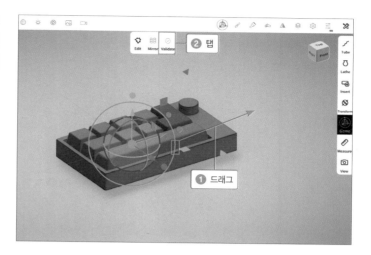

**05** 오른쪽 메뉴에서 〔View〕를 선택하여 전체 모델링을 활성화해 현재 작업 상태를 확인합니다. 현재 Directional light가 생성되어 있기 때문에 기본적인 음영을 확인해 볼 수 있습니다. 라이트를 회전해 보면서 원하는 음영이 지는 각도를 확인합시다.

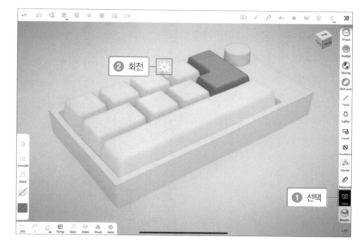

**06** 캔버스의 라이트 아이콘을 선택하여 표시되는 '...' 아이콘을 탭한 다음 〔Clone〕을 탭하여 라이트를 복제합니다.

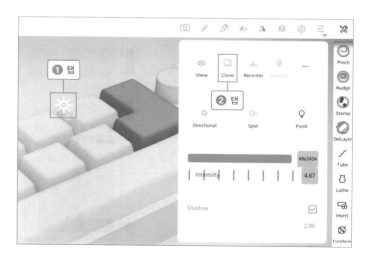

07 │ 복제한 라이트의 '...' 아이콘을 탭한 다음 (Point)를 선택하여 라이트의 종류를 Point light로 바꿉니다.

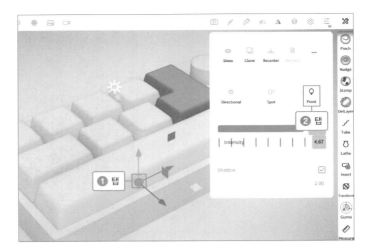

08 │ 같은 방법으로 '...' 아이콘을 탭한 다음 (Clone)을 이용해 라이트를 복제하고 (Spot light)를 선택하여 라이트의 종류를 Spot light로 바꿉니다. Directional light로 전체 그림자의 방향을 지정하고 Point light 로 키보드 중앙에 은은한 붉은 느낌을 부여한 다음 Spot light로 강조할 부분을 효과적으로 표현했습니다.

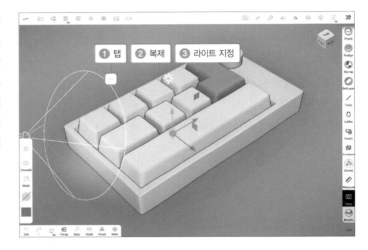

09 │ 조그 컨트롤 모델링을 선택하고 왼쪽 메뉴 (Material(●))에서 Roughness 를 '0.1', Metalness를 '1'로 설정한 다음 색상을 '베이지색'으로 지정한 다음 (Paint all) 버튼을 탭하여 금속 재질을 적용합니다.

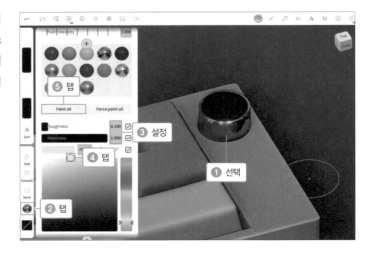

10 │ 키보드 몸통 모델링을 선택하고 (Material(⬤))에서 Roughness를 '1', Metalness를 '0'으로 설정하여 플라스틱 재질로 만듭니다. 색상을 '연노란색'으로 지정하고 (Pint all) 버튼을 탭하여 적용합니다.

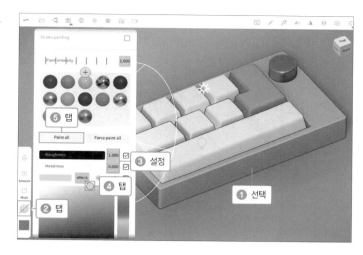

11 │ 기본적으로 설정되어 있는 쉐이더를 변경하겠습니다. 상단 메뉴 (Lighting(☀))에서 'Matcap'을 선택합니다. Mapcap의 이미지를 클릭하고 두 번째에 있는 'PXG_white'을 선택하면 라이트 설정 없이도 그림과 같은 느낌을 만들 수 있습니다.

TIP Matcap 쉐이더의 여러 항목들을 한 번씩 적용하면서 다양한 스타일을 확인해 보시길 바랍니다.

12 │ 다시 쉐이더를 'PBR'로 선택하여 변경하고 라이트의 위치와 색상을 조정하고 작업을 마무리합니다.

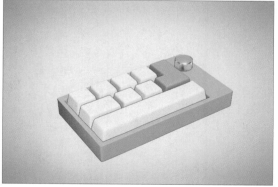

# 3D DESIGN
## NOMAD SCULPT
### A SCULPTING AND PAINTING MOBILE APPLICATION

# Part 3

# 입체 이모티콘부터
# 3D 문자 만들기

이제부터는 3D로 가장 많이 만드는 오브젝트를 만들어 보겠습니다. 투명한
유리 재질이 있는 오브젝트부터 동물 형태의 이모티콘, 입체 형태의 문자 등
다양한 디자인 작업에 응용할 수 있는 3D 오브젝트를 만듭니다. 작업한 결과
물을 프로크리에이트를 이용하여 채색하는 방법까지 업무에 활용해 보세요.

# 생크림이 올라간
# 망고무스 케이크 만들기

기본 도형의 형태와 재질을 변형하여 망고 과육이 올라간 무스 케이크를 만들고, 케이크를 완성한 뒤에는 Lathe 기능을 사용하여 손쉽게 대칭 형태의 모델링을 만들겠습니다.

● 완성 파일 : 03\망고무스 케이크_완성.glb

---

## POINT

1️⃣ Material을 이용하여 재질 바꾸기
2️⃣ Crease를 활용하여 모델링에 무늬를 넣기
3️⃣ Mask의 Shell thickness를 활용하여 모델링의 부피감 주기
4️⃣ Lathe를 활용하여 대칭 모델링 만들기

## 케이크 시트 만들기

01 | [Files(📁)]에서 [New] 버튼을 탭한 다음 [Yes]를 탭하여 새로운 씬을 생성합니다.

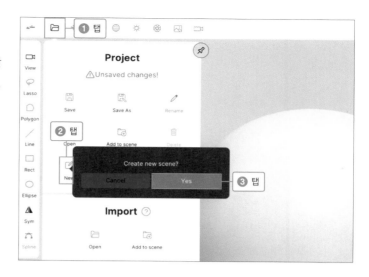

02 | 새로운 프로젝트를 생성하면 화면에 자동으로 스피어가 만들어집니다. [Scene(📑)]에서 해당 'Sphere' 모델링의 '휴지통' 아이콘(🗑)을 탭하여 삭제합니다.

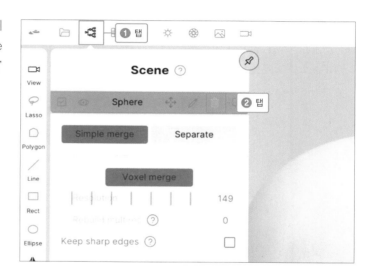

03 | [Scene(📑)]에서 [Cylinder]를 탭하여 새로운 실린더를 생성한 다음 [Gizmo]의 노란색 포인트와 초록색 포인트를 드래그하여 크기를 줄입니다.

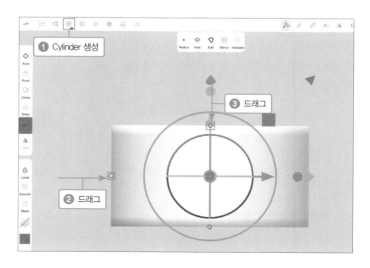

04 │ 상단 메뉴 (Topology(▦))에서 Pa-
rameter의 Post subdivision을 '3'으로
설정합니다.

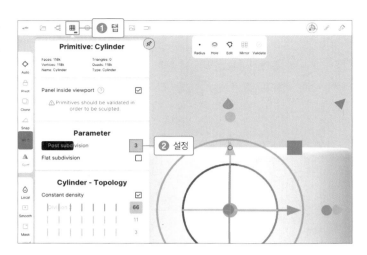

05 │ 상단 메뉴 (Painting(⟋))에서
Roughness를 '1', Metalness를 '0'으로
설정합니다. 색상을 '연한 노란색'으로 지정
하고 (Paint all) 버튼을 탭합니다.

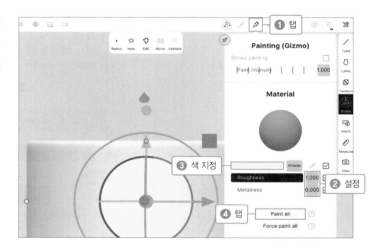

06 │ 오른쪽 메뉴에서 (Gizmo)를 선택하
고 왼쪽 메뉴에서 (Clone)을 탭하여 실린더
를 복제한 다음 (Gizmo)의 초록색 화살표
를 위로 드래그하여 위치를 이동하고 아래
쪽 초록색 포인트를 위로 드래그하여 높이
를 줄입니다.

TIP 초록색 포인트와 초록색 화살표가 겹
쳐서 위치 이동이 어려울 경우 편집 툴에서
(Edit)를 탭하여 포인트를 잠시 숨겨주세요.

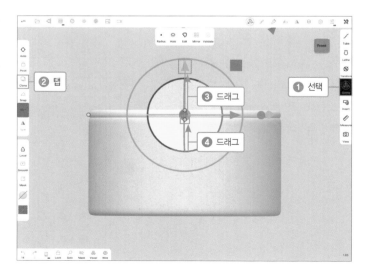

**07** 상단 메뉴 (Painting(✎))에서 Roughness를 '1', Metalness를 '0'으로 설정합니다. 색상을 '연한 주황색'으로 지정하고 (Paint all) 버튼을 탭합니다.

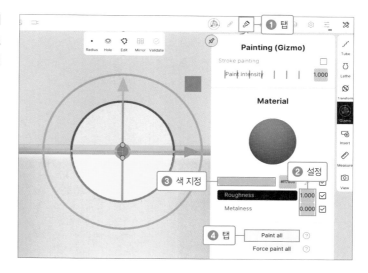

**08** 상단 메뉴 (Meterial(◉))에서 'Refraction'을 선택하고 Index of Refraction을 '1'로 설정한 다음 (Paint glossy) 버튼을 탭합니다.

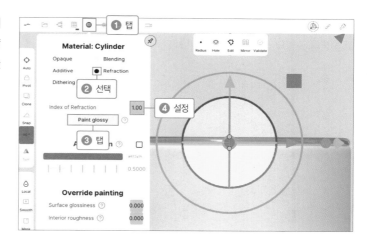

## 생크림과 과실 만들기

**01** 생크림을 만들기 위해 새로운 스피어를 삽입합니다.

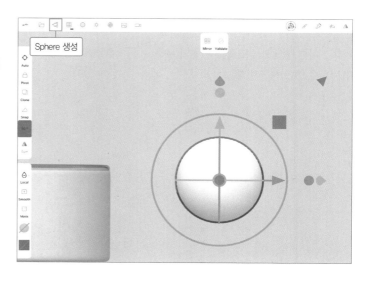

02 │ 상단 메뉴 (Symmetry(◮))에서
Planes의 (Z)를 선택하여 (X)와 (Z)를 모두
활성화한 다음 Method를 'Local'로 선택
합니다.

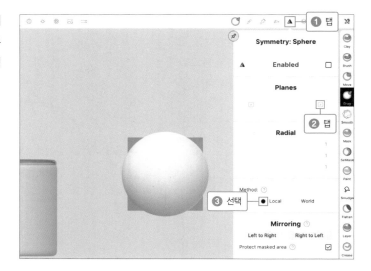

03 │ 오른쪽 메뉴에서 (Drag)를 선택하
고 물방울 모양의 생크림을 만들어 주세요.

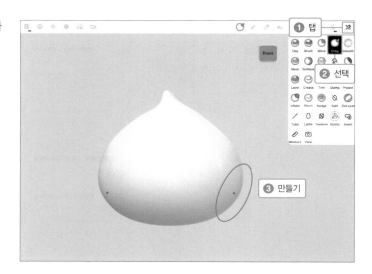

04 │ 다른 형태의 생크림을 만들기 위해
01번~03번 과정을 반복합니다.

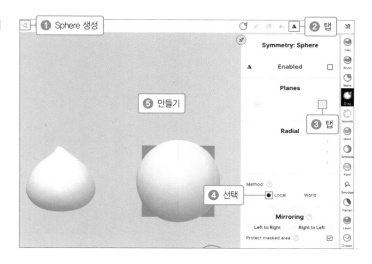

**05** 오른쪽 메뉴에서 (Crease)를 선택하고 왼쪽 메뉴에서 (Sub)를 탭한 다음 스피어 전체에 무늬를 넣어 생크림을 만들어 주세요.

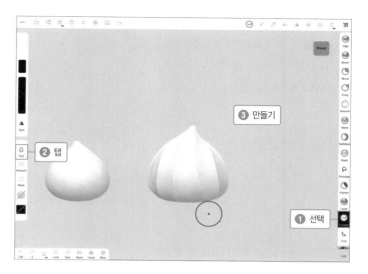

**06** 상단 메뉴 (Painting(🖉))에서 Roughness를 '1', Metalness를 '0'으로 설정합니다. 색상을 '노란색'으로 지정하고 (Paint all) 버튼을 탭합니다.

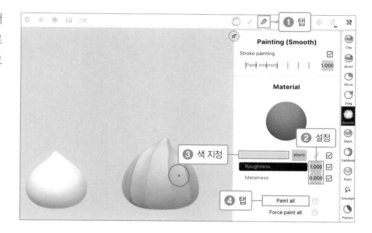

**07** 망고 과실을 만들기 위해 박스를 생성한 다음 Box – Topology의 Division X를 '2'로 설정하고 (Parameter)의 Post subdivision을 '3'으로 설정합니다.

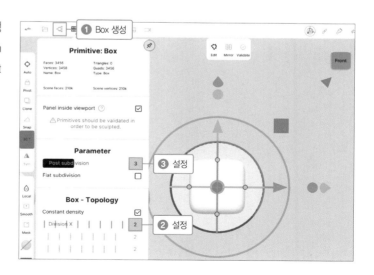

08 │ 상단 메뉴 (Painting(✐))에서 Roughness를 '1', Metalness를 '0'으로 설정합니다. 색상을 '주황색'으로 지정하고 (Paint all) 버튼을 탭합니다.

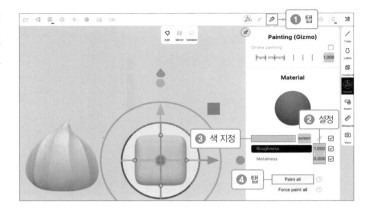

09 │ (Snap Cube)에서 (Top)을 탭하여 Top View로 시점을 변경한 다음 오른쪽 메뉴에서 (Gizmo)를 선택하여 각각의 장식물을 케이크 위로 이동합니다.

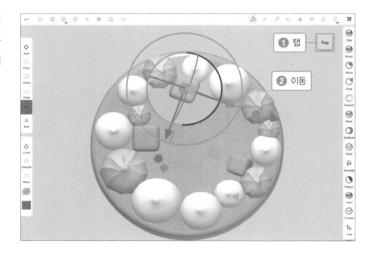

10 │ Top View로 장식물을 올려주었기 때문에 Front View에서 보면 공중에 떠 있습니다. 꼭 Front View로 시점을 변경하여 장식물의 위치를 조정해 주세요.

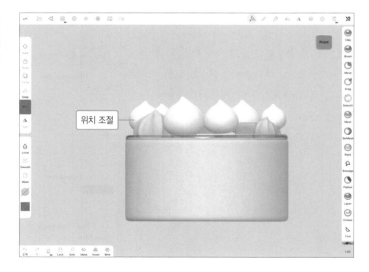

## 허브잎과 스탠드 만들기

01 │ 허브잎을 만들기 위해 (Plane)을 삽입하고 (Plane - Topology)의 Division X를 '2'로 설정하고 (Snap Cube)에서 (Top)을 탭하여 Top View로 시점을 변경한 다음 Topology 값 변경을 쉽게 보기 위해 하단 메뉴에서 (Wire)를 선택합니다.

**TIP** Constant density가 활성화되어 있어 Division Y의 값은 자동으로 '3'으로 설정됩니다. '3'으로 설정되지 않을 경우 (Gizmo)의 파란색과 빨간색 포인트를 드래그하여 '3'이 될 수 있도록 플레인의 크기를 변경하면 오브젝트의 모양 변형을 좀 더 쉽게 할 수 있습니다.

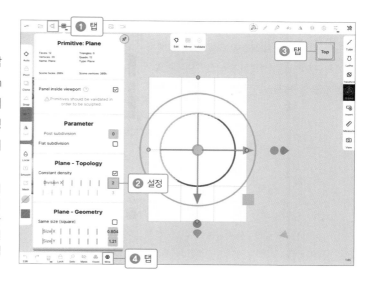

02 │ 상단 메뉴 (Symmetry(△))에서 Method를 'Local'로 선택합니다.

**TIP** 하단 메뉴에서 (Solo)를 선택하여 플레인 모델링만 보이게 설정하면 모델링을 편리하게 할 수 있습니다.

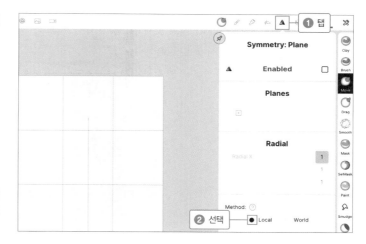

03 │ 오른쪽 메뉴에서 (Move)를 선택하고 플레인을 이파리 모양으로 만듭니다.

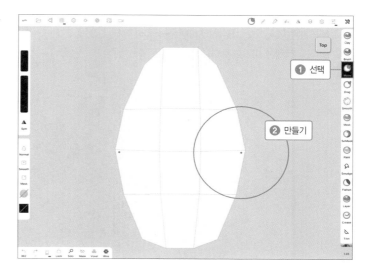

04 | Top과 Right View가 같이 보일 수 있도록 빈 화면을 드래그한 다음 오른쪽 메뉴에서 [Move]를 선택하고 잎의 가운데 부분이 볼록한 형태로 만듭니다.

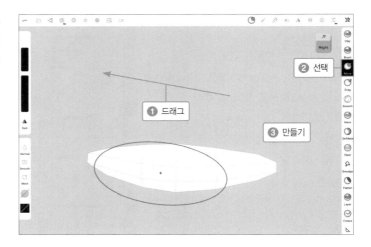

05 | 이파리를 다듬어진 형태로 만들기 위해 상단 메뉴 [Topology(▦)]에서 [Multires] 탭을 선택하고 [Subdivide] 버튼을 두 번 탭한 다음 [Move]로 다시 한 번 다듬어 형태를 만듭니다.

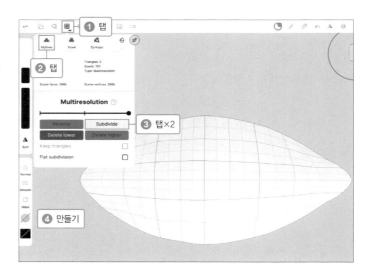

06 | 오른쪽 메뉴에서 [SelMask]를 선택하고 왼쪽 메뉴에서 [Rect]를 선택하여 캔버스의 이파리 전체에 마스크를 지정합니다.

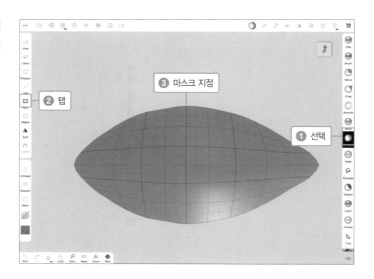

**07** 상단 메뉴 (Settings(Selmask))에서 Shell thickness를 '0.5'로 설정하고 Closing action을 'Shell'로 선택한 다음 (Extract) 버튼을 탭합니다.

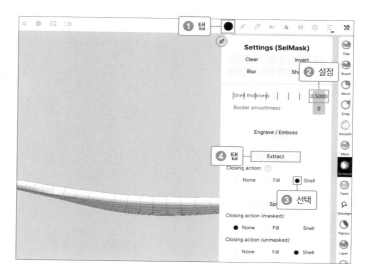

**08** 상단 메뉴 (Topology(⊞))에서 (Multires) 탭을 선택하고 (Subdivide) 버튼을 한 번 탭합니다.

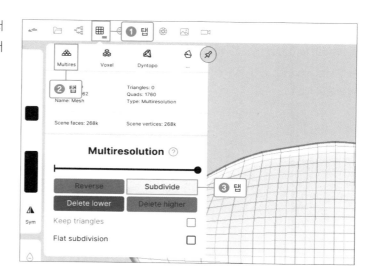

**09** 상단 메뉴 (Painting(✒))에서 Roughness를 '1', Metalness를 '0'으로 설정합니다. 색상을 '초록색'으로 지정하고 (Paint all) 버튼을 탭합니다.

**TIP** (Scene(▣))에서 모델링 목록을 보면 Plane과 Mesh가 있는 것을 볼 수 있습니다. 여기서 플레인은 더이상 필요 없으니 삭제를 하거나 숨겨주세요.

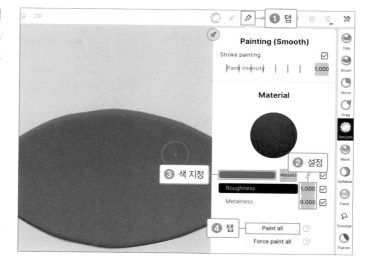

10 〔Snap Cube〕에서 〔Top〕을 탭하여 Top View로 시점을 변경한 다음 오른쪽 메뉴에서 〔Gizmo〕를 선택하고 이파리를 케이크 위로 이동합니다.

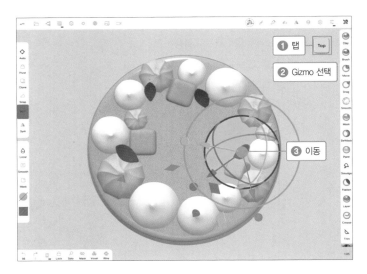

11 케이크 스탠드를 만들기 위해 오른쪽 메뉴에서 〔Lathe〕를 선택하고 왼쪽 메뉴에서 〔Curve〕를 선택하여 스탠드 모양을 만들어 주세요.

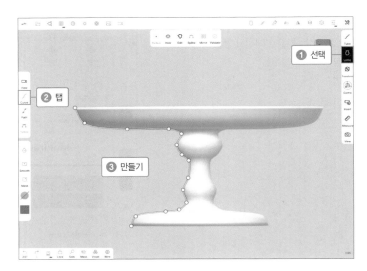

12 상단 메뉴 〔Meterial(⊙)〕에서 'Refraction'을 선택한 다음 Index of Refraction을 '1'로 설정하고 〔Paint glossy〕 버튼을 탭합니다.

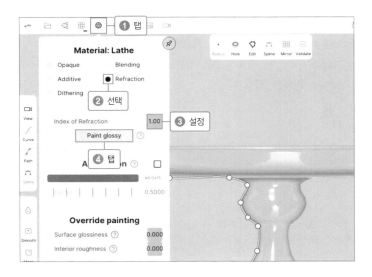

**13** 〔Gizmo〕로 케이크 스탠드의 위치를
이동합니다.

**14** 크리스탈 스탠드에 올라가 있는 망
고무스 케이크가 완성되었습니다.

# 눈이 쌓인 크리스마스 스노우볼 만들기

크리스마스의 상징과도 같은 크리스마스 스노우볼을 함께 만들겠습니다. 이번 예제는 가장 기본적인 도형을 활용하여 스노우볼의 형태를 잡고 그 안에서 다양한 재질을 사용해 보는 쉬운 예제로 차근차근 따라해 주세요.

● 완성 파일 : 03\크리스마스 스노우볼_완성.glb

## POINT

❶ Tube를 활용하여 다양한 모델 만들기
❷ Split을 활용한 모델링 나누기
❸ Parameter 값을 변경하여 모델링 형태 다듬기

## 크리스마스 트리 모델링하기

01 (Files(📁))에서 (New) 버튼을 탭하여 새로운 씬을 생성합니다.

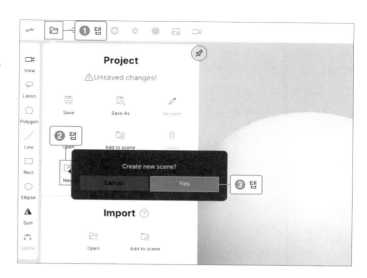

02 새로운 프로젝트를 생성하면 화면에 자동으로 스피어가 만들어집니다. (Scene(🔳))에서 해당 'Sphere' 모델링의 '휴지통' 아이콘(🗑)을 탭하여 삭제합니다.

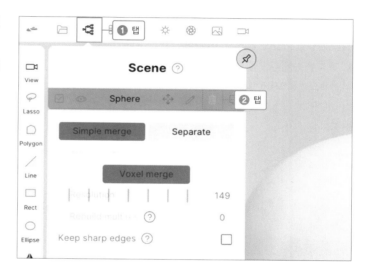

03 (Scene(🔳))에서 (Cone)을 탭하여 새로운 콘을 생성한 다음 Cone−Topology에서 Division X를 '5', Parameter의 Post subdivision을 '4'로 설정합니다.

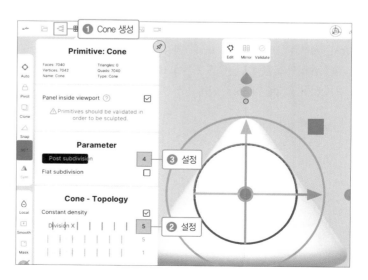

04 왼쪽 메뉴에서 (Clone)을 탭하여 두 개의 콘을 복제합니다. (Gizmo)의 초록색 화살표를 아래로 드래그하여 콘을 쌓고 (Gizmo)의 파란색 원을 드래그하여 각각의 콘을 조금씩 삐뚜름하게 회전합니다.

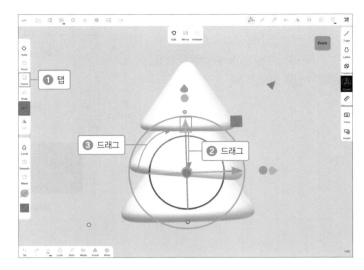

05 실린더를 생성하고 편집 툴에서 (Radius)를 탭하여 윗면과 아랫면의 너비를 각각 변경할 수 있도록 설정합니다. 아랫부분의 노란색 포인트를 왼쪽으로 드래그하여 아랫면이 더 넓은 형태의 실린더로 만들어 주세요.

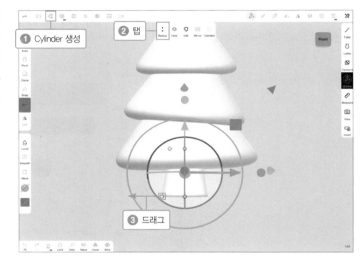

06 스피어를 생성한 다음 (Snap Cube)에서 (Left)를 탭하여 Left View로 변경하고 (Gizmo)의 파란색 포인트를 오른쪽으로 드래그하여 납작한 원형으로 만듭니다.

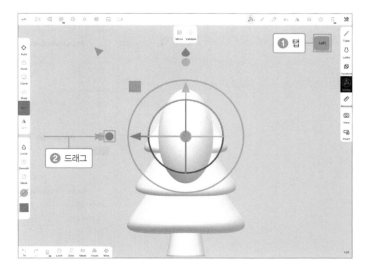

**07** 상단 메뉴 (Symmetry(▲))에서 Planes의 (Y)와 (Z)를 선택하여 (X), (Y), (Z)를 모두 활성화합니다.

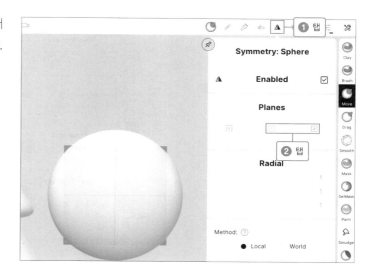

**08** 오른쪽 메뉴에서 (Move)를 선택하고 스피어의 오른쪽 상단을 안쪽으로 드래그하여 별 모양을 만든 다음 (Gizmo)를 이용하여 별을 트리 위로 이동합니다.

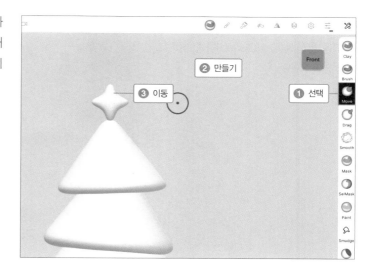

**09** 트리의 기둥을 기준으로 실린더를 추가하고 (Gizmo)의 초록색 포인트 아래로 드래그하여 넓은 바닥을 만든 다음 Parameter의 Post subdivision을 '4'로 설정합니다.

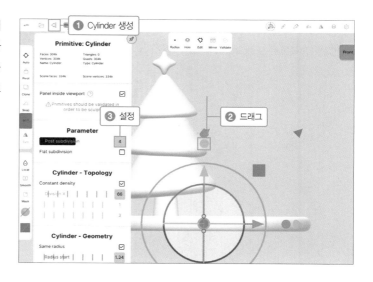

## 선물 상자 모델링하기

01 │ 박스를 생성하고 Box–Topology
에서 Division X를 '4', Parameter의 Post
subdivision을 '4'로 설정합니다.

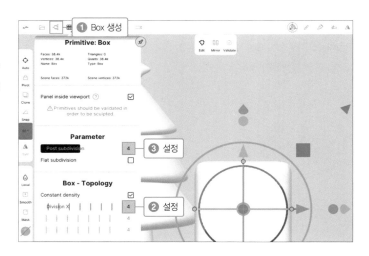

02 │ 오른쪽 메뉴에서 (Tube)를 선택하
고 그림처럼 옆으로 누운 물방울 모양을 만
든 다음 편집 툴에서 (Closed)를 탭하여 고
리를 닫아주세요.

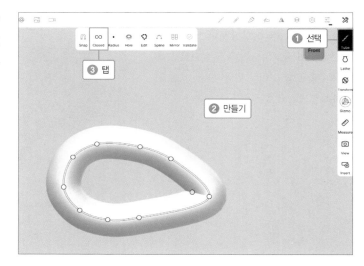

03 │ (Snap Cube)에서 (Left)를 탭하여
Left View로 변경하고 (Gizmo)의 파란색
포인트를 왼쪽으로 드래그하여 튜브를 옆으
로 늘려주세요.

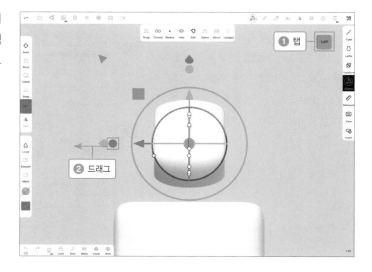

04 [Snap Cube]에서 [Front]를 탭하여 Front View로 변경합니다. 왼쪽 메뉴에서 [Clone]을 탭하여 리본을 복제한 다음 [Snap]을 탭하고 [Gizmo]의 초록색 원을 드래그하여 180° 회전합니다.

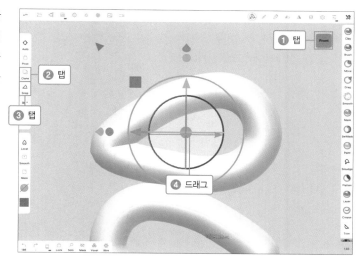

05 [Gizmo]를 이용하여 리본을 이동하고 두 개의 리본 모델링을 선택한 다음 [Gizmo]의 주황색 원을 안쪽으로 드래그하여 크기를 줄입니다.

TIP 상단 메뉴 [Scene(▨)]의 리스트에서 오브젝트를 다중 선택합니다.

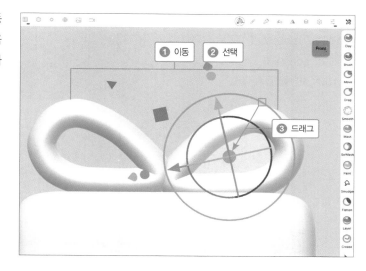

06 [Snap Cube]에서 [Top]을 탭하여 Top View로 변경하고 하단 메뉴에서 [Solo]를 선택하여 박스 모델링만 보이게 합니다.

**07** 오른쪽 메뉴에서 (SelMask)를 선택하고 왼쪽 메뉴에서 (Rect)를 선택하여 박스에 십자가 형태의 마스크를 만듭니다.

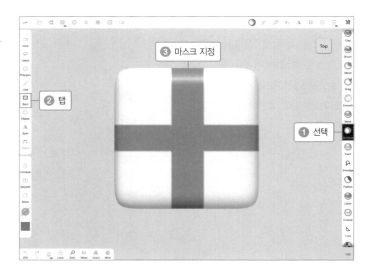

**08** 상단 메뉴 (Settings(SelMask))에서 Shell thickness를 '0.2'로 설정한 다음 Closing action을 'Shell'로 선택한 다음 (Extract) 버튼을 탭합니다.

**TIP** Mask 기능을 사용한 다음 꼭 (Clear)를 탭하여 마스크를 지워주세요.

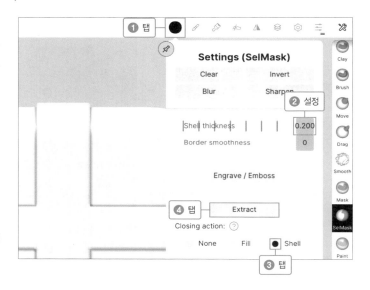

**09** 하단 메뉴에서 (Solo)를 선택 해제하여 비활성화합니다. 오른쪽 메뉴에서 (Split)을 선택하고 왼쪽 메뉴에서 (Rect)를 선택한 다음 상자의 윗부분을 드래그하여 뚜껑과 박스로 나눠주세요.

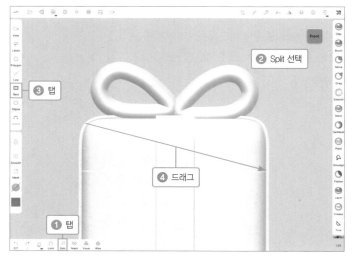

10 │ 상단 메뉴 (Scene(⬛))에서 선물 상자에 해당하는 오브젝트를 다중 선택하고 (Gizmo)의 주황색 원을 안쪽으로 드래그하여 크기를 줄입니다.

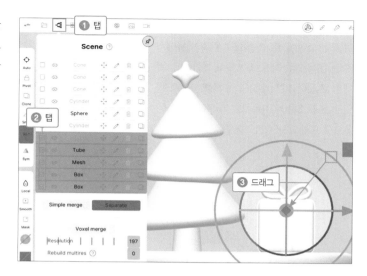

11 │ 다중 선택된 상태에서 왼쪽 메뉴에서 (Clone)을 탭하여 선물 상자를 네 개 더 복제하여 배치합니다.

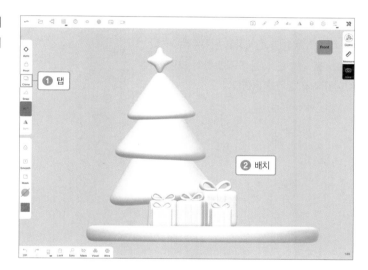

## 눈사람 모델링하기

01 │ 스피어를 생성한 다음 (Snap Cube)에서 (Top)을 탭하여 Top View로 변경하고 그림과 같이 눈사람의 위치를 이동합니다.

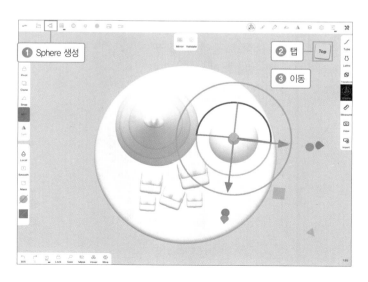

02 (Snap Cube)에서 (Front)를 탭하여 Front View로 변경하고 왼쪽 메뉴에서 (Clone)을 탭하여 스피어를 복제합니다. 복제한 스피어 (Gizmo)의 초록색 화살표를 위로 드래그하여 이동하고 주황색 원을 안쪽으로 드래그하여 크기를 줄입니다.

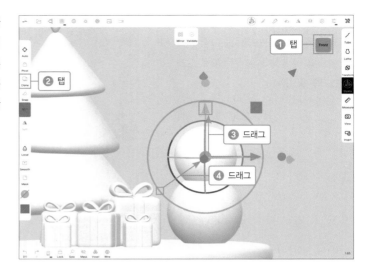

03 실린더를 생성한 다음 오른쪽 메뉴에서 (SelMask)를 선택하고 왼쪽 메뉴에서 (Rect)를 선택한 다음 드래그하여 그림과 같이 마스크 영역을 지정합니다.

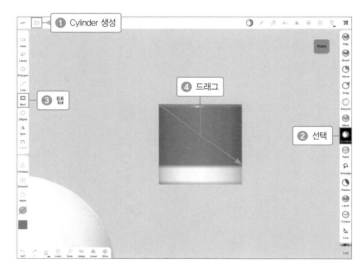

04 오른쪽 메뉴에서 (Gizmo)를 선택하고 주황색 원을 바깥쪽으로 드래그하여 크기를 키워 모자 챙을 만들고 마스크를 해제합니다.

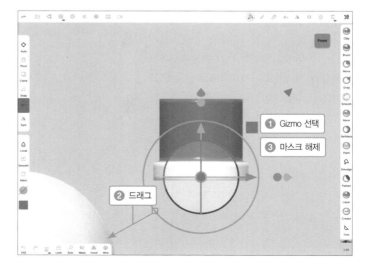

**05** 〔Gizmo〕를 이용하여 모자를 눈사람 머리 위로 이동하여 위치를 조절하고 크기를 조절합니다.

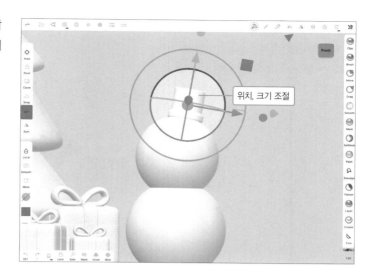

## 크리스마스 스노우볼 채색하기

**01** 트리의 솔잎을 선택하고 상단 메뉴 〔Painting(✐)〕에서 Roughness를 '0.5', Metalness를 '1'로 설정합니다. 색상을 '초록색'으로 지정하고 〔Paint all〕 버튼을 탭합니다.

**02** 트리의 기둥을 선택하고 상단 메뉴 〔Painting(✐)〕에서 Roughness를 '0.5', Metalness를 '1'로 설정합니다. 색상을 '밝은 갈색'으로 지정하고 〔Paint all〕 버튼을 탭합니다.

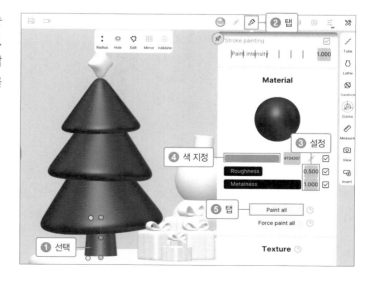

03 │ 트리의 별을 선택하고 상단 메뉴 (Painting(✎))에서 Roughness를 '0', Metalness를 '1'로 설정합니다. 색상을 '노란색'으로 지정하고 (Paint all) 버튼을 탭합니다.

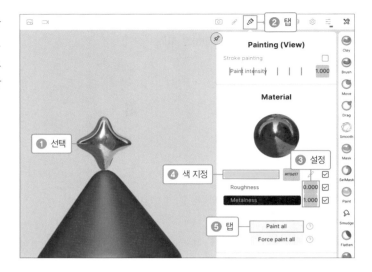

04 │ 눈사람의 모자를 선택하고 상단 메뉴 (Painting(✎))에서 Roughness를 '1', Metalness를 '0'으로 설정합니다. 색상을 '빨간색'으로 지정하고 (Paint all) 버튼을 탭합니다.

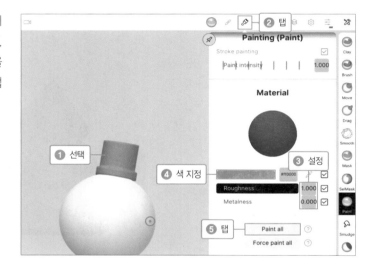

05 │ 오른쪽 메뉴에서 (Tube)를 선택하고 왼쪽 메뉴에서 (Curve)를 선택한 다음 눈사람의 팔을 만듭니다. 편집 툴에서 (Radius)를 두 번 탭하여 모든 포인트에서 굵기를 변경할 수 있도록 설정합니다.

**06** 나뭇가지 팔이 끝으로 갈수록 좁아지도록 각각의 노란색 포인트를 드래그하여 굵기를 변경합니다.

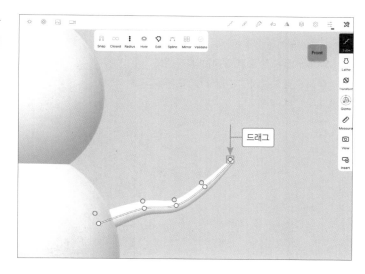

**07** 같은 방법으로 나뭇가지의 끝에 나뭇가지를 한 개 더 만듭니다.

**TIP** 이때 기존 튜브와 붙여서 튜브를 삽입하면 기존 튜브 모양에 변형이 올 수 있습니다. 나뭇가지를 만들기 전에 기존 튜브를 (Validate)를 탭한 다음 만들거나, 기존 튜브와 떨어진 바깥쪽부터 나뭇가지를 만들어 주세요.

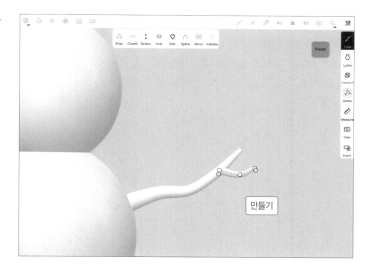

**08** 반대쪽도 같은 방법으로 나뭇가지 팔을 만들고 상단 메뉴 (Painting(✐))에서 Roughness를 '0.5', Metalness를 '1'로 설정합니다. 색상을 '갈색'으로 지정하고 (Paint all) 버튼을 탭합니다.

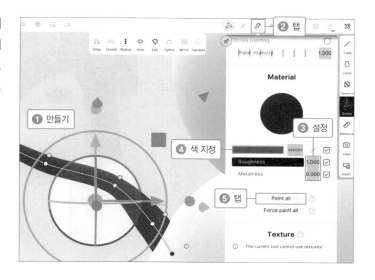

09 │ 실린더를 생성해 눈을 만들고 상단 메뉴 [Painting([✎])]에서 Roughness를 '0', Metalness를 '0'으로 설정합니다. 색상을 '검은색'으로 지정하고 [Paint all] 버튼을 탭합니다.

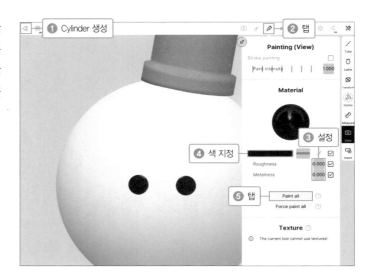

10 │ 콘을 생성하여 코를 만들고 상단 메뉴 [Painting([✎])]에서 Roughness를 '1', Metalness를 '0'으로 설정합니다. 색상을 '주황색'으로 지정하고 [Paint all] 버튼을 탭합니다.

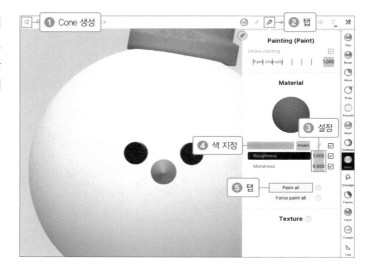

11 │ 선물 상자의 리본을 선택하고 상단 메뉴 [Painting([✎])]에서 Roughness를 '0', Metalness를 '0'으로 설정합니다. 색상을 '빨간색'으로 지정하고 [Paint all] 버튼을 탭합니다.

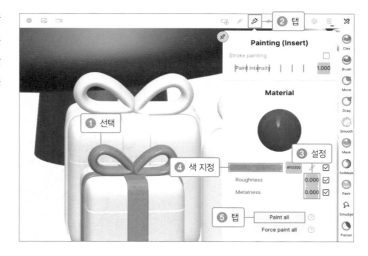

**12** | 같은 방법으로 다른 선물 상자와 리본도 채색합니다.

**13** | 오른쪽 메뉴에서 (Clay)를 선택하고 평평한 바닥을 눈이 쌓여있는 바닥으로 둥글게 만들어 주세요.

## 스노우볼 유리와 받침대 만들기

**01** | 스노우볼 유리가 될 스피어를 생성하고 상단 메뉴 (Material(◎))에서 'Refraction'을 선택하고 Index of Refraction을 '1'로 설정한 다음 (Paint glossy) 버튼을 탭합니다.

**TIP** Refraction 재질을 사용할 때 Index of Refraction으로 왜곡의 정도를 조절할 수 있는데, 의도적으로 왜곡을 심하게 하여 안에 있는 모델링의 크기를 키울 때를 제외하고는 Index of Refraction 값을 '1'로 사용하는 것을 추천합니다.

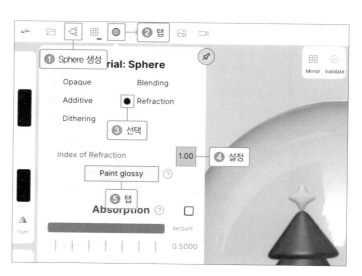

02 오른쪽 메뉴에서 (Trim)을 선택하고 왼쪽 메뉴에서 (Rect)를 선택한 다음 스피어의 하단을 드래그하여 바닥의 크기에 맞춰 자릅니다.

03 스노우볼의 받침대가 될 실린더를 생성합니다.

04 왼쪽 메뉴에서 (Clone)을 탭하여 실린더를 복제하고 (Gizmo)의 초록색 화살표를 아래쪽으로 드래그하여 이동합니다. 편집 툴에서 (Radius)를 탭하고 아랫부분에 있는 노란색 포인트를 왼쪽으로 드래그하여 아래가 넓은 형태의 실린더로 만듭니다.

05 | 왼쪽 메뉴에서 (Clone)을 탭하여 실린더를 복제하고 (Gizmo)의 초록색 화살표를 아래쪽으로 드래그하여 이동합니다. 편집 툴에서 (Radius)를 탭하여 한 개의 노란색 포인트로 실린더의 너비를 변경할 수 있도록 설정한 다음 노란색 포인트를 왼쪽으로 드래그하여 두 번째 실린더보다 넓게 만듭니다.

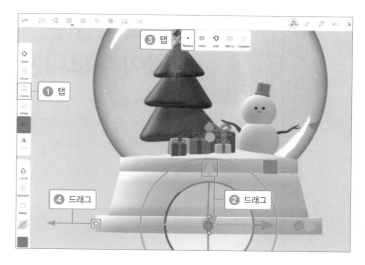

06 | 상단 메뉴 (Painting(✐))에서 Roughness를 '0.5', Metalness를 '0.5'로 설정합니다. 색상을 '짙은 갈색'으로 지정하고 (Paint all) 버튼을 탭합니다.

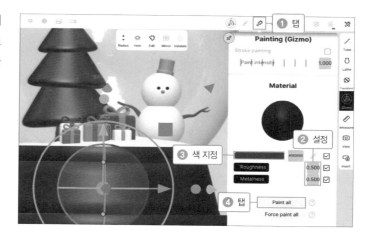

07 | 크리스마스 스노우볼을 완성하였습니다.

# 고깔모자를 쓴
# 고양이 이모티콘 만들기

캐릭터화를 통해서 만들기 쉬운 형태의 고양이를 만들겠습니다. 이런 캐릭터 형태의 모델은 객체들 사이의 자연스러운 이어짐이 중요합니다. 병합 기능을 활용하여 모델 간의 자연스러운 병합을 하는 방법과 대칭 기능의 다양한 활용법에 대해서 알아보겠습니다.

● 완성 파일 : 03\고양이_완성.glb

## POINT

❶ Symmetry 기능으로 모델링을 대칭으로 변형하기
❷ Mirror를 사용하여 같은 객체 삽입하기
❸ Voxel merge를 이용하여 객체 병합하기

# 고양이 모델링하기

01 〔Files(🗀)〕에서 〔New〕 버튼을 탭한 다음 〔Yes〕를 탭하여 새로운 씬을 생성합니다.

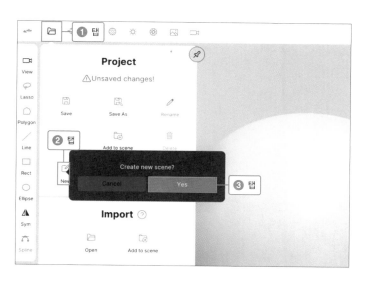

02 새로운 프로젝트를 생성하면 화면에 자동으로 스피어가 만들어집니다. 〔Scene(🔳)〕에서 해당 'Sphere' 오브젝트의 '휴지통' 아이콘(🗑)을 탭하여 삭제합니다.

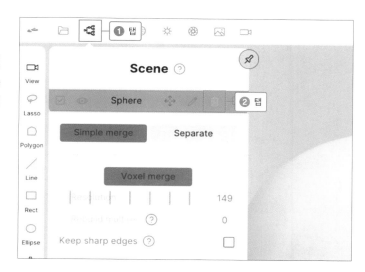

03 상단 메뉴 〔Scene(🔳)〕에서 〔Sphere〕를 탭하여 새로운 모델링을 생성합니다.

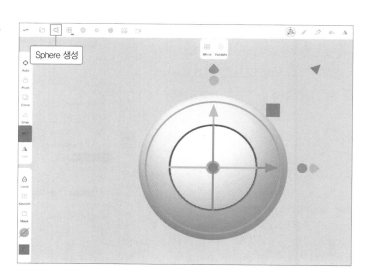

04 │ 상단 메뉴 (Symmetry(△))에서
Planes의 (Z)를 선택하여 (X)와 (Z)를 모두
활성화합니다.

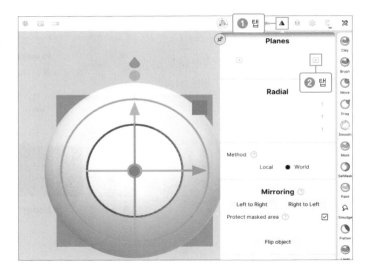

05 │ 오른쪽 메뉴에서 (Move)를 선택하
고 밑부분이 넓은 형태의 고양이의 얼굴을
만듭니다.

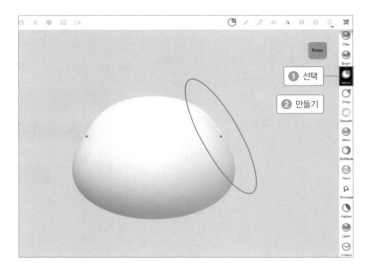

06 │ 고양이의 귀를 만들기 위해 실린더를
생성하고 Cylinder-Topology의 Division
X를 '4', Parameter의 Post subdivision
을 '4'로 설정합니다.

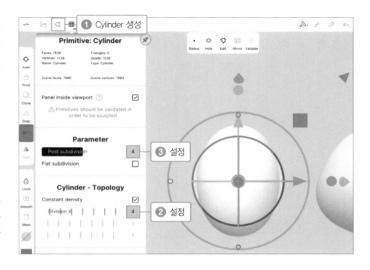

TIP  Primitive가 있는 상태에서 다른 Prim-
itive를 삽입하면 겹쳐서 삽입됩니다. 당황하
지 말고 Gizmo의 빨간색 화살표를 드래그하
여 위치를 이동해 주세요.

**07** 〔Gizmo〕를 사용하여 귀 위치를 고양이 얼굴 위로 이동한 다음 〔Gizmo〕의 파란색 원을 드래그하여 살짝 회전합니다.

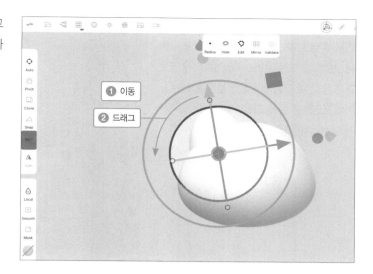

**08** 편집 툴에서 〔Mirror〕를 탭하여 반대쪽 귀를 만듭니다.

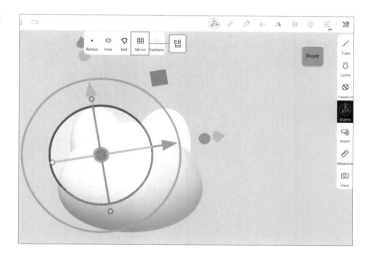

**09** 몸통이 될 실린더를 생성한 다음 편집 툴에서 〔Radius〕를 탭하여 위와 아래의 너비를 개별 설정할 수 있도록 합니다.

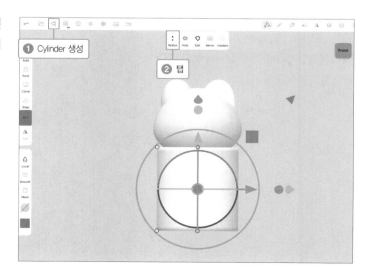

10 | 실린더 윗부분에 있는 초록색 포인트를 위로 드래그하여 얼굴과 겹치고 노란색 포인트를 오른쪽으로 드래그하여 얼굴보다 조금 좁게 설정합니다. 밑부분에 있는 노란색 포인트를 왼쪽으로 드래그하여 밑부분이 더 넓은 형태로 만듭니다.

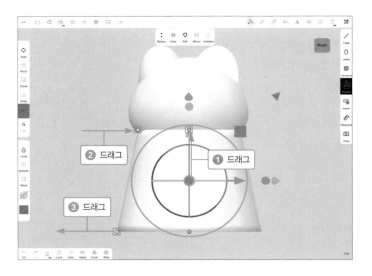

11 | 상단 메뉴 (Symmetry(⚠))에서 Planes의 (Z)를 선택하여 (X)와 (Z)를 모두 활성화하고 Method를 'Local'로 선택합니다.

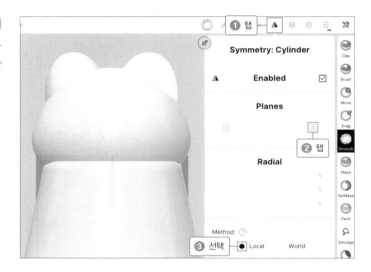

12 | 오른쪽 메뉴에서 (Smooth)를 선택하고 몸통의 밑부분을 문질러서 둥근 형태로 만들어 주세요.

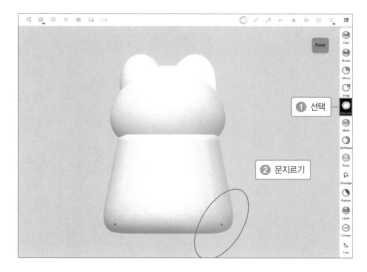

13 상단 메뉴 (Scene(🖼))에서 모든 오브젝트를 다중 선택하고 (Voxel merge) 버튼을 탭하여 합칩니다.

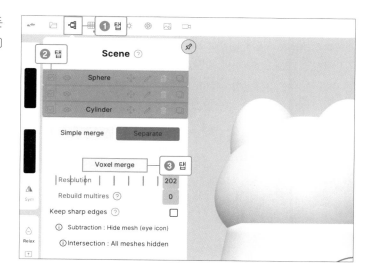

14 오른쪽 메뉴에서 (Smooth)를 선택하여 전체적으로 문지릅니다. 특히 부자연스러운 연결 부분을 중점적으로 문질러 주세요.

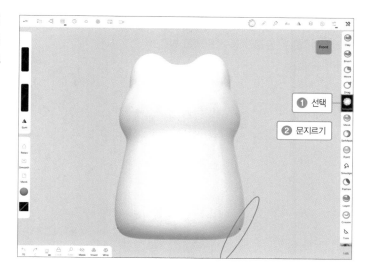

15 (Snap Cube)에서 (Left)를 탭하여 Left View로 시점을 변경한 다음 오른쪽 메뉴에서 (Tube)를 탭하고 몸통의 밑부분에 짧게 일직선을 그어 발을 만들어 주세요.

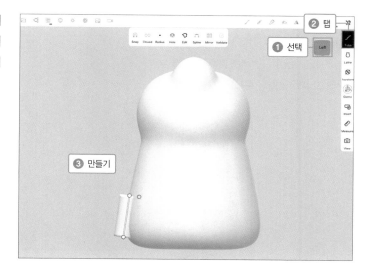

**16** (Snap Cube)에서 (Front)를 탭하여 Front View로 시점을 변경하고 아래 점을 안쪽으로 드래그하여 앞발을 모아주세요. 편집 툴에서 (Mirror)를 탭하여 반대쪽 발을 만든 다음 (Validate)를 탭합니다.

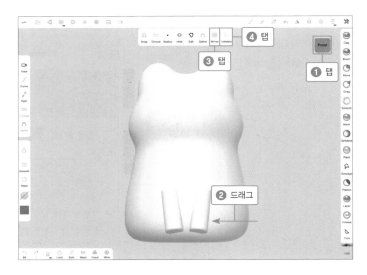

**17** 오른쪽 메뉴에서 (Smooth)를 선택하고 전체적으로 문질러 둥근 형태의 발을 만들어 주세요.

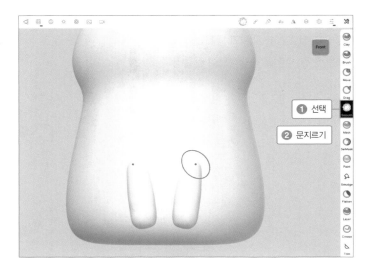

**18** (Snap Cube)에서 (Back)을 탭하여 Back View로 시점을 변경하고 오른쪽 메뉴에서 (Tube)를 선택하고 몸통의 밑부분부터 꼬리를 만들어 주세요.

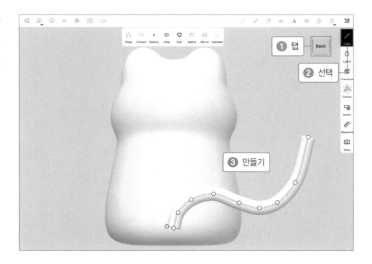

**19** 화면 빈 곳을 두 손가락으로 벌려 확
대하고 확대하고 꼬리의 시작 포인트를 몸
통 쪽으로 드래그하여 이동한 다음 편집 툴
에서 (Validate)를 탭합니다.

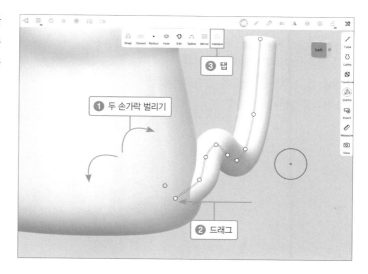

**20** 오른쪽 메뉴에서 (Smooth)를 선택
하고 꼬리의 끝부분을 문질러 둥근 형태로
만듭니다.

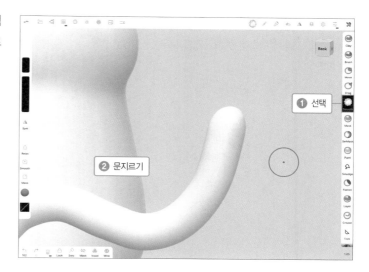

**21** (Snap Cube)에서 (Front)를 탭하
여 Front View로 시점을 변경하고 고양이
몸통을 선택한 다음 상단 메뉴 (Topology
(▦))에서 (Multires) 탭을 선택하고 (Sub
divide) 버튼을 한 번 탭합니다.

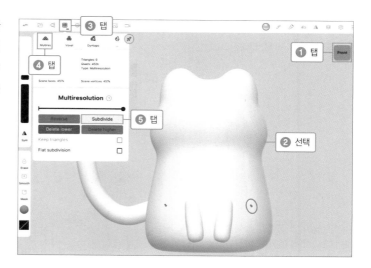

## 고양이 모델링 채색하기

01 | 상단 메뉴 (Painting(⬢))에서 Rou ghness를 '1', Metalness를 '0'으로 설정하고 색상을 '밝은 회색'으로 지정합니다.

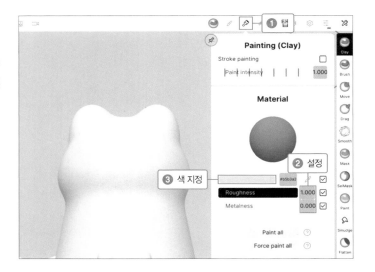

02 | 상단 메뉴 (Symmetry(⬛))에서 Planes의 (Z)를 선택하여 (X)와 (Z)를 모두 활성화합니다.

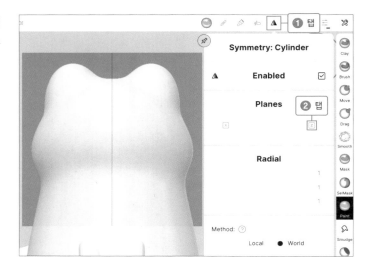

03 | 오른쪽 메뉴에서 (Paint)를 선택하고 얼굴과 한쪽 발을 채색합니다.

TIP 고양이의 얼굴을 채색한 다음 왼쪽 메뉴에서 (Sym)을 탭하여 비활성화하고 발이 한쪽만 채색되도록 합니다.

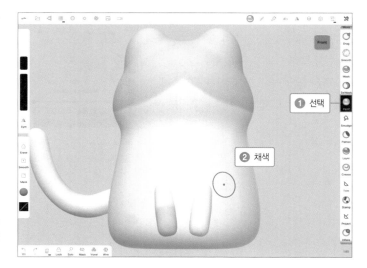

04 | (Snap Cube)에서 (Back)을 탭하여 Back View로 시점을 변경하고 등과 꼬리를 채색합니다.

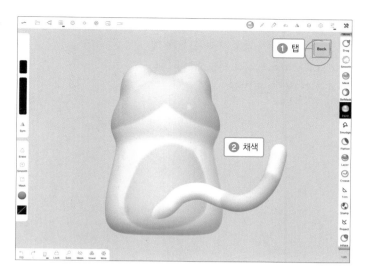

05 | (Snap Cube)에서 (Front)를 탭하여 Front View로 시점을 변경하고 상단 메뉴 (Painting(✐))에서 Roughness를 '1', Metalness를 '0'으로 설정합니다. 색상을 '짙은 회색'으로 지정하고 고양이의 이마 무늬를 그립니다.

TIP 이마 무늬를 그릴 때 다시 왼쪽 메뉴에서 (Sym)을 탭하여 활성화합니다.

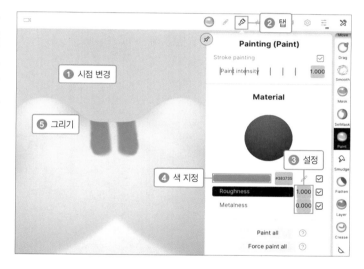

06 | (Snap Cube)에서 (Left)를 탭하여 Left View로 시점을 변경하고 고양이의 얼굴 무늬를 그립니다.

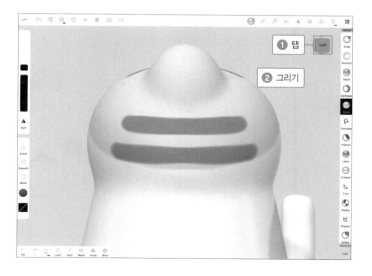

**07** 〔Snap Cube〕에서 〔Back〕을 탭하여 Back View로 시점을 변경하고 왼쪽 메뉴에서 〔Sym〕을 탭하여 비활성화한 다음 등에도 무늬를 그립니다.

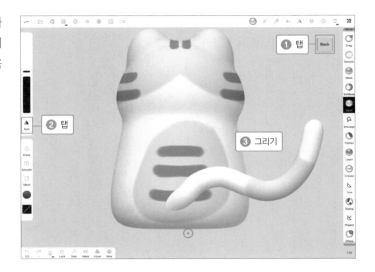

**08** 〔Snap Cube〕에서 〔Front〕를 탭하여 Front View로 시점을 변경하고 상단 메뉴 〔Symmetry(▲)〕에서 Planes의 〔Z〕를 선택 해제하여 비활성화합니다.

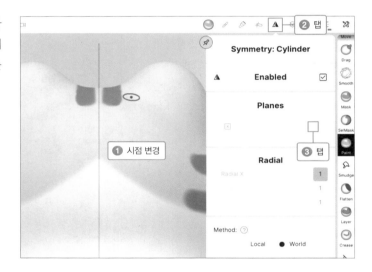

**09** 상단 메뉴 〔Painting(✐)〕에서 Roughness를 '1', Metalness를 '0'으로 설정합니다. 색상을 '검은색'으로 지정하고 눈과 입을 그려주세요.

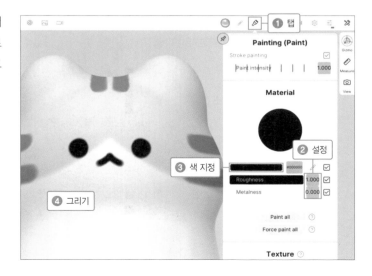

## 고깔모자와 반짝이는 별 만들기

01 콘을 추가하여 고깔모자를 만들겠습니다. 콘을 생성하고 (Gizmo)의 화살표를 드래그하여 고양이의 머리 위로 이동합니다. 노란색 포인트를 오른쪽으로 드래그하여 크기를 줄이고 위에 있는 초록색 포인트를 아래쪽으로 드래그하여 길이를 줄입니다.

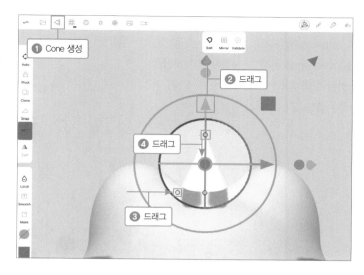

02 스피어를 생성하여 고깔모자의 장식을 만듭니다.

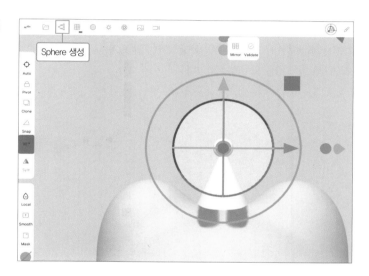

03 고깔모자를 선택하고 상단 메뉴 (Painting(🖉))에서 Roughness를 '1', Metalness를 '0'으로 설정합니다. 색상을 '밝은 분홍색'으로 지정하고 (Paint all) 버튼을 탭합니다.

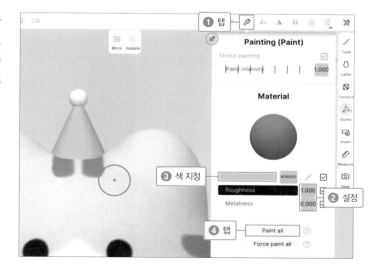

**04** 모자 장식을 탭한 다음 상단 메뉴 〔Painting(✏️)〕에서 Roughness를 '1', Metalness를 '0'으로 설정합니다. 색상을 '밝은 보라색'으로 지정하고 〔Paint all〕 버튼을 탭합니다.

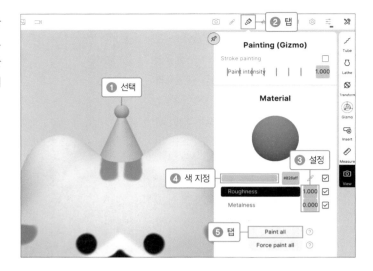

**05** 스피어를 생성하고 상단 메뉴 〔Symmetry(⚠️)〕에서 Planes의 〔Y〕, 〔Z〕를 선택하여 〔X〕, 〔Y〕, 〔Z〕를 모두 활성화합니다.

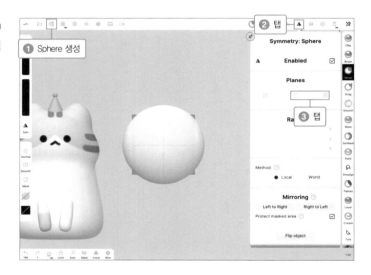

**06** 오른쪽 메뉴에서 〔Move〕를 선택하고 스피어의 한쪽 부분을 안쪽으로 드래그하면 네 방향 모두 안쪽으로 동일하게 움직여 별 모양이 완성됩니다.

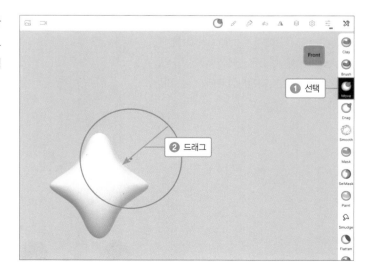

**07** 상단 메뉴 [Painting([펜]))에서 Roughness를 '1', Metalness를 '0'으로 설정합니다. 색상을 '노란색'으로 지정하고 [Paint all] 버튼을 탭합니다.

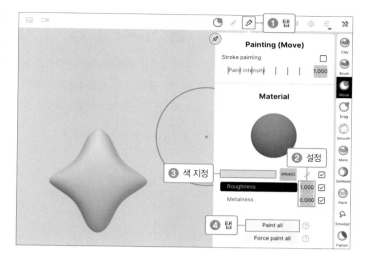

**08** 오른쪽 메뉴에서 [Gzimo]를 선택하고 왼쪽 메뉴에서 [Clone]을 탭하여 별을 복제한 다음 [Gizmo]의 화살표를 드래그하여 별의 위치를 변경합니다.

**09** 고깔모자를 쓴 고양이 이모티콘이 완성되었습니다.

# 웰시코기 강아지 이모티콘 만들기

기본 도형을 활용하여 반려견의 기본 뼈대를 먼저 완성하고 기본 뼈대에 변형을 주어 특징이 뚜렷한 웰시코기를 만들겠습니다. 특히 이번 예제에서는 반려견을 만드는 과정에서 대칭 기능의 다양한 사용법과 모델을 자연스럽게 병합하는 방법에 대해서 자세히 알아보겠습니다.

● 완성 파일 : 03\웰시코기_완성.glb

---

**POINT**

❶ Symmetry 기능을 활용하여 모델링의 형태 변형하기
❷ Mask 기능을 활용하여 모델링 색칠하기
❸ Smooth를 사용하여 모델링 다듬기
❹ Mirror를 사용하여 모델링 복제하기

## 강아지 기본 뼈대 만들기

01 상단 메뉴 (Files(📁))에서 (New) 버튼을 탭한 다음 (Yes)를 탭하여 새로운 씬을 생성합니다.

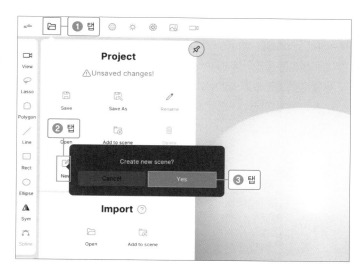

02 새로운 프로젝트를 생성하면 화면에 자동으로 스피어가 만들어집니다. 상단 메뉴 (Scene(📇))에서 해당 'Sphere' 모델링의 '휴지통' 아이콘(🗑)을 탭하여 삭제합니다.

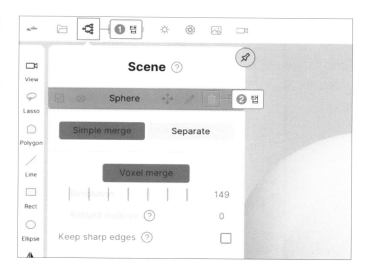

03 강아지의 얼굴을 만들기 위해 상단 메뉴 (Scene(📇))에서 (Sphere)를 탭하여 새로운 스피어를 생성합니다.

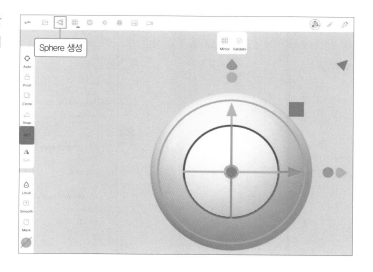

**04** 〔Gizmo〕가 활성화된 상태로 왼쪽 메뉴에서 〔Clone〕을 탭하여 스피어를 복제합니다. 복제한 스피어를 〔Gizmo〕의 주황색 원을 안쪽으로 드래그하여 크기를 조절하고 초록색 포인트를 아래로 드래그하여 강아지 입으로 만듭니다.

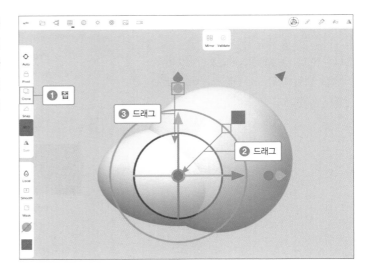

**05** 〔Snap Cube〕에서 〔Top〕을 탭하여 시점을 위로 변경합니다. 입에 해당하는 구체에서 〔Gizmo〕의 파란색 포인트를 위로 드래그하여 스피어를 얇은 타원형으로 변형합니다.

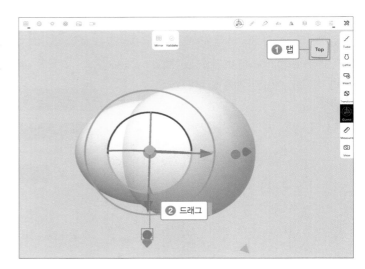

**06** 강아지의 목을 만들기 위해 상단 메뉴 〔Scene(🗂)〕에서 〔Cylinder〕를 탭하여 생성합니다.

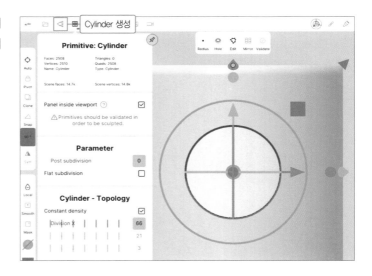

07 〔Gizmo〕의 주황색 원을 안쪽으로 드래그하여 크기를 줄이고 파란색 원을 왼쪽으로 드래그하여 강아지 머리와 일자로 만들고 위치시킵니다.

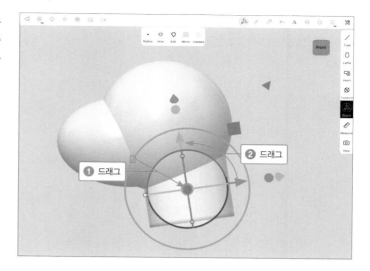

08 목 아래에 강아지의 가슴을 만들기 위해 상단 메뉴 〔Scene(⬚)〕에서 〔Sphere〕를 탭하여 생성합니다.

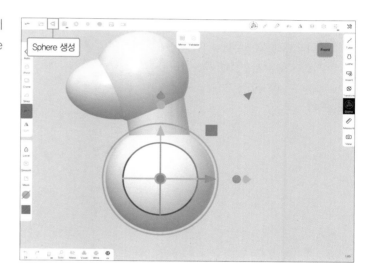

09 다시 한 번 상단 메뉴 〔Scene(⬚)〕에서 〔Sphere〕를 탭하여 생성합니다. 몸통 역할을 하기 위해 그림과 같이 가슴에 가깝게 위치합니다.

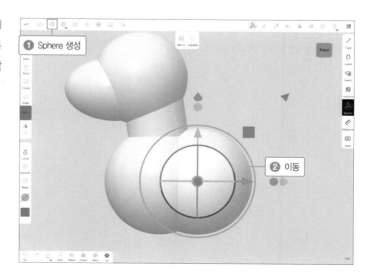

**10** (Gizmo)의 빨간색 포인트를 오른쪽으로 드래그하여 스피어를 타원형으로 변형합니다.

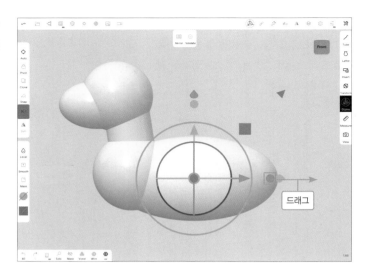

**11** 튜브를 활용하여 강아지의 다리를 만들겠습니다. 오른쪽 메뉴에서 (Tube)를 선택하고 상단 메뉴에 활성화된 (Settings (Tube))에서 Snapping을 'Start & End'로 선택합니다.

**12** 왼쪽 메뉴에서 (Curve)를 선택하고 강아지 몸통부터 튜브를 아래로 드래그하여 한쪽 다리를 만듭니다.

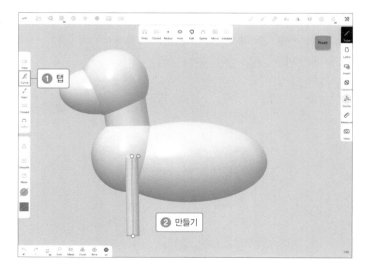

**13** Symmetry 기능을 사용하여 반대쪽 다리를 만들겠습니다. (Symmetry(⊿))에서 Planes의 (X)를 선택 해제하고 (Z)를 선택한 다음 'Mirror'를 체크 표시합니다.

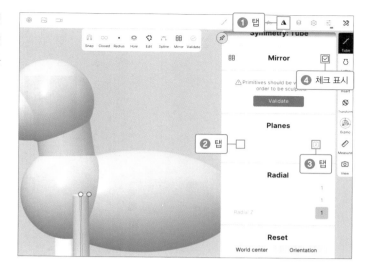

**14** 12번~13번과 같은 방법으로 뒷다리를 만듭니다.

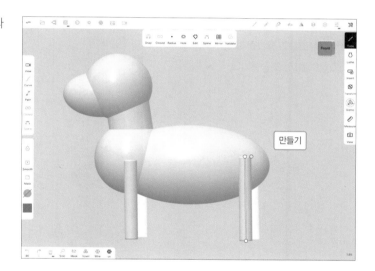

**15** 다리의 굵기를 변경하기 위해서 뒷다리에 해당하는 직선을 두 번 탭하여 그림과 같이 포인트를 추가합니다.

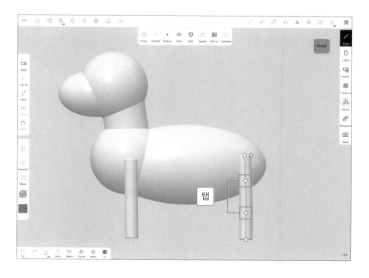

**16** (Radius)를 두 번 탭하여 모든 포인트에서 굵기를 변경할 수 있도록 설정합니다.

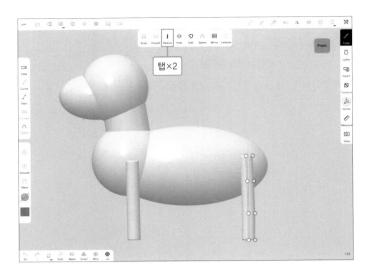

**17** 그림과 같이 각각의 노란색 포인트를 오른쪽으로 드래그하여 굵게, 왼쪽으로 드래그하여 얇게 조절합니다.

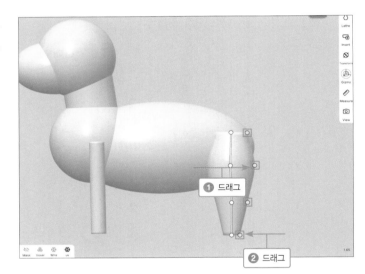

**18** 15번~17번과 같은 방법으로 앞다리도 굵기를 조절합니다.

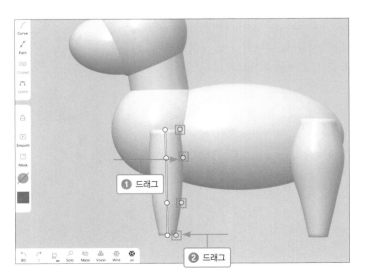

19 〔Snap Cube〕에서 〔Right〕를 탭한 다음 앞다리 선택하여 〔Gizmo〕의 파란색 화살표를 왼쪽으로 드래그하여 앞다리를 몸통으로 붙입니다.

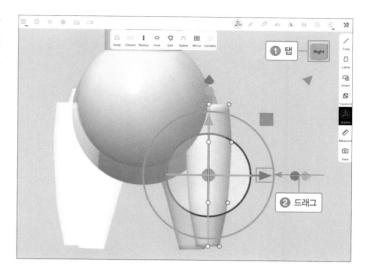

20 뒷다리의 위치가 앞다리에 비해 내려와 있습니다. 뒷다리를 선택한 다음 〔Gizmo〕의 초록색 화살표를 위로 드래그하여 뒷다리 위치를 조절합니다.

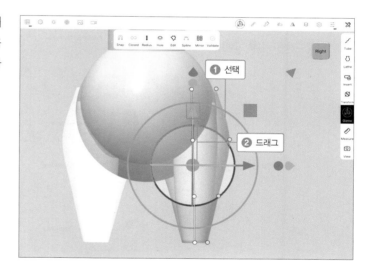

21 꼬리를 위치를 잡기 위해 〔Snap Cube〕에서 〔Top〕을 탭합니다. 오른쪽 메뉴에서 〔Tube〕를 선택하고 드래그하여 꼬리를 만듭니다.

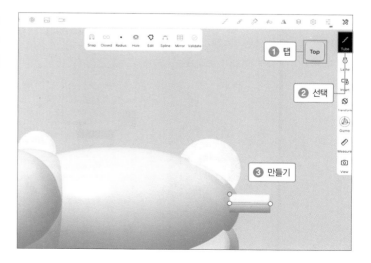

22 │ 꼬리 직선을 탭하여 포인트를 추가하고 포인트를 드래그하여 그림과 같이 아래로 처진 튜브를 만듭니다.

23 │ 귀를 만들기 위해 상단 메뉴 [Scene (🖼)]에서 [Cylinder]를 탭하여 생성합니다.

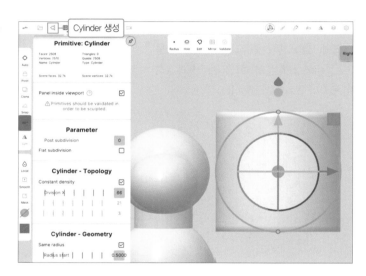

24 │ 귀를 뾰족하게 만들기 위해 Cylinder-Topology에서 Division X를 '3', Parameter의 Post subdivision을 '4'로 설정합니다.

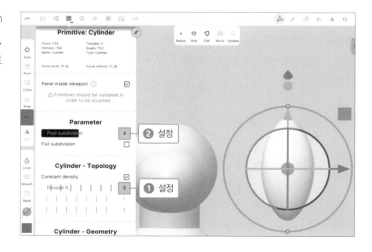

**25** 〔Snap Cube〕에서 〔Front〕를 탭하여 Front View로 변경하고 통통한 타원형으로 변경된 실린더를 선택합니다. 〔Gizmo〕의 빨간색 포인트를 왼쪽으로 드래그하여 납작형 타원형으로 바꿔 주세요.

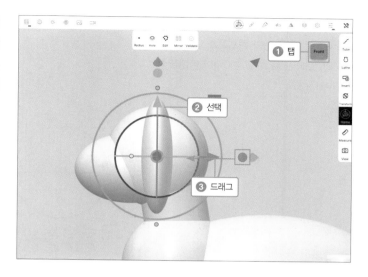

**26** 다시 〔Snap Cube〕에서 〔Right〕를 탭하여 Right View 시점으로 변경한 다음 〔Gizmo〕의 파란색 포인트를 왼쪽으로 드래그하여 귀의 두께를 변경합니다.

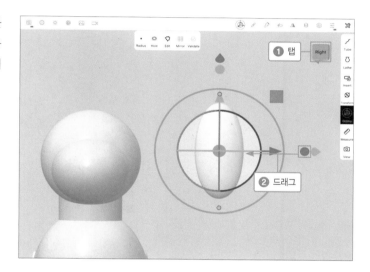

**27** 〔Gizmo〕를 이용하여 귀의 형태를 잡은 실린더를 강아지의 머리 위로 이동합니다.

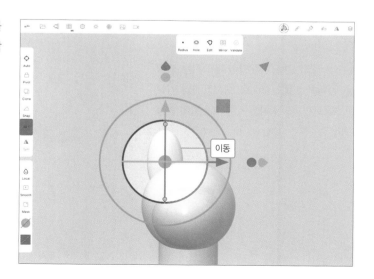

28 | 상단 메뉴 (Symmetry(▲))에서 Planes의 (X)를 선택 해제하고 (Z)를 선택합니다. 'Mirror'를 체크 표시하여 반대쪽 귀도 만듭니다.

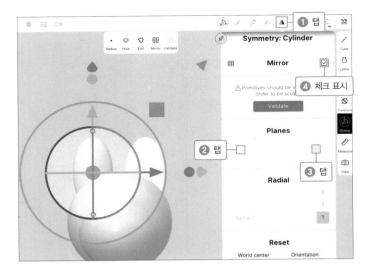

29 | 강아지의 기본 뼈대를 완성했습니다.

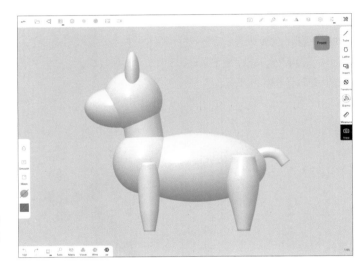

**TIP** 조금씩 변형을 주어 반려견의 견종이나 좋아하는 견종에 따라 나만의 강아지 3D 모델링을 만들 수 있습니다.

## 웰시코기 형태 만들기

01 | 미리 만들어둔 강아지의 기본 뼈대를 선택하고 (Gizmo)로 웰시코기의 가장 큰 특징인 다리 길이를 조절하여 짧게 만듭니다.

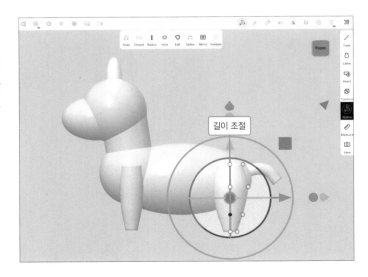

02 이제 얼굴부터 시작해서 웰시코기를 만들겠습니다. (Snap Cube)에서 (Right)를 탭하여 Right View로 시점을 변경합니다.

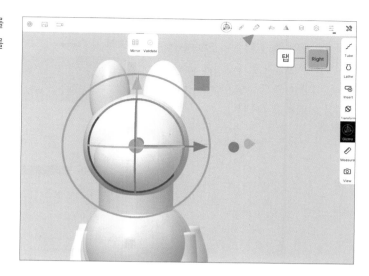

03 모델링을 선택하고 상단 메뉴 (Symmetry(△))에서 Planes의 (X)를 선택 해제하고 (Z)를 선택합니다.

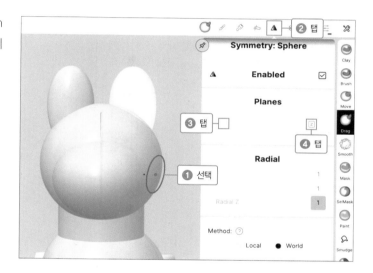

04 오른쪽 메뉴에서 (Drag)를 선택하고 얼굴의 옆면을 바깥쪽으로 드래그하여 얼굴형을 잡습니다.

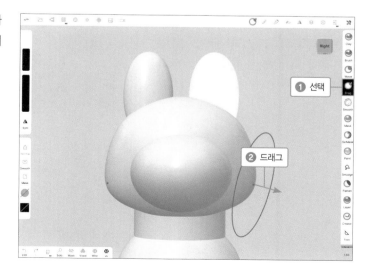

**05** 자연스럽게 이어질 수 있도록 모델링을 합치겠습니다. 상단 메뉴 (Scene(📷))에서 변형된 얼굴과 입, 목, 가슴 오브젝트를 다중 선택하고 (Voxel merge) 버튼을 탭하여 오브젝트를 합칩니다.

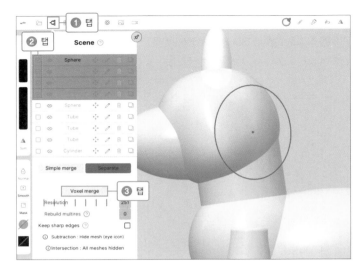

**06** 오브젝트가 합쳐진 것을 확인하고 오른쪽 메뉴에서 (Smooth)를 선택합니다. 부자연스러운 부분을 문질러 경계선이 자연스럽게 이어지도록 합니다.

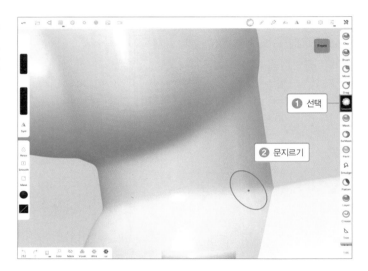

**07** 모델링을 합친 후에도 존재하는 차이를 수정하겠습니다. 비대칭적인 변형을 막기 위해 (Symmetry(▲))에서 Planes의 (X)를 선택 해제하고 (Z)를 선택합니다.

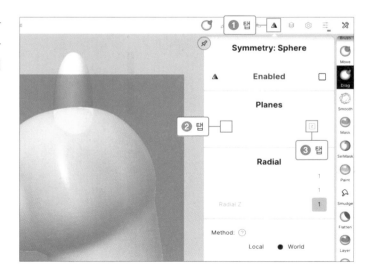

**08** 오른쪽 메뉴에서 (Drag)를 선택하고 머리와 목 사이를 오른쪽으로 조금씩 드래그하여 격차를 줄입니다.

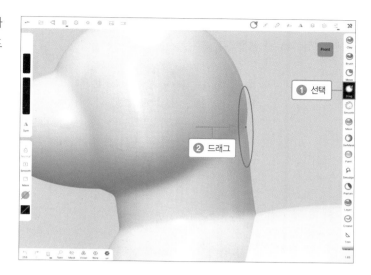

**09** 같은 방법으로 오른쪽 메뉴에서 (Drag)와 (Smooth)를 선택하여 강아지의 입과 가슴의 형태를 수정합니다.

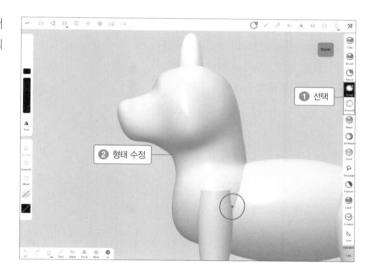

**10** 귀를 수정하기 위해 (Snap Cube)에서 (Right)를 탭하여 Right View로 설정합니다. (Gizmo)의 파란색 화살표를 왼쪽으로 드래그하여 귀와 귀 사이의 거리를 늘립니다.

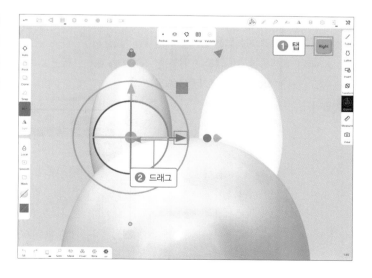

11 │ 귀 사이의 거리 조정이 끝나면 편집
툴에서 (Validate)를 탭합니다.

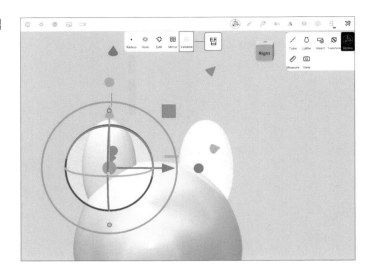

12 │ 오른쪽 메뉴에서 (Drag)를 선택하
고 귀의 형태를 수정합니다. 귀의 아래쪽은
바깥쪽으로 드래그하여 밑부분을 넓히고,
위쪽은 안쪽으로 드래그하여 좁혀주세요.

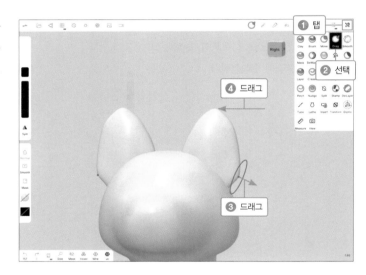

13 │ 귀를 선택하고 상단 메뉴 (Topo
logy(▦))에서 (Multires) 탭을 선택한 다음
(Subdivide) 버튼을 한 번 탭하여 귀의 형
태를 부드럽게 변형하여 웰시코기 앞모습을
완성합니다.

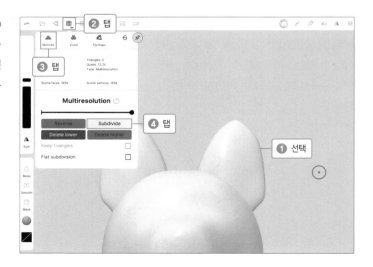

14 강아지의 형태를 완성하겠습니다. 상단 메뉴 (Scene(▣))에서 몸통 부분에 해당하는 스피어와 앞서 합친 스피어 모델링을 다중 선택하고 다시 한 번 (Voxel merge) 버튼을 탭합니다.

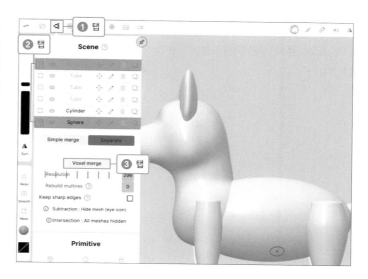

15 강아지의 몸을 보면 앞부분의 몸통이 더 내려와 있고 뒷다리 쪽 몸통이 더 올라가 있는 S자 형태를 보입니다. 오른쪽 메뉴에서 (Drag)를 선택하고 강아지의 배 부분을 위로 드래그하여 올리고 앞다리 부분을 아래로 드래그하여 내려주세요.

TIP 모든 객체가 보이는 상태에서는 몸통을 수정하기 어렵습니다. 하단 메뉴에서 (Solo)를 탭하여 몸통만 보이도록 설정하고 작업해 주세요.

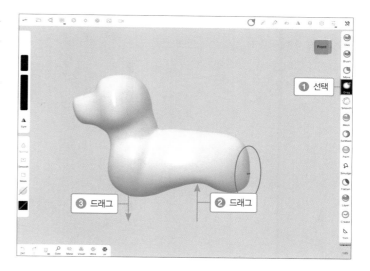

16 (Snap Cube)에서 (Top)을 탭하여 시점을 Top View로 변경한 다음 (Drag)로 엉덩이 부분을 바깥쪽으로 드래그하여 웰시코기의 통통한 엉덩이를 만들어 주세요.

TIP 웰시코기의 몸통 작업이 끝나면 다시 (Solo)를 탭하여 모든 객체가 보일 수 있도록 합니다.

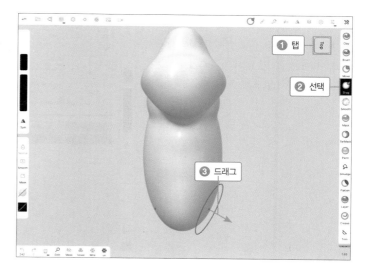

17 | 웰시코기의 다리를 만들겠습니다. 먼저 뒷다리를 선택한 다음 (Validate)를 탭합니다.

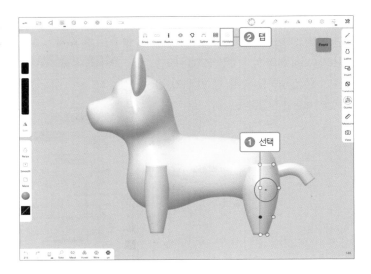

18 | 오른쪽 메뉴에서 (Drag) 또는 (Move)를 선택하고 바깥쪽으로 드래그하여 그림과 같이 뒷다리 특유의 닭다리 모양을 만들어 주세요.

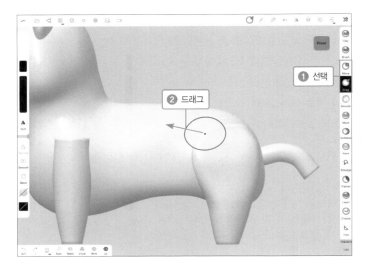

19 | 뒷다리를 선택한 다음 (Topology (▦))에서 (Multires) 탭을 선택하고 (Subdivide) 버튼을 한 번 탭하여 다리의 형태를 부드럽게 변형시킵니다.

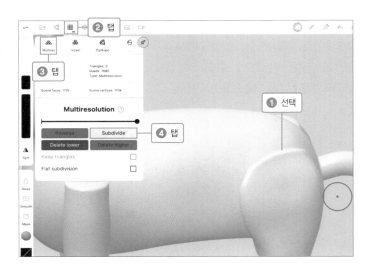

**20** 앞다리는 큰 변형 없이 오른쪽 메뉴에서 (Smooth)를 선택하고 둥글게 문지르며 모양을 잡아 주세요.

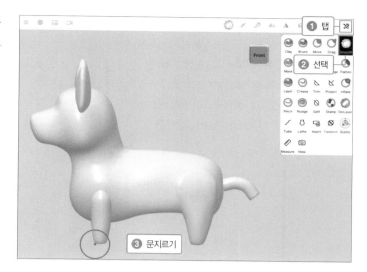

**21** 몸통의 크기를 변형하느라 위치를 벗어난 꼬리를 선택하고 (Gizmo)의 초록색 화살표를 위로 드래그하여 엉덩이 위로 이동한 다음 (Validate)를 탭합니다.

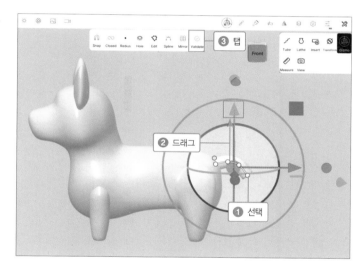

**22** 오른쪽 메뉴에서 (Smooth)를 선택하고 꼬리의 끝부분을 문질러 둥그렇게 만들어 주세요. 웰시코기의 형태가 완성되었습니다.

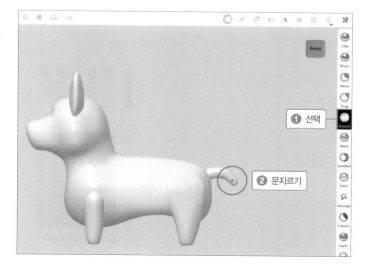

## 웰시코기 채색하여 완성하기

01 │ 웰시코기를 선택하고 상단 메뉴
(Painting(✎))에서 Roughness를 '1',
Metalness를 '0'으로 설정합니다. 색상을
'밝은 주황색'으로 지정하고 (Paint all) 버튼
을 탭하여 채색합니다.

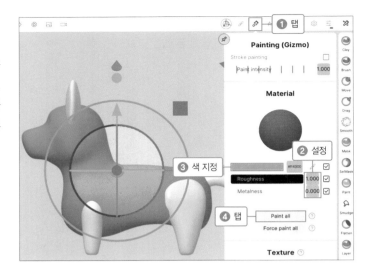

02 │ (Snap Cube)에서 (Right)를 탭
하여 웰시코기의 정면으로 시점을 변경합
니다.

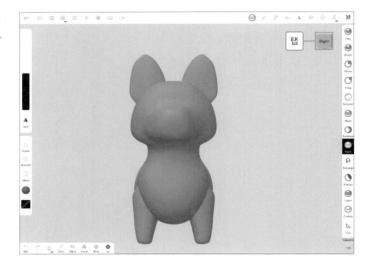

03 │ 오른쪽 메뉴에서 (Paint)를 선택하고
왼쪽 메뉴 (Material(●))에서 Roughness
를 '1', Metalness를 '0'으로 설정한 다음 색
상을 '흰색'으로 지정합니다.

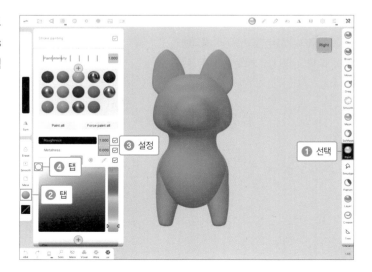

04 입, 목덜미, 배와 엉덩이 부분을 흰색으로 채색하여 웰시코기의 무늬를 만들어 주세요.

05 오른쪽 메뉴에서 (Smooth)를 선택하고 주황색과 흰색의 뚜렷한 경계를 문질러서 자연스럽게 연결합니다.

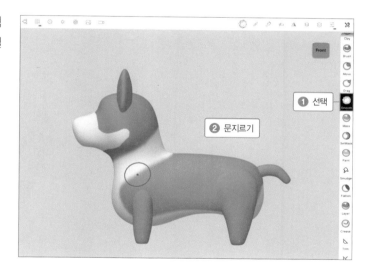

06 오른쪽 메뉴에서 (Drag)를 선택하고 웰시코기의 다리 밑부분을 왼쪽으로 드래그하여 발을 만듭니다.

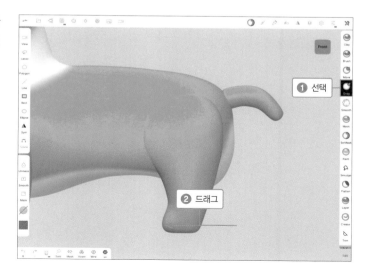

**07** 오른쪽 메뉴에서 (SelMask)를 선택하고 왼쪽 메뉴에서 (Rect)를 선택한 다음 드래그하여 발 부분만 마스크 영역을 지정합니다.

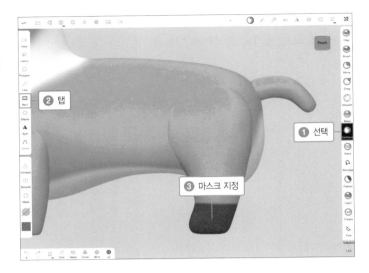

**08** 상단 메뉴 (Settings(SelMask))에서 (Invert) 버튼을 탭하여 마스크 영역을 반전합니다.

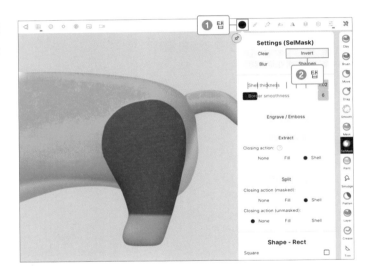

**09** (Blur) 버튼을 2번 탭하여 마스크 영역을 자연스럽게 이어지게 합니다.

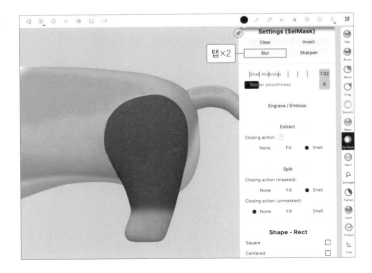

**10** 상단 메뉴 [Painting(✏️)]에서 Roughness를 '1', Metalness를 '0'으로 설정합니다. 색상을 '흰색'으로 지정하고 [Paint all] 버튼을 탭합니다.

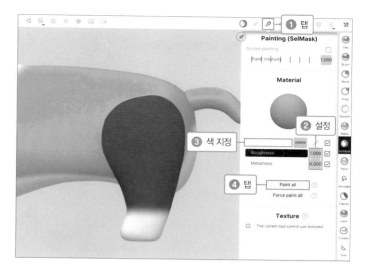

**11** 06번~10번과 같은 방법으로 앞발을 만들고 채색합니다.

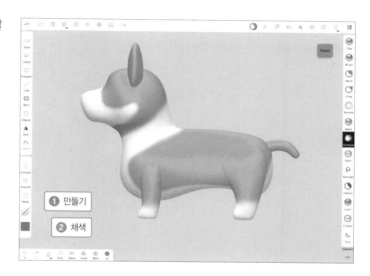

**12** [Gizmo]로 귀를 선택한 다음 [Clone]을 탭하여 귀를 복제합니다.

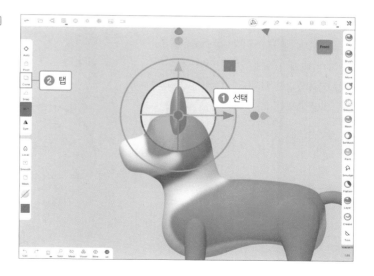

**13** 복제한 후에 (Gizmo)의 빨간색 화살표를 왼쪽으로 드래그하여 겹쳐있는 귀의 위치를 조정합니다.

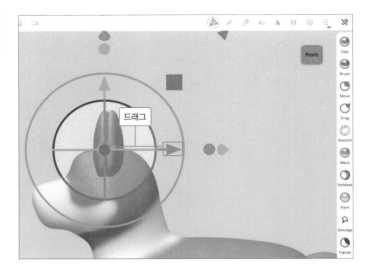

**14** (Gizmo)의 주황색 원을 안쪽으로 드래그하여 복제된 귀의 크기를 줄입니다.

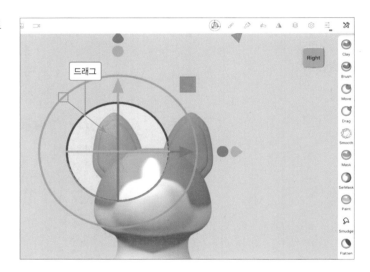

**15** 크기를 줄인 귀를 선택하고 상단 메뉴 (Painting(✐))에서 Roughness를 '1', Metalness를 '0'으로 설정합니다. 색상을 '밝은 분홍색'으로 지정하고 (Paint all) 버튼을 탭하여 채색합니다.

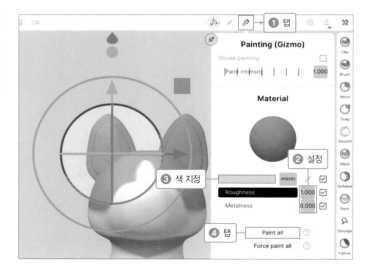

16 (Snap Cube)에서 (Front)를 탭하여 Front View로 시점을 변경하고 (Gizmo)의 빨간 화살표를 오른쪽으로 드래그하여 위치를 조정합니다.

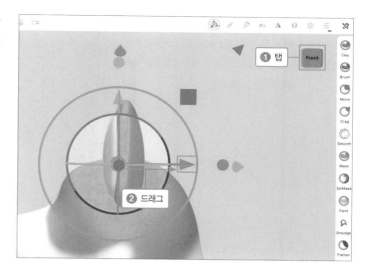

17 코를 만들겠습니다. 상단 메뉴 (Scene (圖))에서 (Sphere)를 탭하여 생성합니다. 위치와 크기를 설정하고 (Validate)를 탭합니다.

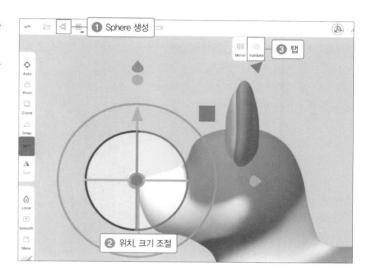

18 상단 메뉴 (Symmetry(▲))에서 Planes의 (X)를 탭하여 선택 해제하고 (Z)를 선택합니다.

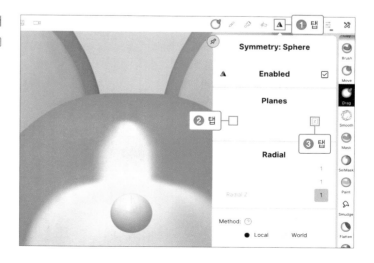

19 ┃ 오른쪽 메뉴에서 [Drag]를 선택하고 코의 옆 부분은 오른쪽으로 드래그, 아랫부분은 아래쪽으로 드래그하여 그림과 같이 세모 모양의 코로 만들어 주세요.

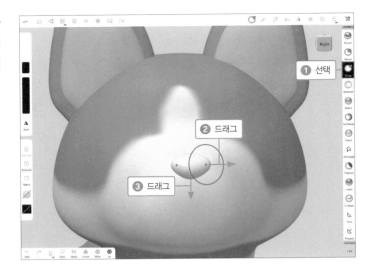

20 ┃ 강아지의 촉촉한 코를 표현하겠습니다. 상단 메뉴 [Painting([✐])]에서 Roughness를 '0.5', Metalness를 '0'으로 설정합니다. 색상을 '검은색'으로 지정하고 [Paint all] 버튼을 탭합니다.

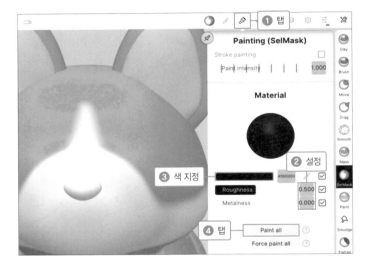

21 ┃ 눈을 만들기 위해 상단 메뉴 [Scene([▦])]에서 [Sphere]를 탭하여 생성합니다. [Gizmo]의 화살표와 주황색 원을 드래그하여 스피어의 위치와 크기를 조절합니다.

**22** 상단 메뉴 (Painting(🖌️))에서 Rough-ness를 '0.5', Metalness를 '0'으로 설정합니다. 색상을 '검은색'으로 지정하고 (Paint all) 버튼을 탭합니다.

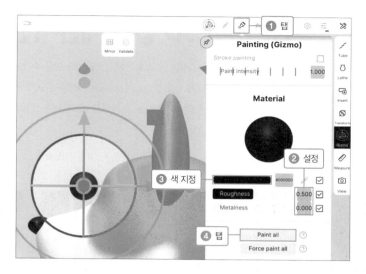

**23** 한쪽으로 완성된 눈을 선택하고 상단 메뉴 (Symmetry(◭))에서 Planes의 (X)를 탭하여 선택 해제하고 (Z)를 선택합니다. 'Mirror'를 체크 표시한 다음 (Validate) 버튼을 탭하여 반대쪽 눈도 만들어 주세요.

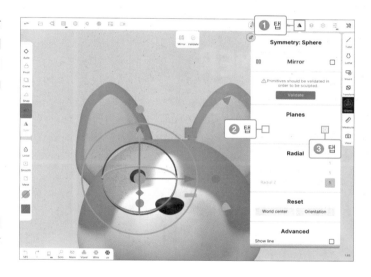

**TIP** Validate를 하기 전에는 반대편 눈이 보이지 않기 때문에 반드시 (Validate) 버튼을 탭해야 합니다.

**24** 나만의 귀여운 웰시코기가 완성되었습니다.

**TIP** 취향에 따라서 색과 무늬를 바꿔 보고 액세서리를 추가하여 나만의 강아지로 만들어 보세요.

# 3D 입체 네온사인 글씨 만들기

노마드 스컬프에서 3D 글씨를 만들 수 있는 여러 방법 중에서도 Mask 기능을 활용하여 글씨를 만들겠습니다. Mask 기능은 한글과 원하는 그림을 3D로 쉽게 만들 수 있다는 장점이 있습니다. Mask 기능으로 3D 글씨를 만들고 Bloom 기능을 활용하여 빛나는 네온사인 글씨를 만들어 봅니다.

● 완성 파일 : 03\네온사인 글씨_완성.glb

## POINT

① Mask의 개념 확인하기
② Addtive 재질 활용하기
③ Post Process의 Bloom 기능 알아보기
④ Symmetry 기능으로 중심선 확인하기

## 마스크로 글씨 모델링하기

01 상단 메뉴 (Files(📁))에서 (New) 버튼을 탭한 다음 (Yes)를 탭하여 새로운 씬을 생성합니다.

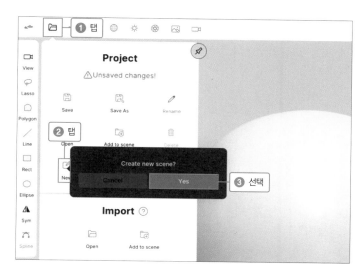

02 새로운 프로젝트를 생성하면 화면에 자동으로 스피어가 만들어집니다. 상단 메뉴 (Scene(📇))에서 해당 'Sphere' 레이어의 '휴지통' 아이콘(🗑)을 탭하여 삭제합니다.

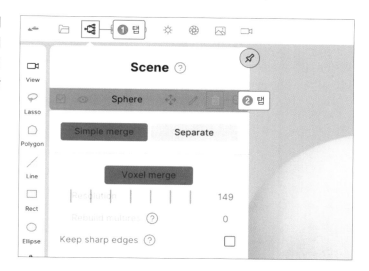

03 상단 메뉴 (Scene(📇))에서 새로운 플래인을 추가합니다. 왼쪽 메뉴에서 (Snap)을 선택하고 (Gizmo)의 빨간색 원을 드래그하여 플래인을 회전하고 주황색 원을 바깥쪽으로 드래그하여 크기를 크게 조절합니다.

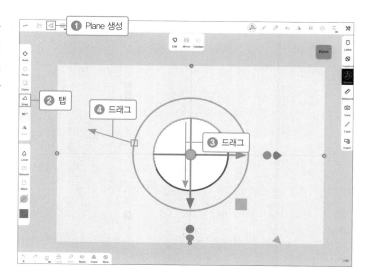

**04** [Topology(▦)]에서 [Multires] 탭을 선택하고 [Subdivide] 버튼을 두 번 탭합니다.

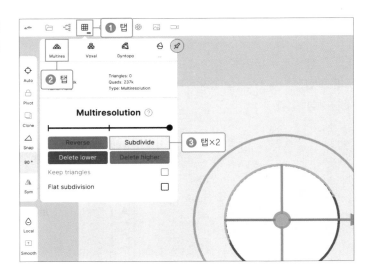

**05** 상단 메뉴 [Symmetry(▲)]에서 Planes의 [Y]를 선택하여 X축과 Y축을 활성화한 다음 Advanced의 'Show line', 'Show Plane'을 체크 표시하여 플래인의 가로, 세로 중심선을 활성화합니다.

**TIP** 대칭 기능을 활성화하지 않았기 때문에 중심을 확인하는 용도로만 사용 가능합니다.

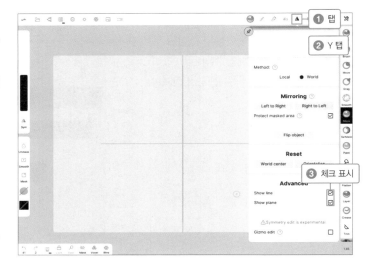

**06** 오른쪽 메뉴에서 [Mask]를 선택하고 플래인에 'HELLO SUMMER' 글씨를 적고 그림을 그려주세요.

**TIP** 글씨와 그림 작업이 끝난 후에는 상단 메뉴 [Symmetry(▲)]에서 'Show line'과 'Show Plane'을 체크 해제하여 중심선을 비활성화합니다.

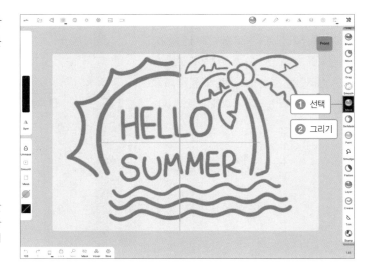

**07** [Snap Cube]에서 [Left]를 탭하여 시점을 Left View로 변경한 다음 오른쪽 메뉴에서 [Gizmo]를 선택하고 초록색 화살표를 오른쪽으로 드래그합니다.

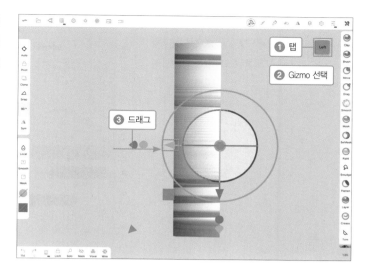

**08** 마스크를 해제하고 오른쪽 메뉴에서 [Trim]을 선택한 다음 왼쪽 메뉴에서 [Rect]를 선택하여 글자 부분을 제외한 플레인을 지정하여 잘라주세요.

**TIP** 모델링을 잘라내기 전에 상단 메뉴 [Settings(Mask)]에서 [Clear] 버튼을 탭하여 마스크 해제해야 합니다.

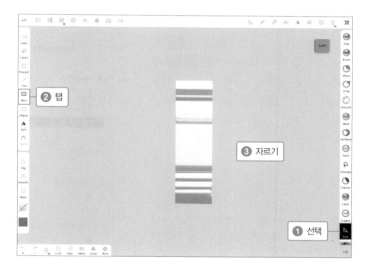

**09** 상단 메뉴 [Scene(▦)]의 리스트에서 모든 글씨와 그림이 한개의 플레인에 존재하는 것을 확인할 수 있습니다.
[Sperate] 버튼을 탭하여 모든 모델링을 분리합니다.

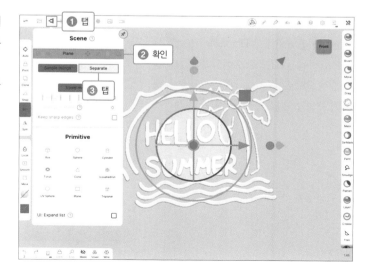

10 │ 해, 헬로우, 썸머, 나뭇잎, 열매, 나무 기둥, 파도로 각각 모델링을 확인하면서 [Simple merge] 버튼을 탭하여 병합시켜 주세요.

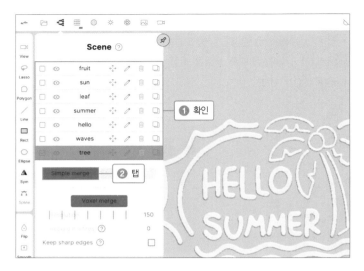

## 글씨에 네온사인 효과 적용하기

01 │ 상단 메뉴 [Meterial(⬡)]에서 'Additive'를 선택하여 모든 모델링의 재질을 변경하고 Opacity를 '5'로 설정합니다.

TIP Additive는 채색을 먼저 할 경우 재질 변경 후 색상이 변하기 때문에 재질을 먼저 변경합니다.

02 │ 해와 열매를 선택하고 상단 메뉴 [Painting(✎)]에서 Roughness를 '1', Metalness를 '0'으로 설정합니다. 색상을 '노란색'으로 지정하고 [Paint all] 버튼을 탭하여 채색합니다.

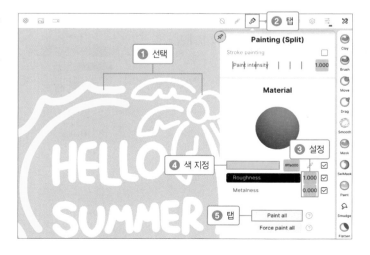

**03** | 나뭇잎을 선택하고 상단 메뉴 〔Painting(🖊)〕에서 Roughness를 '1', Metalness를 '0'으로 설정합니다. 색상을 '초록색'으로 지정하고 〔Paint all〕 버튼을 탭 하여 채색합니다.

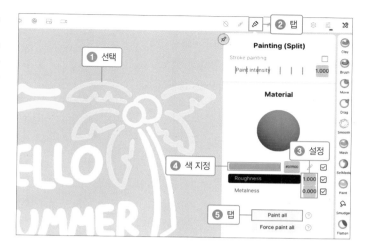

**04** | HELLO를 선택하고 상단 메뉴 〔Painting(🖊)〕에서 Roughness를 '1', Metalness를 '0'으로 설정합니다. 색상을 '분홍색'으로 지정하고 〔Paint all〕 버튼을 탭 하여 채색합니다.

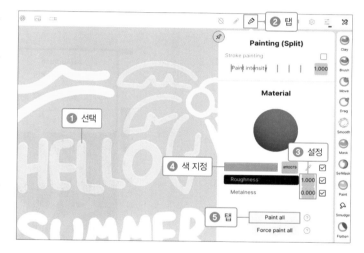

**05** | 파도 물결을 선택하고 상단 메뉴 〔Painting(🖊)〕에서 Roughness를 '1', Metalness를 '0'으로 설정합니다. 색상을 '파란색'으로 지정하고 〔Paint all〕 버튼을 탭 하여 채색합니다.

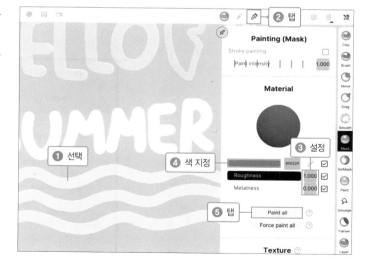

**06** 나무 기둥을 선택하고 상단 메뉴 (Painting(🖌))에서 Roughness를 '1', Metalness를 '0'으로 설정합니다. 색상을 '짙은 갈색'으로 지정하고 (Paint all) 버튼을 탭하여 채색합니다.

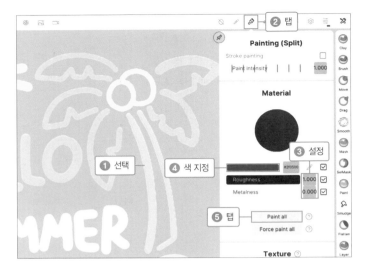

**07** 상단 메뉴 (Background(🖼))에서 Color를 '검은색'으로 지정합니다.

**08** 상단 메뉴 (Post Precess(⚙))에서 'Post Process', 'Bloom'을 체크 표시하여 활성화합니다.

**09** Bloom의 Intensity를 '0.05', Radius를 '0.2', Threshold를 '0.4'로 설정합니다.

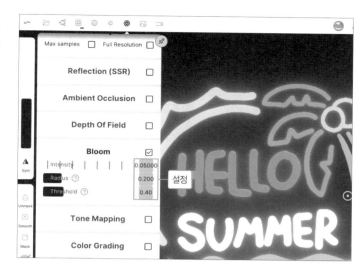

**TIP** Bloom은 모델링에서 밝은 부분을 빛나게 만들어 주는 효과로 특히 Additive 재질과 함께 잘 쓰이는 효과입니다. Intensity는 빛의 강도, Radius는 빛 번짐의 범위, Threshold는 픽셀이 빛나게 할지 아닐지를 조절할 수 있습니다.

**10** 여름 컨셉의 네온사인이 완성되었습니다.

# 튜브를 활용한 3D 캘리그라피 만들기

3D 모델링에서 튜브를 활용하는 다양한 방법이 있지만, 그중에서도 가장 쉬운 방법은 튜브를
활용하여 3D 글씨를 만드는 것입니다. 튜브로 글씨 쓰기는 노마드 스컬프에 익숙해질 수 있
게 도와주며, 짧은 시간에 만족스러운 결과물을 만들 수 있습니다.

● 완성 파일 : 03\캘리그라피_완성.glb

## POINT

❶ Tube 두께 조절하는 방법 알아보기
❷ 배경 색상 변경하는 방법 알아보기

## 캘리그라피 모델링하기

**01** 상단 메뉴 (Files(📁))에서 (New) 버튼을 탭한 다음 (Yes)를 탭하여 새로운 씬을 생성합니다.

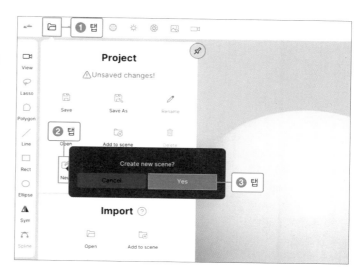

**02** 새로운 프로젝트를 생성하면 화면에 자동으로 스피어가 만들어집니다. 상단 메뉴 (Scene(🔧))에서 해당 'Sphere' 레이어의 '휴지통' 아이콘(🗑)을 탭하여 삭제합니다.

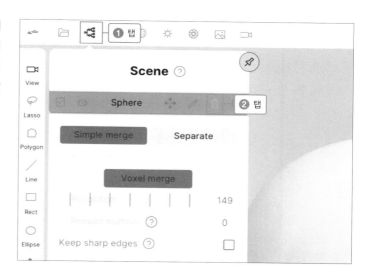

**03** 오른쪽 메뉴에서 (Tube)를 선택하고 왼쪽 메뉴에서 (Curve)를 선택하여 'E' 를 만들어 주세요.

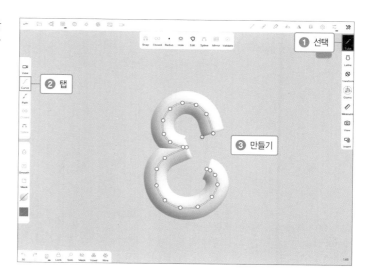

04 │ 같은 방법으로 나머지 글자도 (Tube)
를 이용하여 글자 모델링을 만들고 위치를
조절합니다.

TIP 예제에서는 'Enjoy Every Moment'라
는 문구를 만들었습니다.

05 │ 'E'를 선택하고 편집 툴에서 (Radius)
를 두 번 탭하여 모든 포인트의 두께를 조절
할 수 있도록 설정한 다음 (Spline)을 탭하
여 곡선을 부드럽게 만들어 주세요.

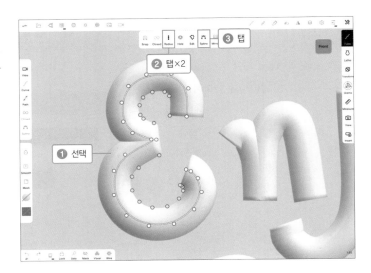

06 │ 캘리그라피의 모양을 살려주기 위해
노란색 포인트를 드래그하여 두께를 만들어
주세요.

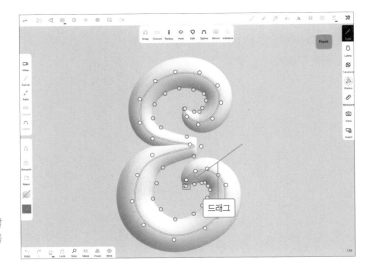

TIP 하단 메뉴에서 (Solo)를 탭하여 해당 알
파벳만 보이게 설정하면 좀 더 편하게 글씨를
만들 수 있습니다.

**07** 05번~06번과 같은 방법으로 모든 글자의 형태를 잡아주세요.

**08** 'j' 모델링을 완성하겠습니다. 상단 메뉴 (Scene(▦))에서 스피어를 생성하고 크기와 위치를 조절하여 글자를 완성합니다.

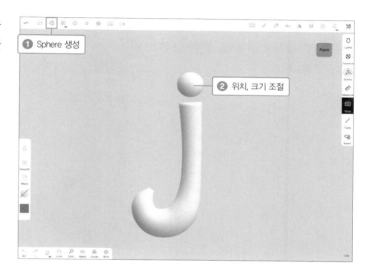

## 캘리그라피 채색하여 완성하기

**01** 캘리그라피 모델링을 완성한 다음 상단 메뉴 (Painting(✎))에서 Roughness 를 '1', Metalness를 '0'으로 설정합니다. 색 상을 '밝은 주황색'으로 지정한 다음 (Paint all) 버튼을 탭하여 전체를 채색합니다.

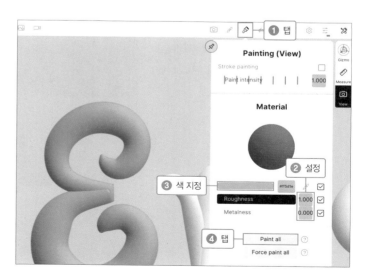

**02** | 같은 방법으로 나머지 글자도 전체를 채색합니다.

**03** | 오른쪽 메뉴에서 (Tube)를 선택하고 왼쪽 메뉴에서 (Curve)를 선택하여 별 모양을 만듭니다.

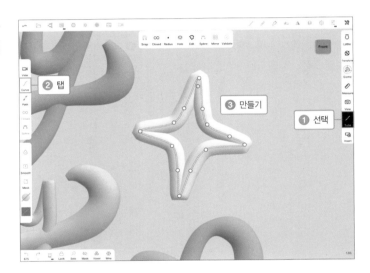

**04** | 상단 메뉴 (Painting(✏️))에서 Roughness를 '1', Metalness를 '0'으로 설정하고 색상을 '노란색'으로 지정한 다음 (Paint all) 버튼을 탭하여 전체를 채색합니다.

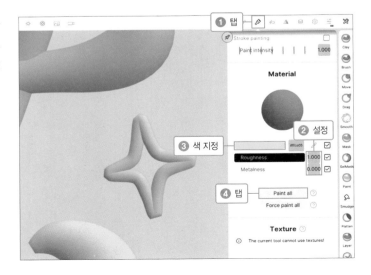

**05** 오른쪽 메뉴에서 (Gizmo)를 선택하고 왼쪽 메뉴에서 (Clone)을 탭하여 복제를 하여 별을 추가한 다음 (Gizmo)의 화살표를 드래그하여 별의 위치를 이동합니다.

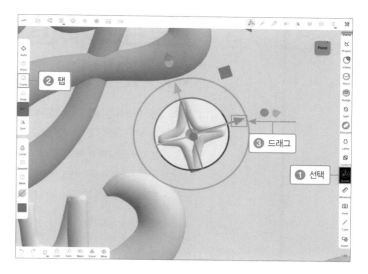

**06** 상단 메뉴 (Background(📷))에서 Color를 '상아색'으로 지정합니다.

**07** 튜브를 활용한 캘리그라피를 완성하였습니다.

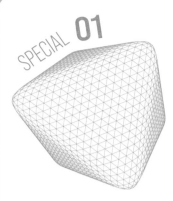

# 프로크리에이트를 활용하여 UV 채색하기

3D 모델을 프로크리에이트로 내보내면 프로크리에이트의 다양한 텍스처 브러시를 사용할 수 있다는 장점이 있습니다. 하지만 프로크리에이트 내에서 3D 모델을 채색하기 위해서는 모델의 UV 정보가 필요하기 때문에 노마드 스컬프에서 프로크리에이트로 바로 3D 모델을 내보내서 채색할 수 없습니다. 이번 예제에서는 노마드 스컬프에서 모델링에 UV 정보를 할당하는 방법과 프로크리에이트로 내보내는 방법에 대해서 알아보겠습니다.

- 예제 파일 : 03\열기구.glb
- 완성 파일 : 03\열기구_완성.glb, 열기구_완성.procreate

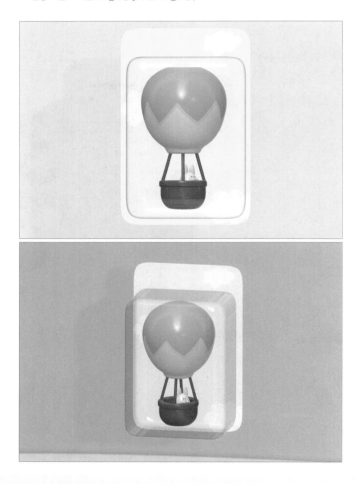

---

**POINT**

① 노마드 스컬프에서 UV 정보 할당하기
② Decimation을 사용하는 이유 알아보기
③ 노마드 스컬프에서 프로크리에이트로 내보내기
④ 프로크리에이트에서 노마드 스컬프로 파일 내보내기

01 　상단 메뉴 (Files(□))에서 Import의
(Open)을 탭한 다음 (Yes)를 탭하고 03 폴
더에서 '열기구.glb' 파일을 선택한 다음 불
러옵니다.

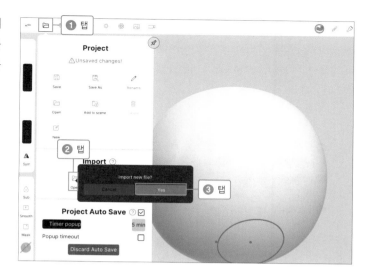

02 　상단 메뉴 (Topology(▦))에서 네
번째 탭을 선택한 다음 UV Auto-Unwrap
의 (Unwrap Atlas) 버튼을 탭합니다.

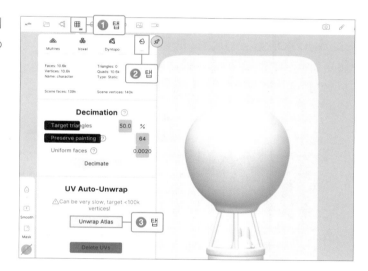

03 　같은 방법으로 모든 오브젝트를
Unwrap 합니다.

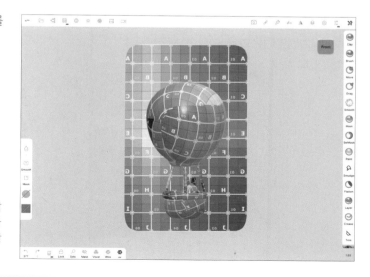

TIP　프로크리에이트로 내보낼 때 오류가 발
생한다면 Decimation의 설정값을 줄인 후 다
시 내보내기 합니다. Decimation의 자세한
설명은 본문 90페이지를 참고하세요.

**04** 상단 메뉴 [Scene(⬚)]에서 Export 를 'obj'로 선택하고 'Export normals'를 체크 표시한 다음 [Export OBJ] 버튼을 탭 합니다.

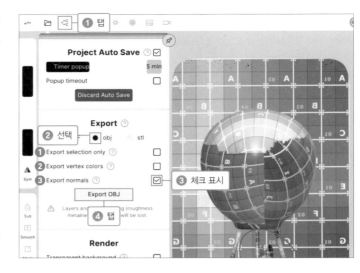

**TIP** ❶ Export selection only : Scene에 서 선택한 모델링만 내보내기
❷ Export vertex colors : vertices에 저장된 vertex 컬러 내보내기
❸ Export normals : 다른 소프트웨어 에서 모델링 파일 불러오기

프로크리에이트는 3D 모델링 파일 포맷을 'USDZ'와 'OBJ' 형식만 지원합니다.

**05** 표시되는 창에서 [Procreate]를 탭 하여 내보내거나 [Save to Files] 버튼을 탭하여 파일을 저장한 다음 프로크리에이트 로 내보냅니다.

**06** 노마드 스컬프에서 프로크리에이트 로 내보내기 하면 자동으로 내보낸 3D 파일 이 불러와집니다.

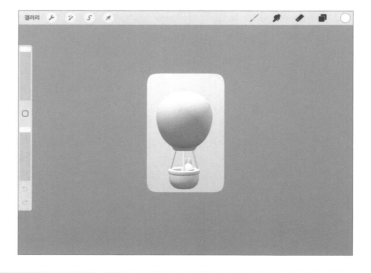

07 [레이어(■)])에서 모든 모델링이 제대로 내보내진 것을 확인할 수 있습니다.

08 각각의 레이어를 선택하여 채색합니다.

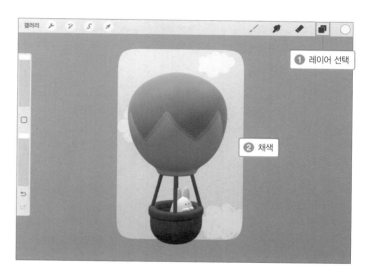

09 다시 노마드 스컬프로 내보내겠습니다. [동작(✦)] → [공유] → [OBJ]를 탭하여 노마드 스컬프로 내보냅니다.

10 │ 프로크리에이트에서 공유된 파일을 노마드 스컬프에 불러오면 3D 모델에 Unwrap이 적용된 상태로 열립니다.

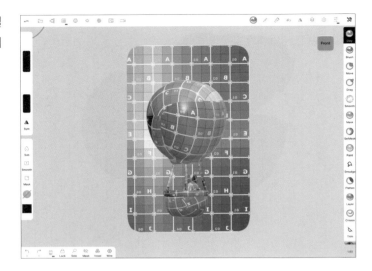

11 │ 상단 메뉴 (Interface(  ))에서 Add shortcuts의 (UV)를 선택하여 하단 메뉴에 UV 아이콘을 활성화합니다.

12 │ 하단 메뉴에서 (UV)를 선택 해제하여 비활성화하면 프로크리에이트에서 채색한 3D 모델링을 볼 수 있습니다.

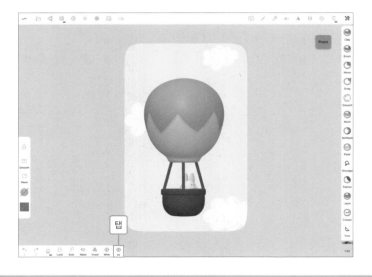

**13** 포장된 피규어처럼 만들겠습니다. 박스를 생성한 다음 Box-Topology의 Division X를 '4', Parameter의 Post subdivision을 '4'로 설정합니다.

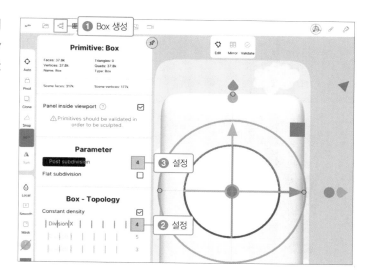

**14** 상단 메뉴 (Meterial(◉))에서 'Refraction'을 선택하고 Index of Refraction을 '1'로 설정한 다음 (Paint glossy) 버튼을 탭합니다.

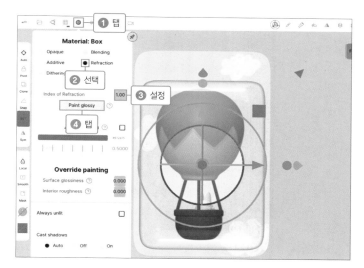

**15** 프로크리에이트에서 채색하여 열기구를 타고 있는 토끼 피규어를 완성하였습니다.

**3D DESIGN** NOMAD SCULPT
A SCULPTING AND PAINTING MOBILE APPLICATION

# Part 4

# 메타버스 캐릭터 옷과
# 소품, 공간 만들기

이제는 가상의 메타버스 시대! 나를 닮은 캐릭터를 이용하여 물건을 구매하거나 커뮤니티를 즐길 수도 있습니다. 여기서는 메타버스 캐릭터의 의상이나 소품, 모자부터 귀걸이까지 디자인하는 방법을 소개합니다. 뿐만 아니라 가상 공간에서 나만의 집을 디자인해 보세요.

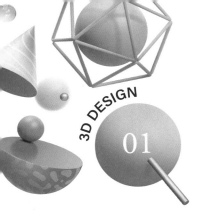

# 메타버스 속 캐릭터의 옷과 소품 만들기

노마드 스컬프로 3D 파일을 불러오는 방법과 불러온 마네킹 모델링을 활용하여 패션 액세서리를 만들고 노마드 스컬프를 사용하면서 가장 낯선 기능인 Falloff를 사용하는 방법과 페인팅의 텍스쳐 기능에 대해서 알아보겠습니다.

● 예제 파일 : 04\여자 캐릭터.glb, 꽃무늬.png    ● 완성 파일 : 04\여자 캐릭터_완성.glb

**POINT**

❶ 모델링 파일을 노마드 스컬프로 불러오기
❷ Symmetry 기능을 사용하여 모델링에 대칭적인 변형하기
❸ 페인트 텍스처 기능 활용하기

# 퍼프소매 원피스 만들기

**01** 상단 메뉴 (Files(📁))에서 Import의 (Open)을 탭한 다음 (Yes)를 탭하고 04 폴더에서 '여자 캐릭터' 파일을 선택하고 불러옵니다.

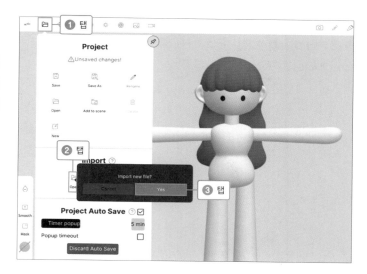

**02** 상단 메뉴 (Scene(🗂))에서 'hair' 모델링의 왼쪽에 있는 '눈' 아이콘(👁)을 탭하여 헤어를 가려주세요.

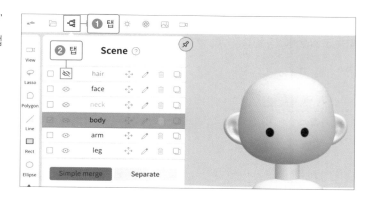

**03** 오른쪽 메뉴에서 (SelMak)를 선택하고 (Rect)를 탭하여 캐릭터의 몸통을 가로질러 마스크를 씌워주세요.

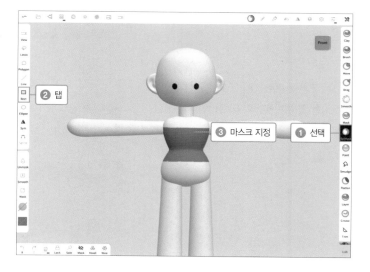

**04** 상단 메뉴 (Settings(SelMask))에서 Shell thickness를 '0.2'로 설정하고 Border smoothness를 '0'으로 설정합니다.

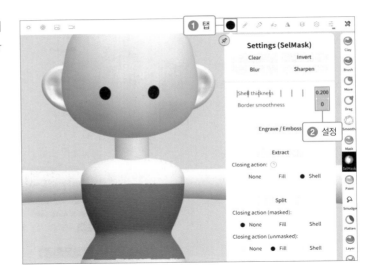

**05** Closing action을 'Shell'로 선택한 다음 (Extract) 버튼을 탭합니다.

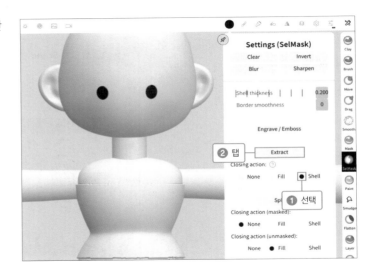

**06** 오른쪽 메뉴에서 (Trim)을 선택하고 (Rect)를 탭하여 윗면과 아랫면의 지저분한 부분을 잘라내고 다듬습니다.

**TIP** 혹시 다른 모델에 변형을 줄까 걱정이 될 때는 상단 메뉴 (Interface(目))에서 (Lock selection)을 탭하여 활성화하고 하단 메뉴에서 (Lock)을 사용하여 원하는 모델에만 변형이 되도록 잠금을 할 수 있습니다.

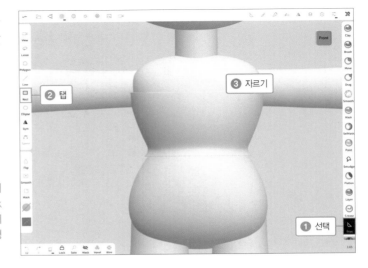

**07** 오른쪽 메뉴에서 (Drag)를 선택하고 상의의 윗부분을 위쪽으로 드래그하여 하트 모양을 만듭니다.

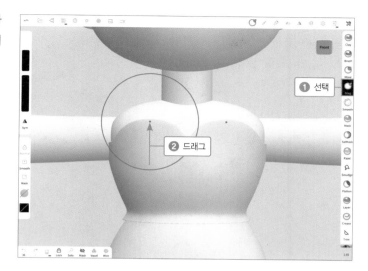

**08** 실린더를 생성하고 편집 툴에서 (Radius)를 한 번 탭하여 두 면의 너비를 개별로 변경할 수 있게 설정하고 (Hole)을 탭하여 실린더에 구멍을 만듭니다.

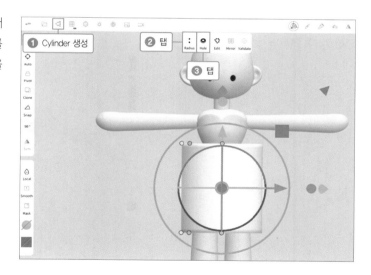

**09** 치마의 윗부분을 노란색 점을 오른쪽으로 드래그하여 캐릭터의 몸통에 맞게 설정하고 치마 길이를 아래 위치한 작은 초록색 포인트를 아래쪽으로 드래그하여 길이를 늘립니다.

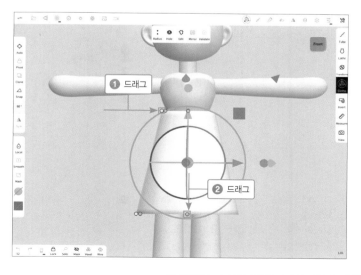

**10** 오른쪽 메뉴에서 (Drag)를 선택한 다음 상단 메뉴 (Symmety(△))에서 Planes의 (X)와 (Z)를 선택하고 Method를 'Local'로 선택합니다.

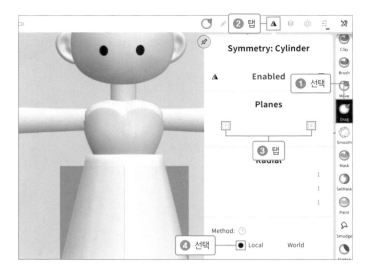

**11** (Drag)로 치마 윗부분을 안쪽으로 드래그하여 허리와 옷 사이의 차이를 줄입니다.

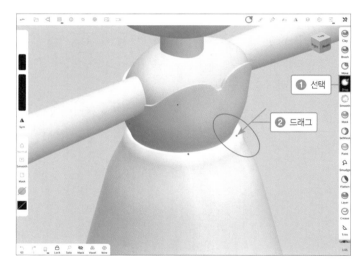

**12** (Drag)로 치마 아랫부분을 안쪽으로 드래그하여 종 모양의 치마 밑단을 만듭니다.

**TIP** (Interface(☰))에서 (Lock selection)을 탭하여 활성화하고 하단 메뉴에서 (Lock)을 탭하여 원하는 모델에만 변형이 되도록 잠금을 할 수 있습니다.

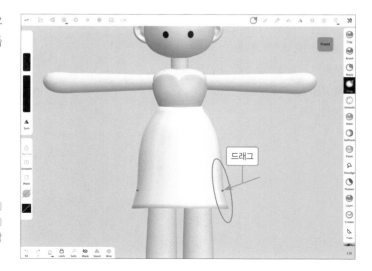

**13** 상단 메뉴 (Scene(⊞))에서 원피스에 해당하는 두 오브젝트를 다중 선택하고 (Voxel merge) 버튼을 탭합니다.

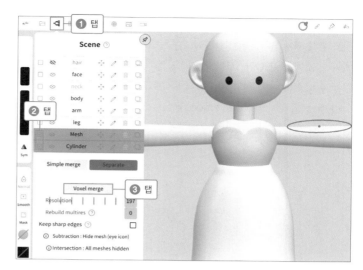

**14** (Voxel merge)가 적용되면 오른쪽 메뉴에서 (Smooth)를 선택하고 부자연스러운 연결 부위를 문지릅니다.

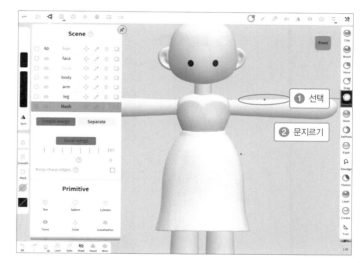

**15** 상단 메뉴 (Painting(⊘))에서 색상을 '하늘색'으로 지정하고 Roughness를 '0.5', Metalness를 '0'으로 설정한 다음 (Paint all) 버튼을 탭합니다.

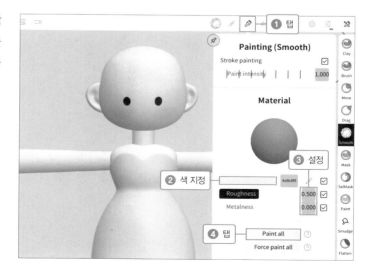

**16** 오른쪽 메뉴에서 (SelMask)를 선택하고 왼쪽 메뉴에서 (Rect)와 (Sym)을 탭하여 팔 소매 부분에 마스크를 씌웁니다. 상단 메뉴 (Settings(SelMask))에서 Shell thickness를 '0.1', Border smoothness를 '0'으로 설정한 다음 (Extract) 버튼을 탭합니다.

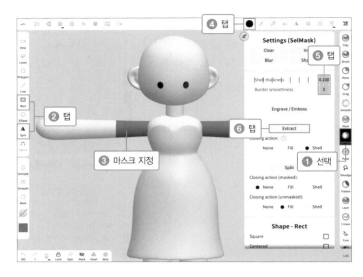

**17** 상단 메뉴 (Symmetry(△))에서 Planes의 (X), (Y), (Z)를 모두 탭하여 활성화합니다.

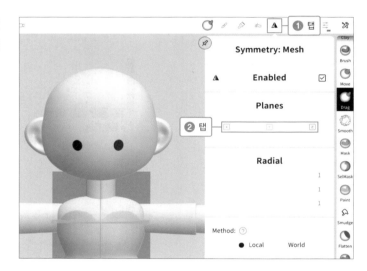

**18** 오른쪽 메뉴에서 (Drag)를 선택하고 바깥쪽으로 드래그하여 일자 형태의 소매 부분을 둥근 퍼프소매로 만들어 주세요.

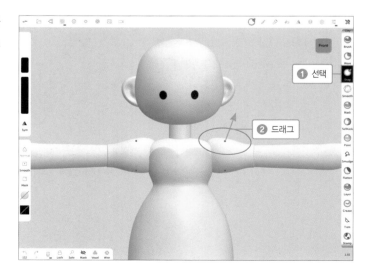

19 ｜ 상단 메뉴 (Painting(✏️))에서 색상을 '하늘색'으로 지정한 다음 Roughness를 '0.5', Metalness를 '0'으로 설정하고 (Paint all) 버튼을 탭합니다.

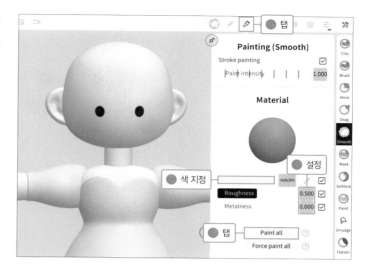

20 ｜ 원피스에 무늬를 넣기 위해 오른쪽 메뉴에서 (Paint)를 탭합니다. 상단 메뉴 (Painting(✏️))에서 Texture의 (+) 버튼을 탭하고 (Files)를 탭하여 다운로드한 '꽃무늬.png' 파일을 불러옵니다.

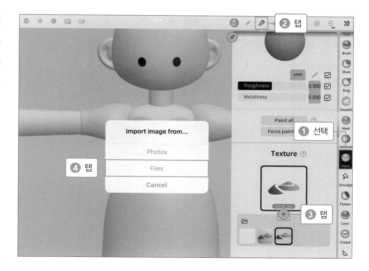

21 ｜ 상단 메뉴 (Stroke(✏️))에서 Falloff 그래프를 탭하고 두 번째 그래프에 있는 'one'을 선택합니다.

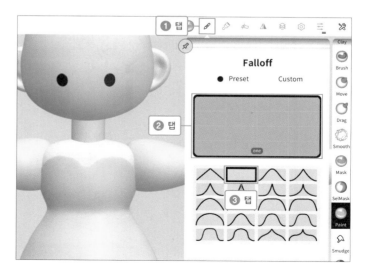

22 | Stroke type을 'Grab-dynamic radius'로 선택합니다.

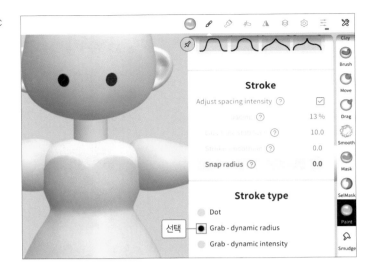

23 | 오른쪽 메뉴에서 (Paint)를 선택하고 상단 메뉴 (Painting(✐))에서 색상을 '흰색'으로 지정합니다. Roughness를 '0.5', Metalness를 '0'으로 설정한 다음 원피스 부분을 드래그하여 꽃무늬를 넣어주세요.

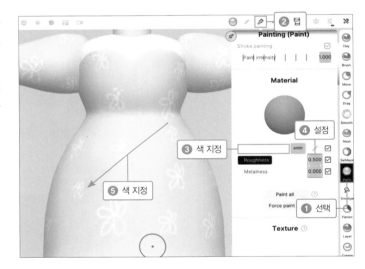

24 | 상단 메뉴 (Scene(▦))에서 숨겨둔 헤어의 '눈' 아이콘(▧)을 클릭하면 원피스를 입은 캐릭터가 완성됩니다.

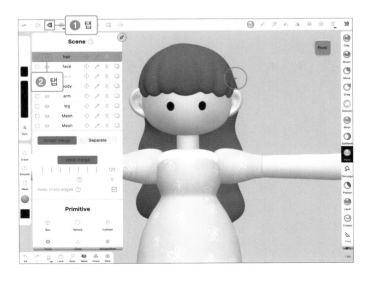

# 메리제인 구두 만들기

01 | 오른쪽 메뉴에서 (SelMask)를 선택하고 왼쪽 메뉴에서 (Rect)를 탭하여 발을 포함한 다리에 마스크를 지정합니다.

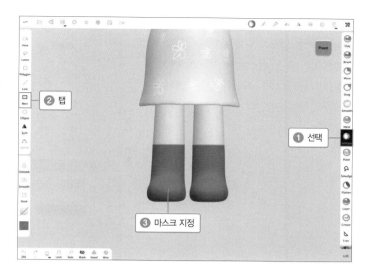

02 | 상단 메뉴 (Settings(SelMask))에서 Shell thickness를 '0.1', Border smoothness를 '0'으로 설정한 다음 (Extract) 버튼을 탭합니다.

**TIP** 다음 변형에 영향을 줄 수 있기 때문에 Mask를 사용한 후에는 언제나 (Clear)를 습관화해 주세요.

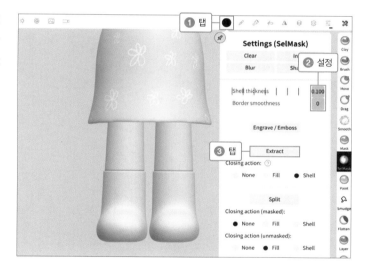

03 | 상단 메뉴 (Painting(✏️))에서 색상을 '흰색'으로 지정하고 Roughness를 '0.5', Metalness를 '0'으로 설정한 다음 (Paint all) 버튼을 탭하여 하얀 양말을 만듭니다.

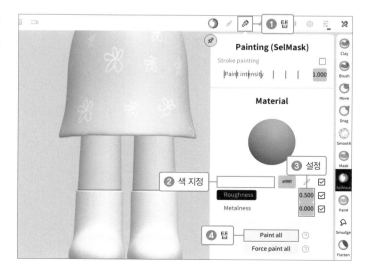

**04** 상단 메뉴 (Scene(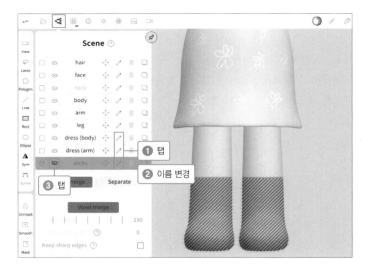))에서 '연필' 아이콘(✎)을 탭하여 모델링의 이름을 각각 'dress(body)', 'dress(arm)', 'socks'로 변경한 다음 'socks' 모델링의 '눈' 아이콘(◎)을 탭하여 숨깁니다.

**05** 오른쪽 메뉴에서 (SelMask)를 선택하고 왼쪽 메뉴에서 (Rect)를 탭하여 발 부분에 마스크를 지접합니다. 상단 메뉴 (Settings(SelMask))에서 Shell thickness를 '0.2', Border smoothness를 '0'으로 설정한 다음 (Extract) 버튼을 탭합니다.

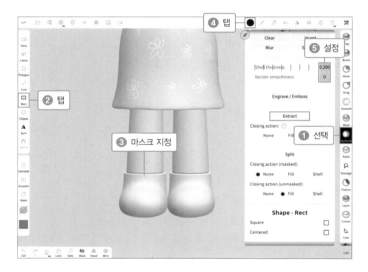

**06** 하단 메뉴에서 (Solo)를 선택하고 (Snap Cube)에서 (Right)를 탭하여 오른쪽 화면에서 신발만 보이게 합니다.

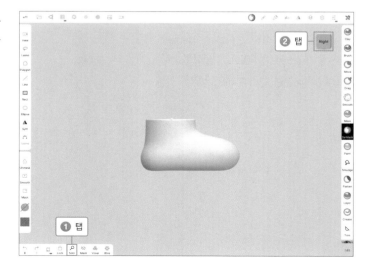

**07** 오른쪽 메뉴에서 (Trim)을 선택하고 왼쪽 메뉴에서 (Polygon)을 탭한 다음 원하는 곳을 탭하여 세 점으로 Polygon의 형태를 만듭니다. 생성된 선 위를 탭하여 점을 추가한 다음 각 점을 드래그하여 형태를 만든 다음 초록색 점을 탭하여 자릅니다.

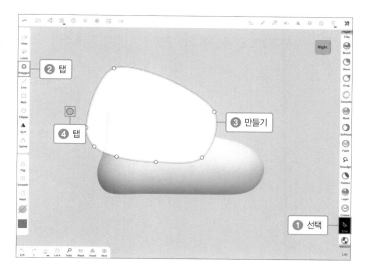

**08** 울퉁불퉁한 형태를 다듬기 위해 상단 메뉴 (Topology(▦))에서 (Multires) 탭을 선택하고 (Subdivide) 버튼을 두 번 탭한 다음 하단 메뉴에서 (Solo)를 탭하여 비활성화합니다.

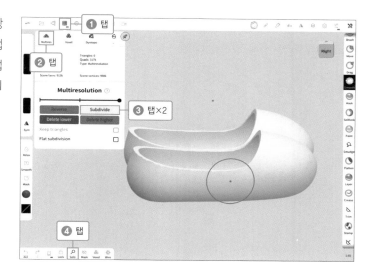

**09** 빈 화면을 드래그하여 정면, 윗면, 옆면이 같이 보일 수 있도록 앵글을 조정합니다.

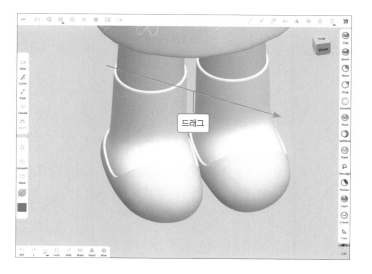

**10** │ 오른쪽 메뉴에서 (Tube)를 선택하고 발의 윗부분에 완만한 곡선을 그려 끈을 만들어 주세요.

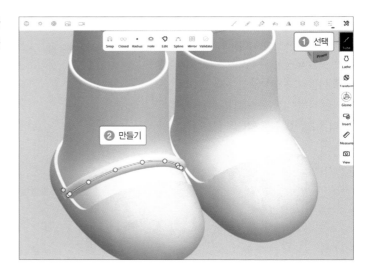

**11** │ 편집 툴에서 (Spline)을 탭하여 Tube를 부드러운 형태로 보정합니다.

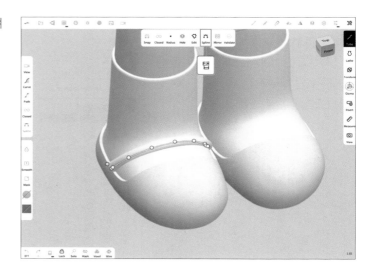

**12** │ 10번~11번과 같은 방법으로 반대쪽 발도 신발의 끈을 만들어 주세요.

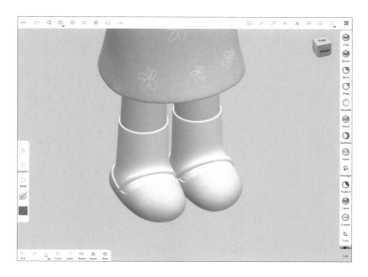

**13** 상단 메뉴 (Scene(아이콘))에서 신발과 끈 모델링을 다중 선택하고 (Simple merge) 버튼을 탭하여 합친 다음 모델링 이름을 'shoes'로 변경합니다.

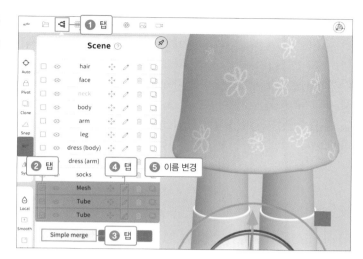

**14** 상단 메뉴 (Painting(아이콘))에서 색상을 '검은색'으로 지정하고 Roughness를 '0.2', Metalness를 '0'으로 설정한 다음 (Paint all) 버튼을 탭합니다.

**15** 완성된 메리제인 구두를 확인합니다.

## 플로피 햇 만들기

01 | 모자를 만들기 위해 상단 메뉴 (Scene
(⟨■⟩))에서 (Cylinder)를 탭하여 실린더를
생성한 다음 Parameter의 Post subdi
vision을 '3'으로 설정하여 얇은 실린더로
만듭니다.

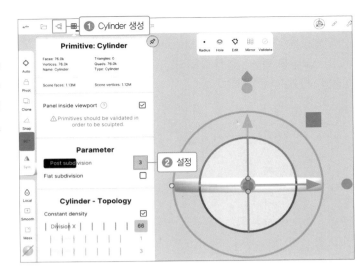

02 | 같은 방법으로 상단 메뉴 (Scene
(⟨■⟩))에서 (Sphere)를 생성한 다음 모자 챙
에 해당하는 실린더와 크기를 맞춘 다음 실
린더의 중앙으로 이동합니다.

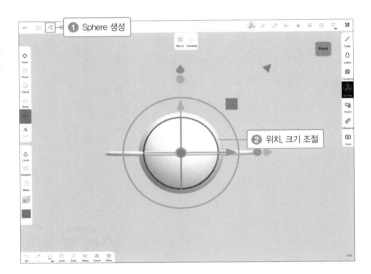

03 | 오른쪽 메뉴에서 (Trim)을 선택하고
왼쪽 메뉴에서 (Rect)를 선택하여 스피어의
아랫부분을 잘라냅니다.

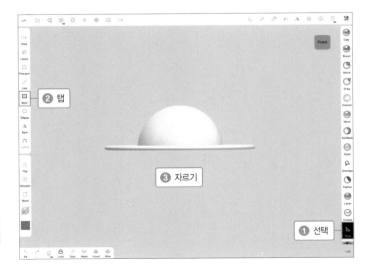

TIP 하단 메뉴에서 (Lock)을 탭하고 잘라내
기를 하면 실수로 실린더를 자르는 것을 방지
할 수 있습니다.

04 | 상단 메뉴 (Scene(⬚))에서 'Cylinder', 'Sphere' 모델링을 다중 선택하고 (Simple merge) 버튼을 탭하여 모델링을 합칩니다.

05 | 합쳐진 오브젝트의 '연필' 아이콘 (⬚)을 탭하여 'hat'으로 오브젝트 이름을 변경합니다.

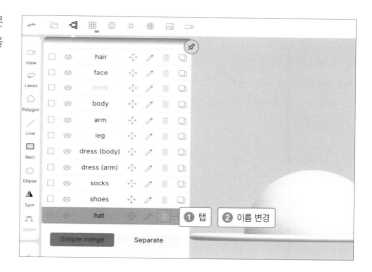

06 | 오른쪽 메뉴에서 (Drag)를 선택하고 모자의 챙 부분을 드래그하여 물결 모양을 만듭니다.

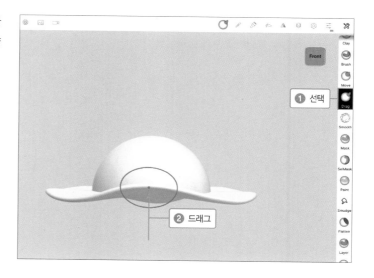

07 | 완성한 모자를 캐릭터에 씌워 줍니다.

## 호보백 만들기

01 | 가방의 몸통을 만들기 위해 상단 메뉴 [Scene([이미지])]에서 [Box]를 탭하여 생성한 다음 Box-Topology의 Division X를 '14', Parameter의 Post subdivision을 '4'로 설정합니다.

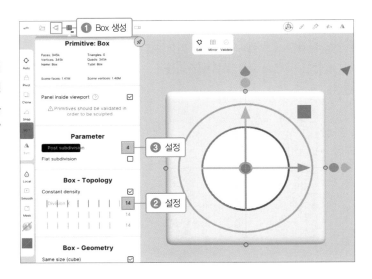

02 | [Gizmo]의 위에 있는 작은 초록색 포인트를 아래로 드래그하여 직사각형 박스로 만들고 파란색 포인트를 드래그하여 폭을 좁힙니다.

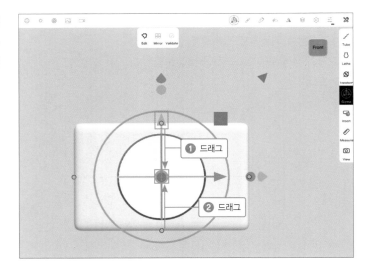

**03** 상단 메뉴 (Symmetry([△]))에서 Planes의 [X]와 [Z]를 선택하고 Method를 'Local'로 선택합니다.

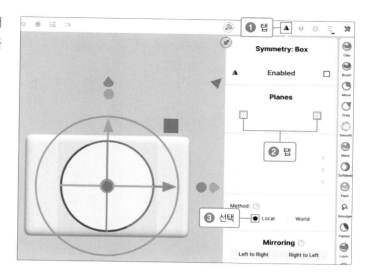

**04** 오른쪽 메뉴에서 [Drag]를 선택하고 가운데 부분을 아래로 드래그하여 그림과 같이 만듭니다. 모양을 만든 다음 오른쪽 메뉴에서 [Smooth]를 탭하고 가방을 문질러 부드러운 형태로 만들어 주세요.

**TIP** 윗부분의 바깥쪽은 안쪽으로, 중앙 부분은 아래쪽으로 드래그하여 가운데 부분이 들어간 좁아지는 형태로 만들고 아랫부분의 바깥쪽은 바깥쪽으로, 중앙 부분은 아래쪽으로 드래그하여 가운데 부분이 볼록하고 넓어지는 형태로 만듭니다.

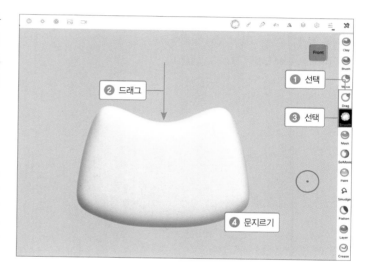

**05** 가방의 손잡이를 만들기 위해 상단 메뉴 [Scene([▣])]에서 [Cylinder]를 탭하여 생성하고 왼쪽 메뉴에서 [Snap]을 탭하고 [Gizmo]의 빨간색 원을 아래로 드래그하여 실린더를 회전합니다.

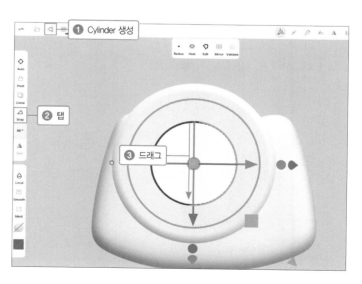

**06** 실린더 (Gizmo)의 파란색 화살표를 위로 드래그하여 위치를 가방 위쪽으로 변경하고 파란색 포인트를 아래로 드래그하여 길쭉한 형태를 만듭니다.

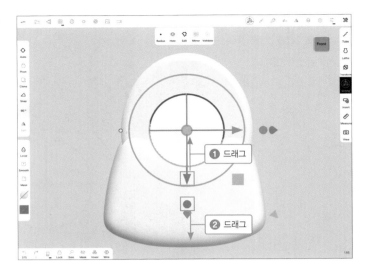

**07** 왼쪽 메뉴에서 (Clone)을 탭하여 실린더를 복제한 다음 (Gizmo)의 주황색 원을 안쪽으로 드래그하여 크기를 줄입니다.

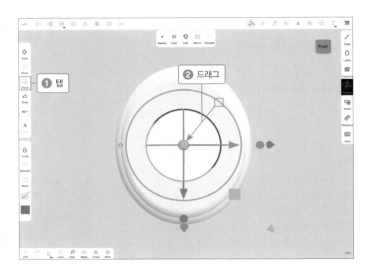

**TIP** 하단 메뉴에서 (Solo)를 탭하면 화면에 실린더만 표시하여 볼 수 있습니다.

**08** 화면을 왼쪽으로 드래그하여 앵글을 이동한 다음 안쪽에 있는 작은 초록색 포인트를 드래그하여 큰 실린더보다 굵게 만듭니다.

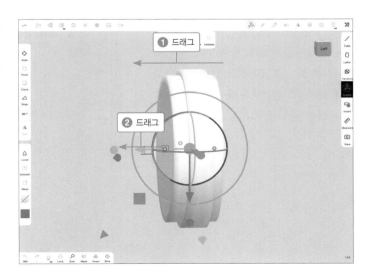

09 상단 메뉴 (Scene(📑))에서 두 개의 'Cylinder' 모델링을 다중 선택하고 아래에 있는 'Cylinder' 모델링의 '눈' 아이콘(👁)을 탭하여 숨겨준 다음 (Voxel merge) 버튼을 탭하여 모델링을 합칩니다.

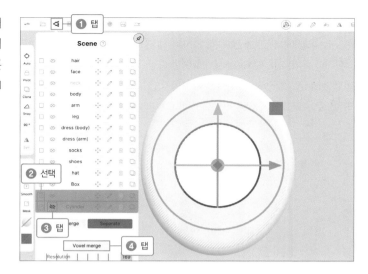

10 오른쪽 메뉴에서 (Smooth)를 선택하고 실린더를 문질러 울퉁불퉁한 실린더를 다듬습니다.

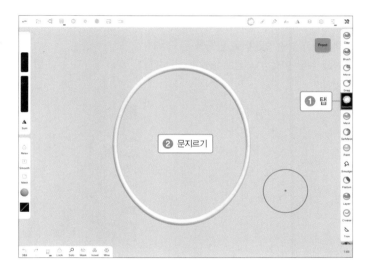

11 오른쪽 메뉴에서 (Trim)을 선택하고 왼쪽 메뉴에서 (Rect)를 탭하여 실린더의 아랫부분을 잘라낸 다음 하단 메뉴에서 (Solo)를 탭하여 비활성화합니다.

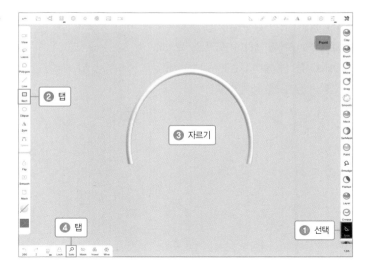

**12** 장식을 만들어 주기 위해 상단 메뉴 〔Scene(▣)〕에서 〔Cylinder〕를 탭하여 생성합니다. 왼쪽 메뉴에서 〔Snap〕을 탭한 다음 〔Gizmo〕의 회전 원에서 빨간색 선을 아래쪽으로 드래그하여 실린더를 회전합니다.

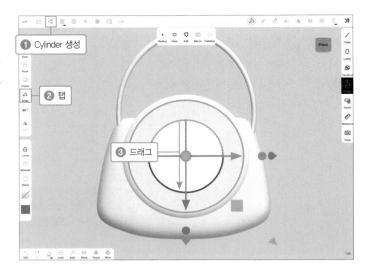

**13** 〔Gizmo〕의 파란색 포인트를 위로 드래그하여 눌린 실린더로 만들어 준 다음 주황색 원을 안쪽으로 드래그하여 크기를 줄입니다.

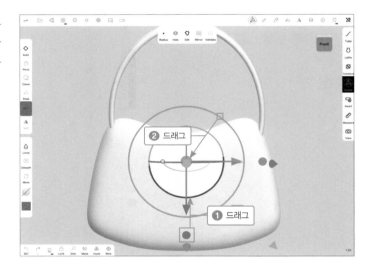

**14** 상단 메뉴 〔Painting(✎)〕에서 Material의 구체를 탭하여 프리셋을 표시하고 'silver'를 선택한 다음 〔Paint all〕 버튼을 탭하여 장신구를 채색합니다.

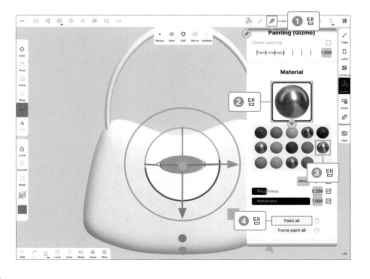

**15** 가방을 선택합니다. 상단 메뉴 (Painting(✒️))에서 색상을 '아이보리색'으로 지정한 다음 Roughness를 '0.5', Metalness를 '0'으로 설정하고 (Paint all) 버튼을 탭합니다.

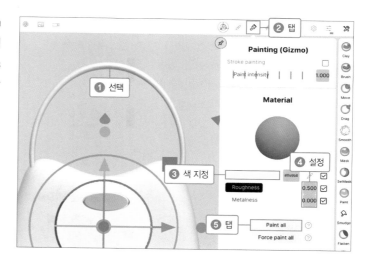

**16** 상단 메뉴 (Scene(🗂️))에서 가방에 해당하는 모델링을 다중 선택하고 (Simple merge) 버튼을 탭하여 모델링을 합칩니다. 합쳐진 모델링의 '연필' 아이콘(✏️)을 탭하여 이름을 'bag'으로 변경합니다.

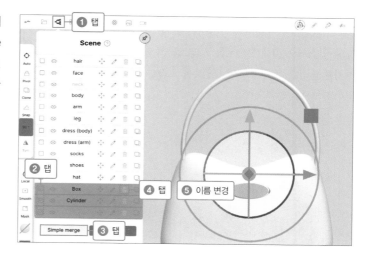

**17** 완성된 가방을 캐릭터의 어깨로 이동하여 완성합니다.

## 목걸이 만들기

**01** 목걸이를 만들기 전에 상단 메뉴
(Scene(⬚))에서 'hair', 'hat' 모델링의
'눈' 아이콘(◉)을 클릭하여 숨겨주세요.

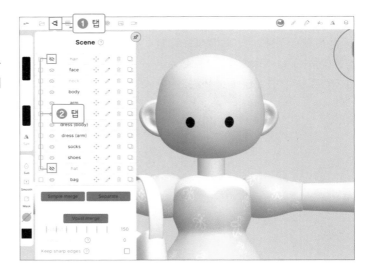

**02** 토러스를 생성하고 캐릭터의 목 둘
레에 맞춰서 노란색 포인트를 드래그하여
크기를 줄이고 작은 초록색 포인트를 드래
그하여 두께를 줄여주세요.

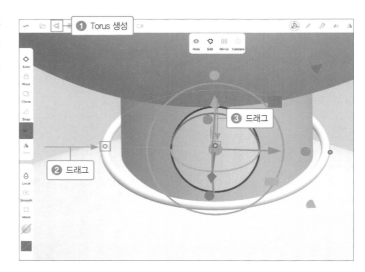

**03** 상단 메뉴 (Painting(✐))에서 색상
을 '흰색'으로 지정하고 Roughness를 '0.2',
Metalness를 '1'로 설정한 다음 (Paint all)
버튼을 탭합니다.

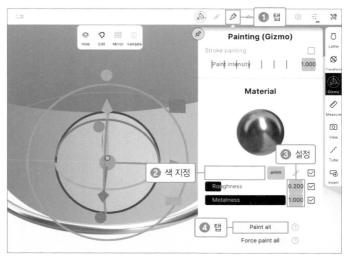

**TIP** 토러스를 선택하고 하단 메뉴에서 (Lock)
을 탭하여 목걸이만 변형할 수 있도록 설정합
니다. 목걸이의 경우 몸에 맞춰서 모양 변형을
주어야 하기 때문에 (Solo)를 사용하는 것보
다는 (Lock)을 사용하는 것을 추천합니다.

**04** 오른쪽 메뉴에서 (Drag)를 선택하고 토러스를 아래쪽으로 드래그하여 목걸이가 자연스럽게 몸에 안착될 수 있도록 만들어 주세요.

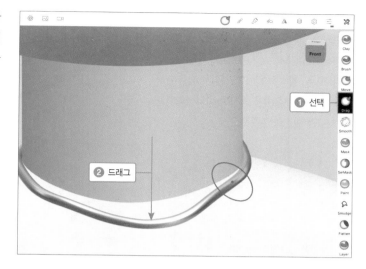

**05** 스피어를 생성하고 은 목걸이 밑으로 이동합니다.

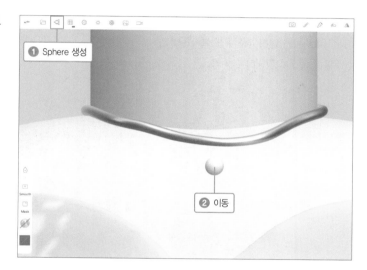

**06** 상단 메뉴 (Painting(✏️))에서 색상을 '연한 노란색'으로 지정하고 Roughness를 '0.6', Metalness를 '0.8'으로 설정한 다음 (Paint all) 버튼을 탭합니다.

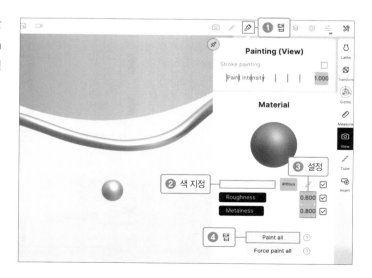

**07** | 오른쪽 메뉴에서 (Transform)을 선택합니다. Transform을 처음 사용할 때는 자동으로 Move, Rotate, Scale 세 개가 모두 활성화됩니다. 왼쪽 메뉴에서 (Scale)과 (Rotate)를 탭하여 비활성화하고 (Move)만 활성화해 주세요.

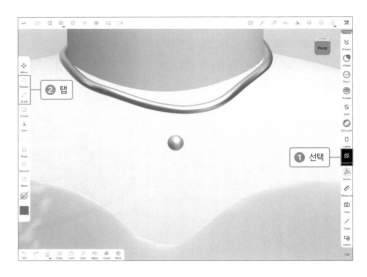

**TIP** 진주와 같이 작은 모델링을 움직일 때 (Gizmo)의 큰 인터페이스가 모델링을 덮어 불편할 수 있습니다. 이럴 때는 (Transform)을 사용하는 것을 추천합니다.

**08** | (Move)만 선택된 상태로 왼쪽 메뉴에서 (Clone)을 탭하여 진주를 복제하며 진주 목걸이를 완성합니다.

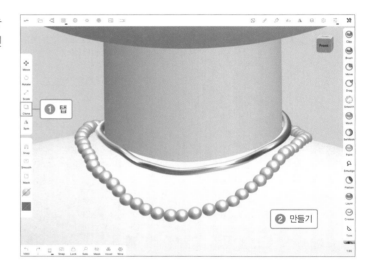

## 귀걸이 만들기

**01** | 상단 메뉴 (Scene (⬚))에서 'hair', 'hat' 모델링의 '눈' 아이콘(◎)을 클릭하여 숨김 해제해 주세요.

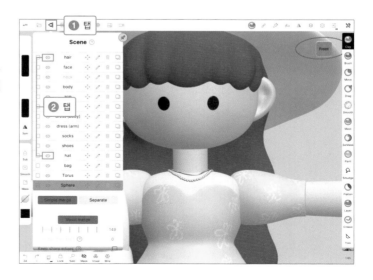

02 [Snap Cube]에서 [Left]를 탭하여 Left View로 시점을 변경합니다. 오른쪽 메뉴에서 [Tube]를 선택하고 왼쪽 메뉴에서 [Curve]를 선택하여 그림과 같이 귀에 거꾸로 뒤집힌 'U'를 만들어 주세요.

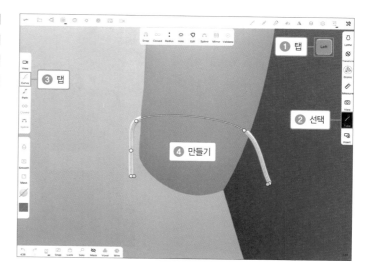

03 [Snap Cube]에서 [Front]를 탭하여 Front View로 시점을 변경한 다음 새로운 스피어를 생성합니다.

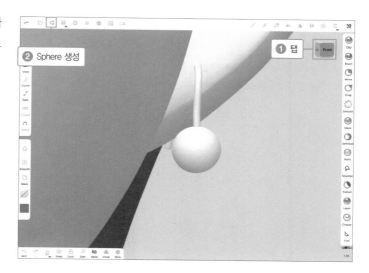

04 실린더를 생성하고 편집 툴에서 [Hole]을 탭합니다. 왼쪽 메뉴에서 [Clone]을 탭하여 실린더를 한 개 더 복제하고 [Gizmo]의 파란색 원을 드래그하여 실린더를 회전합니다.

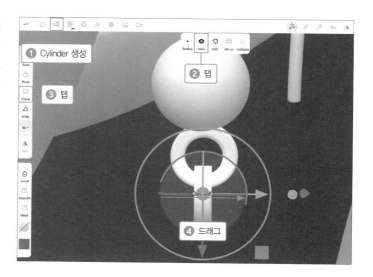

05 | 오른쪽 메뉴에서 (Tube)를 선택하고 왼쪽 메뉴에서 (Curve)를 선택하여 옆으로 눕힌 '8'을 그린 다음 이어서 긴 원을 그립니다. 모양을 잡은 후에는 편집 툴에서 (Closed)를 탭하여 튜브 고리를 닫아 주세요.

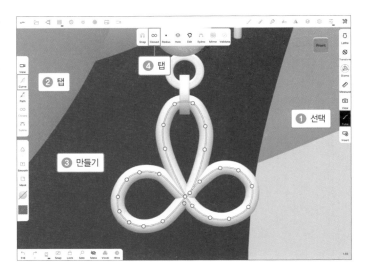

06 | 귀걸이를 선택하고 상단 메뉴 (Painting(✎))에서 색상을 '흰색'으로 지정하고 Roughness를 '0.2', Metalness를 '1'로 설정한 다음 (Paint all) 버튼을 탭합니다.

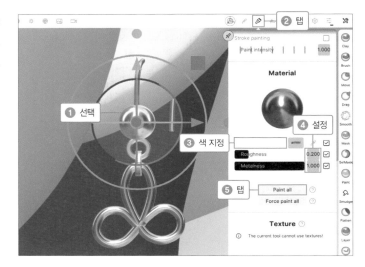

07 | 귀걸이 밑에 스피어를 생성하고 상단 메뉴 (Painting(✎))에서 색상을 '연한 노란색'으로 지정하고 Roughness를 '0.2', Metalness를 '1'으로 설정한 다음 (Paint all) 버튼을 탭합니다.

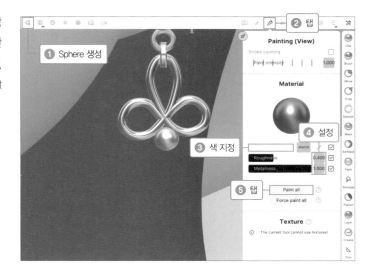

08 │ 스피어를 생성하고 표시되는 설정 창에서 Parameter의 Post subdivision을 '2'로 설정합니다.

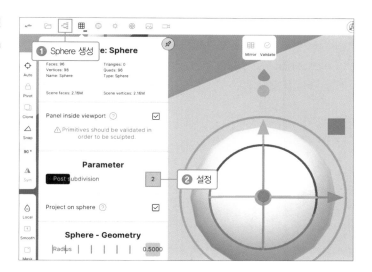

09 │ (Gizmo)의 빨간색 포인트를 왼쪽으로 드래그하여 얇고 좁은 형태로 변형시킵니다.

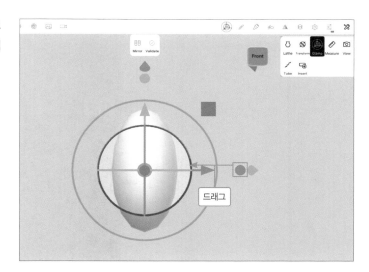

10 │ 큐빅의 위치를 이동한 다음 상단 메뉴 (Painting(펜))에서 색상을 '밝은 하늘색'으로 지정하고 Roughness를 '0.5', Metalness를 '0.4'로 설정한 다음 (Paint all) 버튼을 탭합니다.

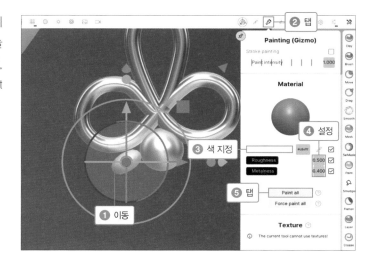

**11** 상단 메뉴 (Material(⬡))에서 'Ref-raction'을 선택하여 재질을 변경하고 Index of Refaction을 '1'로 설정한 다음 (Paint glossy) 버튼을 탭합니다.

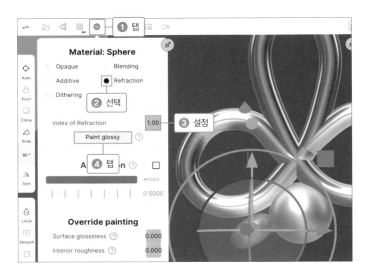

**12** (Gizmo)를 선택한 상태로 왼쪽 메뉴에서 (Clone)을 탭하여 큐빅을 복제하며 진주알을 둘러싸 주세요.

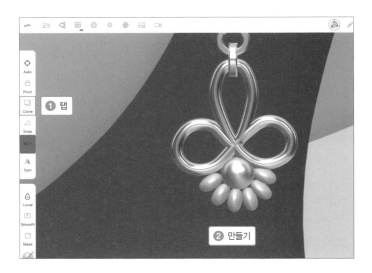

**13** 07번에서 만들었던 진주알을 복제하여 둥근 반원의 형태로 위치를 잡아 주세요.

**14** 상단 메뉴 (Scene(⬛))에서 귀걸이에 해당하는 모델링을 다중 선택하고 (Simple merge) 버튼을 탭하여 병합시킨 다음 '연필' 아이콘(✏)을 탭하여 이름을 'earring'으로 변경합니다.

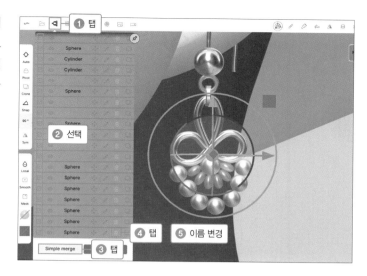

**15** 상단 메뉴 (Scene(⬛))에서 '복제' 아이콘(▢)을 탭하여 귀걸이를 한 개 더 생성한 다음 (Gizmo)의 빨간색 화살표를 드래그하여 반대쪽으로 이동해 주세요.

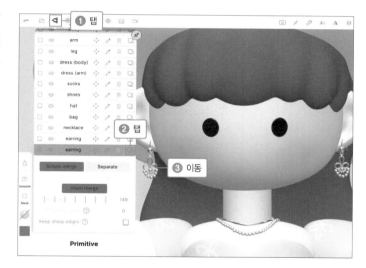

**16** 메타버스 속 나만의 캐릭터를 완성하였습니다.

**TIP** 제공되는 헤어를 삭제하고 원하는 형태의 헤어 스타일을 만들어 보거나 자신이 좋아하는 옷을 입혀 나만의 캐릭터를 꾸며보세요.

# 정원이 있는 울타리 집 만들기

이번 예제에서는 앞서 언급한 다양한 기능들을 다시 한번 활용하여 정원이 있는 집을 만들겠습니다. 그동안 배운 기능들을 생각하여 어떤 기능을 어디서 활용할지 미리 생각해 보면서 차근차근 따라와 주세요.

● 완성 파일 : 04\집_완성.glb

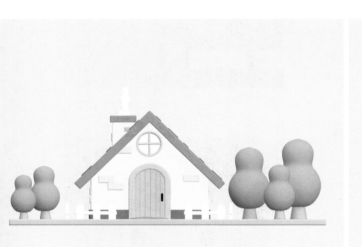

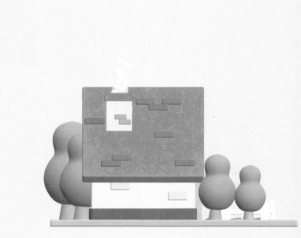

---

**POINT**

❶ Gizmo Snap 기능 사용하여 모델링 회전하기
❷ Voxel merge를 사용하여 모델링 잘라내기
❸ 마스크 기능을 사용하여 모델링 형태 바꾸기
❹ Voxel 기능 사용하기

## 집 형태 만들기

01 | 상단 메뉴 (Files(📁))에서 (New)
버튼을 탭한 다음 (Yes)를 탭하여 새로운
씬을 생성합니다.

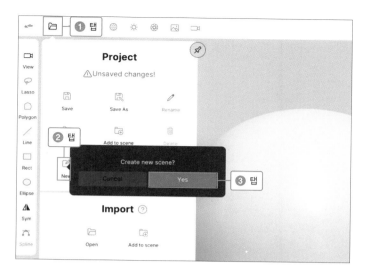

02 | 새로운 프로젝트를 생성하면 화면에
자동으로 스피어가 만들어집니다. 상단 메
뉴 (Scene(🖼️))에서 해당 'Sphere' 레이
어의 '휴지통' 아이콘(🗑️)을 탭하여 삭제합
니다.

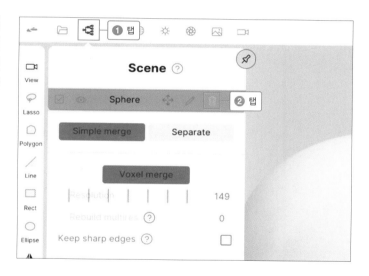

03 | 상단 메뉴 (Scene(🖼️))에서 (Box)
를 탭하여 생성하고 (Gizmo)의 주황색 원
을 안쪽으로 드래그하여 크기를 줄이고 빨
간색 포인트를 왼쪽으로 드래그하여 박스의
너비를 줄입니다.

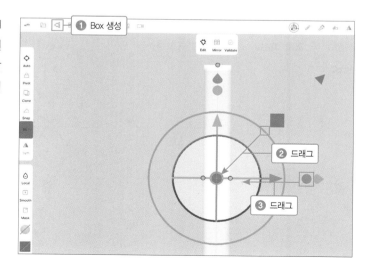

**04** │ 왼쪽 메뉴에서 [Sanp]을 선택하고
'45"로 설정하여 각도를 변경해 주세요.

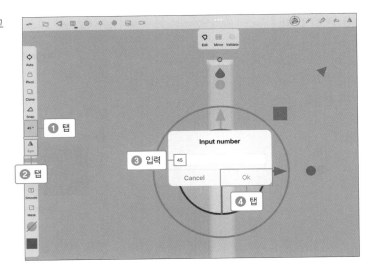

**05** │ [Gizmo]의 파란색 원을 드래그하여
회전한 다음 편집 툴에서 [Mirror]를 탭합
니다.

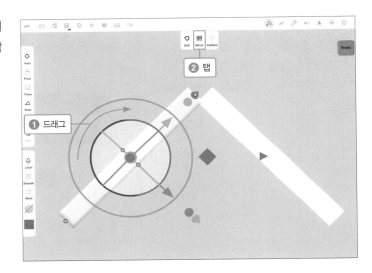

**06** │ [Gizmo]의 초록색 화살표를 드래
그하여 두 개의 박스가 겹치도록 만들어 주
세요.

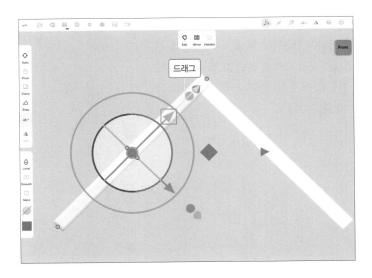

**07** 〔Snap Cube〕에서 〔Right〕를 탭하여 Right View로 시점을 변경한 다음 〔Gizmo〕의 파란색 포인트를 드래그하여 박스 너비를 늘립니다.

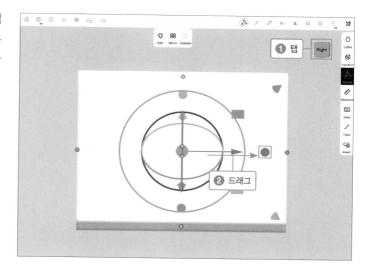

**08** 〔Snap Cube〕에서 〔Front〕를 탭하여 Front View로 시점을 변경한 다음 박스를 생성합니다.

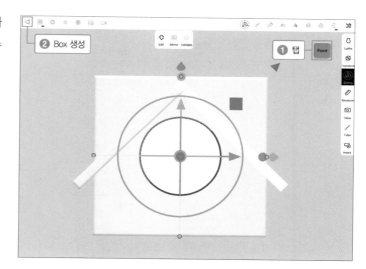

**09** 〔Snap Cube〕에서 〔Right〕를 탭하여 Right View로 시점을 변경한 다음 〔Gizmo〕의 파란색 포인트를 드래그하여 박스 너비를 늘립니다.

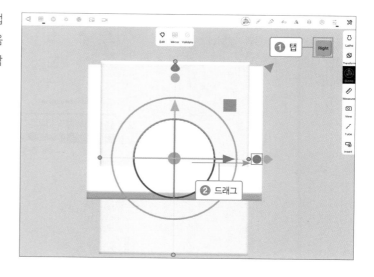

**10** 오른쪽 메뉴에서 (Trim)을 선택하고 왼쪽 메뉴에서 (Line)과 (Sym)을 선택한 다음 박스를 지붕에 맞춰서 잘라 주세요.

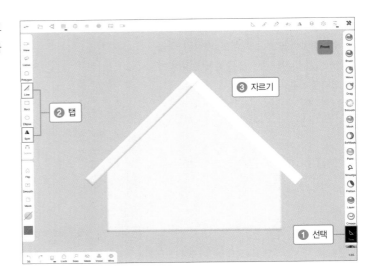

**11** 상단 메뉴 (Scene(🔲))에서 박스를 두 개 생성하여 굴뚝을 만들어 주세요.

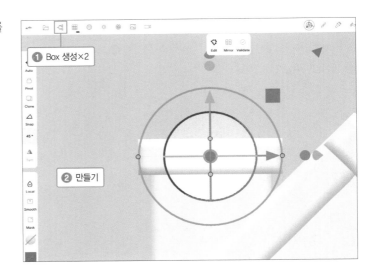

**12** 삽입한 모든 박스를 선택하고 상단 메뉴 (Topology(▦))에서 (Multires) 탭을 선택한 다음 (Subdivide) 버튼을 한 번씩 탭합니다.

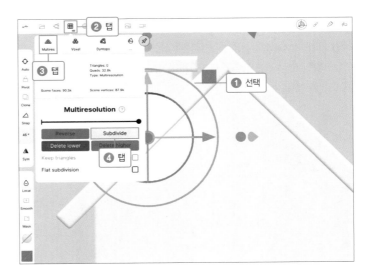

13 | 지붕과 굴뚝을 선택하고 상단 메뉴 (Painting(⬚))에서 Roughness를 '0.5', Metalness를 '0'으로 설정합니다. 색상을 '빨간색'으로 지정하고 (Paint all) 버튼을 탭합니다.

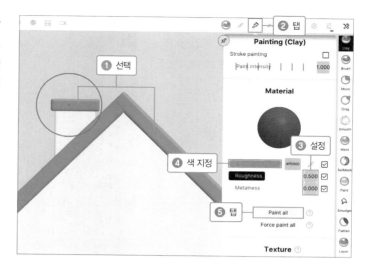

14 | 굴뚝 밑부분과 집을 선택하고 상단 메뉴 (Painting(⬚))에서 Roughness를 '1', Metalness를 '0'으로 설정합니다. 색상을 '연한 노란색'으로 지정하고 (Paint all) 버튼을 탭합니다.

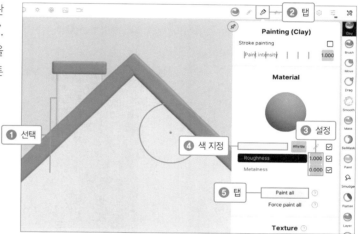

15 | 상단 메뉴 (Scene(⬚))에서 박스를 생성하고 표시되는 창에서 Parameter의 Post subdivision을 '4'로 설정합니다.

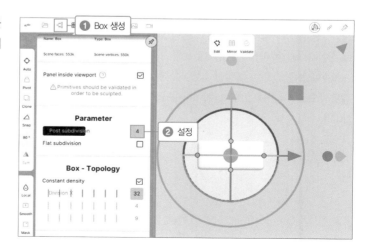

16 | 왼쪽 메뉴에서 (Sanp)을 선택하고 '45°'로 설정하여 각도를 변경합니다. (Gizmo)의 파란색 원을 드래그하여 박스를 회전합니다.

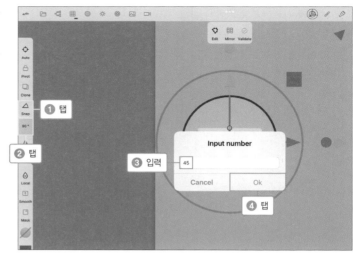

17 | 회전한 박스 위치를 지붕 위로 변경한 다음 상단 메뉴 (Painting(🖌))에서 Roughness를 '1', Metalness를 '0'으로 설정합니다. 색상을 '짙은 빨간색'으로 지정하고 (Paint all) 버튼을 탭합니다.

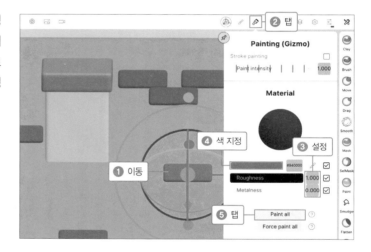

18 | 굴뚝에도 박스를 생성하고 상단 메뉴 (Painting(🖌))에서 Roughness를 '1', Metalness를 '0'으로 설정합니다. 색상을 '황토색'으로 지정하고 (Paint all) 버튼을 탭합니다.

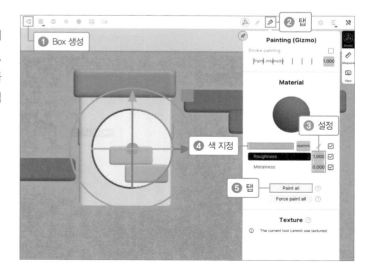

**19** 오른쪽 메뉴에서 (SelMask)를 선택하고 왼쪽 메뉴에서 (Rect)를 탭합니다. 집의 밑부분을 선택하여 마스크를 지정합니다.

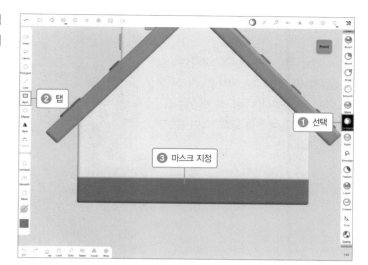

**TIP** 이때 트림을 이용하여 잘라낼 부분을 생각해서 조금 더 넓게 마스크를 씌워주세요.

**20** 상단 메뉴 (Settings(SelMak))에서 Shell thickness '0.2'로 설정하고 Closing action을 'Shell'로 선택한 다음 (Extract) 버튼을 탭합니다.

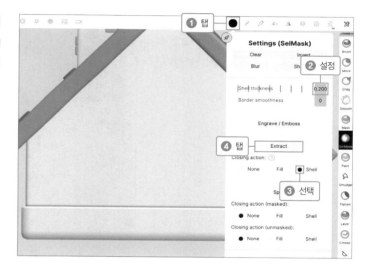

**TIP** 다음 단계로 넘어가기 전에 집을 선택하고 마스크를 꼭 지워주세요.

**21** 오른쪽 메뉴에서 (Trim)을 선택하고 왼쪽 메뉴에서 (Rect)를 선택하여 집의 밑부분을 잘라냅니다. 상단 메뉴 (Painting (🖌))에서 Roughness를 '1', Metalness 를 '0'으로 설정합니다. 색상을 '짙은 회색' 으로 지정하고 (Paint all) 버튼을 탭합니다.

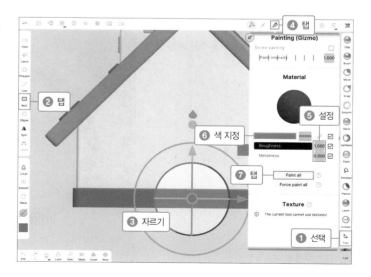

## 집 세부 요소 만들기

01 | 상단 메뉴 (Scene([이미지]))에서 실린더를 생성합니다. 왼쪽 메뉴에서 (Sanp)을 탭하고 '90°'로 설정하여 각도를 변경합니다. (Gizmo)의 빨간색 원을 드래그하여 실린더를 회전합니다.

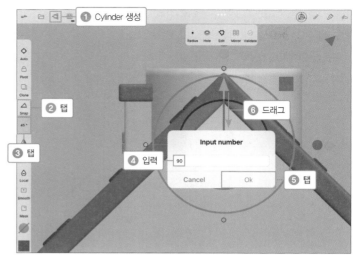

02 | 실린더의 위치를 이동합니다. 오른쪽 메뉴에서 (SlelMask)를 선택하고 왼쪽 메뉴에서 (Ellipse)를 선택하여 실린더에 마스크를 지정합니다.

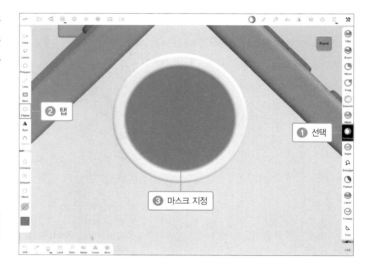

**TIP** 상단 메뉴 (Settings(SelMak))에서 Shape-Ellipse의 Circle과 Centered를 활성화하면 원형을 조금 더 쉽게 그릴 수 있습니다.

03 | 상단 메뉴 (Settings(SelMak))에서 (Invert) 버튼을 탭하여 마스크 부분을 반전시킵니다.

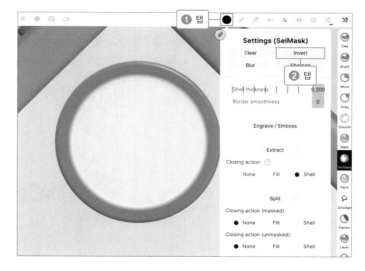

**04** 오른쪽 메뉴에서 (Gizmo)를 선택하고 초록색 화살표를 드래그하여 실린더의 모양을 변형시켜 주세요.

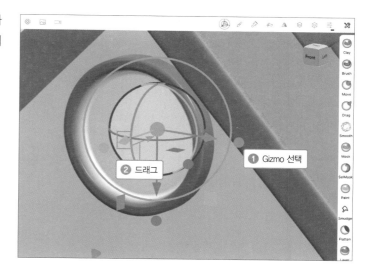

**05** 상단 메뉴 (Scene(▦))에서 박스를 생성하여 그림과 같이 창틀을 만듭니다.

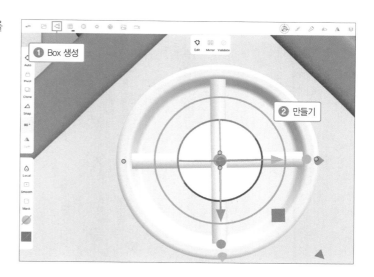

**06** 창틀을 선택한 다음 상단 메뉴 (Painting(✏))에서 Roughness를 '1', Metalness를 '0'으로 설정합니다. 색상을 '노란색'으로 지정하고 (Paint all) 버튼을 탭합니다.

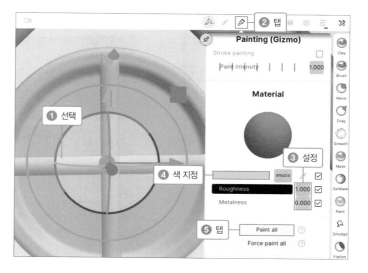

**07** 상단 메뉴 (Scene(⬚))에서 실린더를 생성하여 그림과 같이 유리창을 만들고 상단 메뉴 (Painting(✐))에서 Roughness를 '1', Metalness를 '0'으로 설정합니다. 색상을 '연한 하늘색'으로 지정하고 (Paint all) 버튼을 탭합니다.

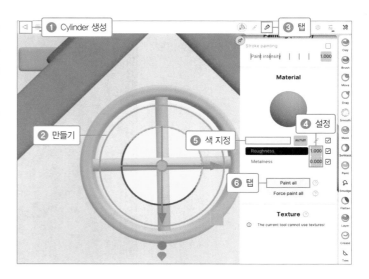

**08** 실린더를 두 개 생성하고 실린더 한 개의 크기를 베이스 실린더보다 작고 길게 만들어 주세요.

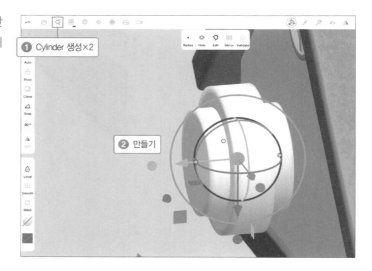

**09** 상단 메뉴 (Scene(⬚))에서 두 개의 실린더 모델링을 다중 선택하고 작은 실린더 모델링의 '눈' 아이콘(⬚)을 탭하여 숨겨 주세요.

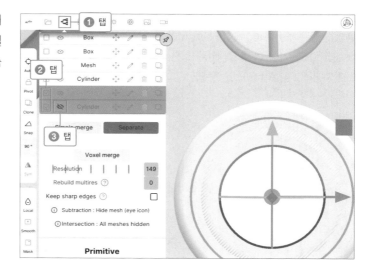

10 〔Voxel merge〕 버튼을 탭하여 베이스 실린더를 잘라냅니다.

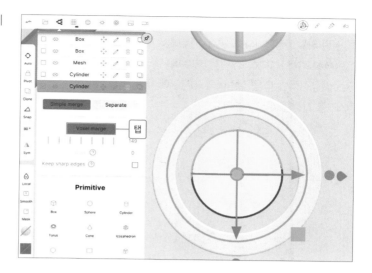

11 오른쪽 메뉴에서 〔Trim〕을 선택하고 오른쪽 메뉴에서 〔Rect〕를 선택합니다. 캔버스를 드래그하여 실린더를 반으로 잘라주세요.

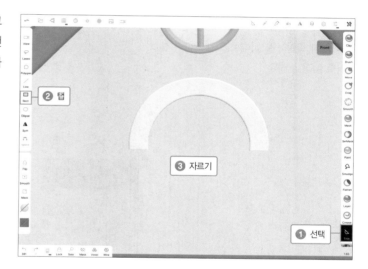

12 오른쪽 메뉴에서 〔SelMask〕를 선택하고 왼쪽 메뉴에서 〔Rect〕를 선택한 다음 실린더의 윗부분만 마스크를 지정합니다. 오른쪽 메뉴에서 〔Gizmo〕를 선택하고 파란색 화살표를 아래쪽으로 드래그하여 문틀을 만듭니다.

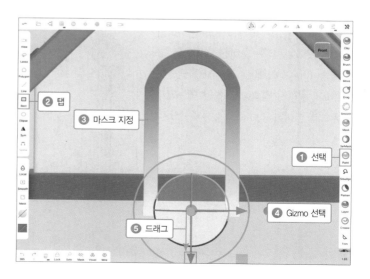

TIP 문틀이 완성되면 마스크를 꼭 지워주세요.

**13** | 상단 메뉴 (Scene(▦))에서 문이 될 실린더를 생성합니다. 오른쪽 메뉴에서 (SelMask)를 선택하고 왼쪽 메뉴에서 (Rect)를 선택한 다음 실린더의 윗부분에 마스크를 지정합니다.

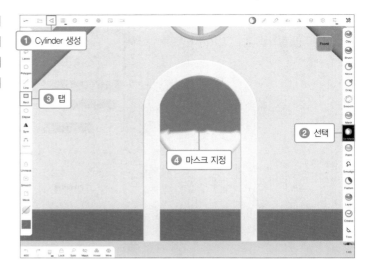

**14** | 오른쪽 메뉴에서 (Gizmo)를 선택하고 파란색 화살표를 아래로 드래그하여 실린더를 늘려 주세요.

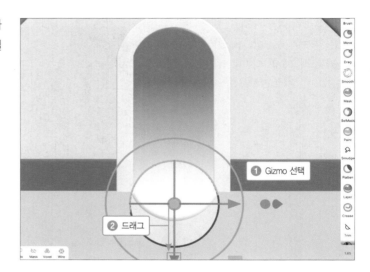

**15** | 하단 메뉴에서 (Wire)를 선택하여 활성화하면 실린더의 늘어진 와이어를 볼 수 있습니다. 이 상태에서 잘라내면 단면이 깔끔하게 잘리지 않습니다. 하단 메뉴에서 (Voxel)을 탭하여 Remeshed해 주세요.

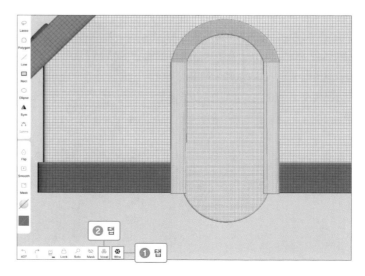

16 │ 오른쪽 메뉴에서 (Trim)을 선택하고 왼쪽 메뉴에서 (Rect)를 선택하여 문을 자릅니다.

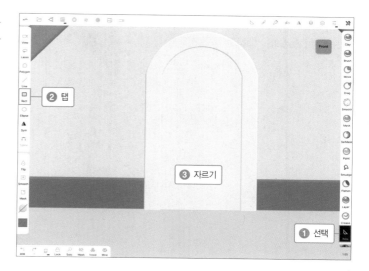

17 │ 상단 메뉴 (Painting(✏️))에서 '스포이트' 아이콘(✏️)을 탭하여 창틀과 같은 색을 추출하여 문틀을 채색합니다.
문은 Roughness를 '1', Metalness를 '0'으로 설정하고 색상을 '황토색'으로 지정한 다음 (Paint all) 버튼을 탭합니다.

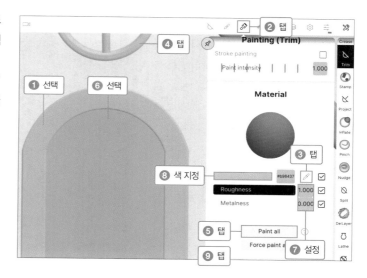

18 │ 오른쪽 메뉴에서 (Split)를 선택하고 왼쪽 메뉴에서 (Rect)를 선택하여 그림과 같이 문을 나눕니다.

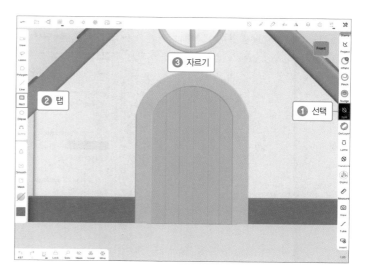

**19** 각각의 문 조각들을 선택하고 하단 메뉴에서 (Voxel)을 탭하여 문의 형태를 잡습니다.

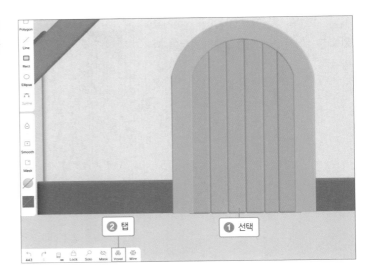

**20** 상단 메뉴 (Scene(⊞))에서 토러스를 생성하여 문의 손잡이를 만듭니다. 상단 메뉴 (Painting(✎))에서 Roughness를 '0', Metalness를 '1'로 설정하고 색상을 '검은색'으로 지정한 다음 (Paint all) 버튼을 탭합니다.

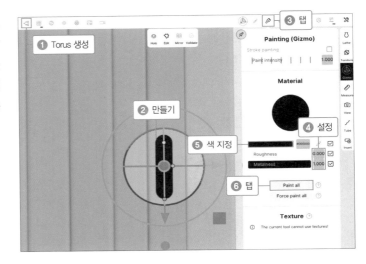

**21** 상단 메뉴 (Scene(⊞))에서 박스를 생성하고 (Topology(▦))에서 Parameter의 Post subdivision을 '4'로 설정합니다.

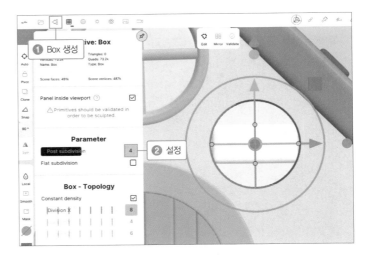

**22** 상단 메뉴 [Painting(✏️)]에서 Roughness를 '0', Metalness를 '1'로 설정하고 색상을 '연한 노란색'으로 지정한 다음 [Paint all] 버튼을 탭합니다.

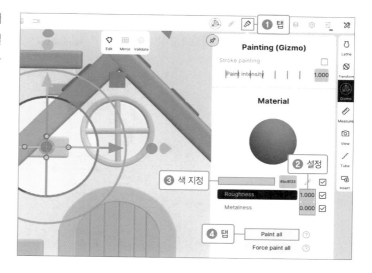

**23** 빈 화면을 드래그하여 Top View로 시점을 변경합니다. 오른쪽 메뉴에서 [Trim]을 선택하고 왼쪽 메뉴에서 [Rect]를 선택하여 굴뚝에 구멍을 만들어 주세요.

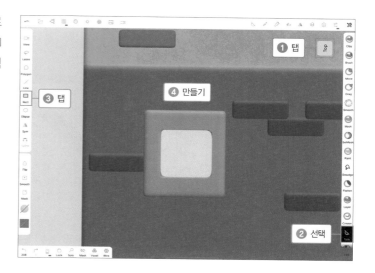

**24** 상단 메뉴 [Scene(🔲)]에서 굴뚝에 스피어를 추가하여 연기를 만든 다음 연기에 해당하는 스피어들을 다중 선택한 다음 [Simple merge] 버튼을 탭하여 병합합니다.

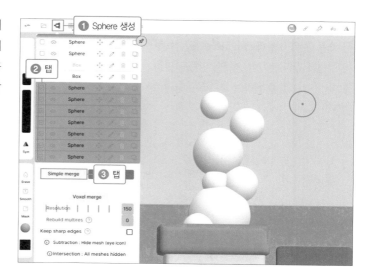

**25** | 연기를 선택하고 상단 메뉴 [Material(⊙)]에서 'Blending'을 선택하고 Opacity를 '0.5'로 설정합니다.

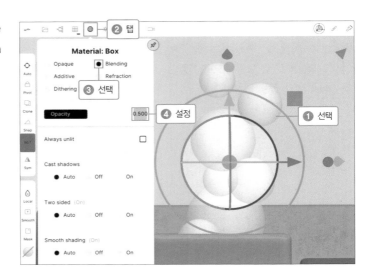

## 집 정원 꾸미기

**01** | 상단 메뉴 [Settings(⊙)]에서 [Grid]를 탭하여 화면에 그리드를 생성합니다.

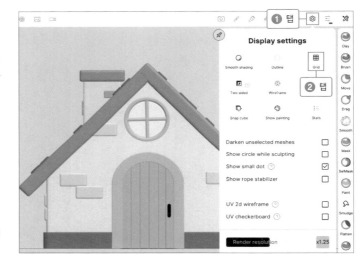

**TIP** 그리드의 높이가 맞지 않는다면 Gird 설정에서 위치를 변경해 주세요.

**02** | 오른쪽 메뉴에서 [Lathe]를 선택한 다음 왼쪽 메뉴에서 [Curve]를 선택하여 그림과 같이 눈사람 형태를 만들고 편집 툴에서 [Spline]을 탭하여 부드러운 형태로 만들어 주세요.

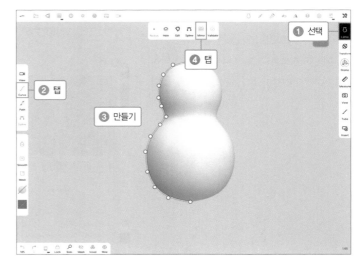

**TIP** [Validate]를 탭하기 전에는 형태를 쉽게 바꿀 수 있습니다. 각각의 포인트를 드래그하여 모양을 다듬어 주세요. 검은색 포인트는 직선, 흰색 포인트는 곡선으로 표현됩니다.

**03** 상단 메뉴 (Scene(📷))에서 실린더를 생성하고 편집 툴에서 (Rdius)를 탭한 다음 노란색 포인트를 드래그하여 윗면이 더 좁은 실린더를 만들어 주세요.

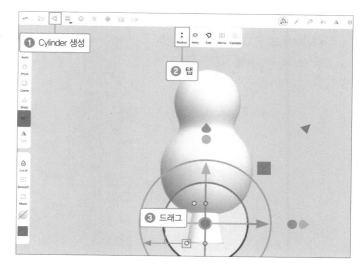

**04** 나무 풀을 선택하고 상단 메뉴 (Painting(✏️))에서 Roughness를 '0', Metalness를 '1'로 설정합니다. 색상을 '연한 초록색'으로 지정하고 (Paint all) 버튼을 탭합니다.

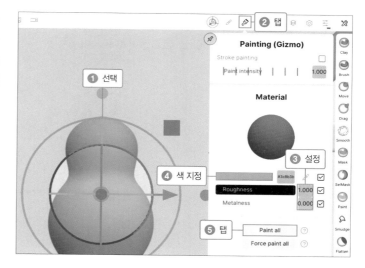

**05** 나무 기둥을 선택하고 상단 메뉴 (Painting(✏️))에서 Roughness를 '0', Metalness를 '1'로 설정합니다. 색상을 '황토색'으로 지정하고 (Paint all) 버튼을 탭합니다.

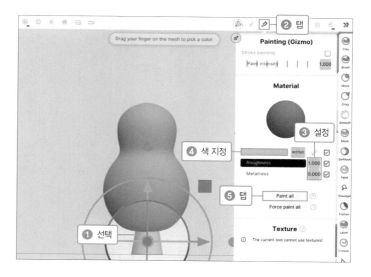

06 〔Gizmo〕를 선택한 상태로 왼쪽 메뉴에서 〔Clone〕을 탭하여 나무를 복제합니다. 〔Gizmo〕의 화살표를 드래그하여 나무를 집 주변에 배치합니다.

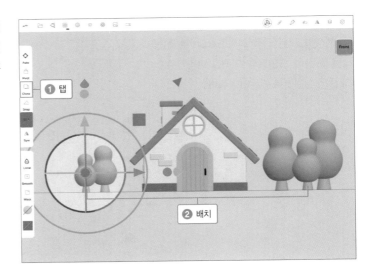

07 상단 메뉴 〔Scene(🎬)〕에서 박스를 생성하고 하단 메뉴에서 〔Voxel〕을 탭합니다.

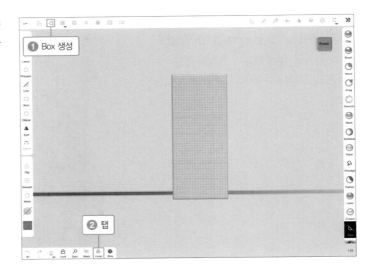

08 상단 메뉴 〔Symmetry(△)〕에서 Method를 'Local'로 선택하고 Advanced에서 'Show line'을 체크 표시하여 활성화합니다.

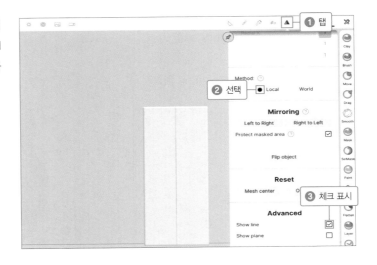

09 | 오른쪽 메뉴에서 (Trim)을 선택하고 왼쪽 메뉴에서 (Sym)과 (Line)을 선택하여 그림과 같이 박스의 윗면을 잘라 주세요.

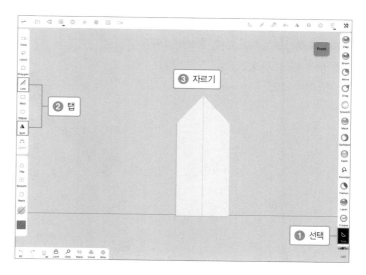

10 | 박스를 선택하고 왼쪽 메뉴의 (Clone)을 탭하여 두 개 복제합니다. 상단 메뉴 (Scene(⬚))에서 새로운 박스를 생성하고 긴 직사각형 모양으로 조절하여 울타리를 만들어 주세요.

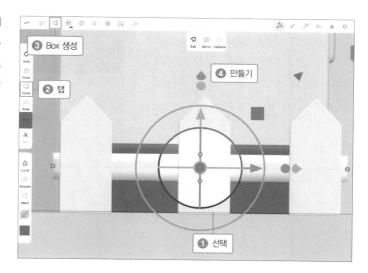

11 | 완성된 울타리를 복제하여 집을 둘러싼 형태로 만들어 주세요.

12 │ 상단 메뉴 (Scene())에서 새로운 스피어를 생성하고 (Gizmo)의 초록색 포인트를 아래쪽으로 드래그하여 납작한 원형으로 만들어 주세요.

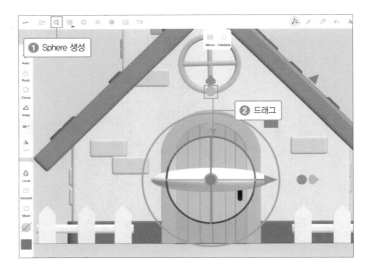

13 │ (Snap Cube)에서 (Top)을 탭하여 Top View로 시점을 변경합니다. (Gizmo)가 선택되어 있는 상태로 왼쪽 메뉴의 (Clone)을 탭하여 원형을 복제하고 위치와 크기를 조절합니다.

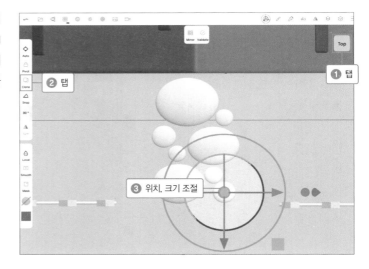

14 │ 오른쪽 메뉴에서 (Drag)를 선택하고 상단 메뉴 (Symmetry())에서 Planes의 (Y)만 선택하여 활성화합니다.

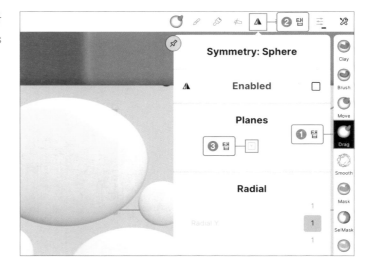

**15** (Drag)로 돌의 형태를 잡아준 다음 상단 메뉴 (Painting(🖌))에서 Roughness 를 '0', Metalness를 '1'로 설정합니다. 색상 을 '회갈색'으로 지정하고 (Paint all) 버튼을 탭합니다.

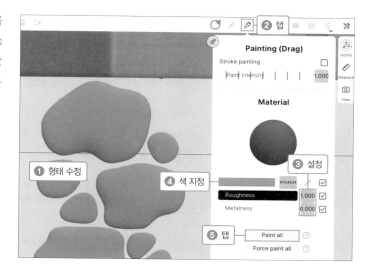

**16** 상단 메뉴 (Scene(🔲))에서 바닥이 될 박스를 생성합니다. 상단 메뉴 (Painting (🖌))에서 Roughness를 '0', Metalness 를 '1'로 설정하고 색상을 '연두색'으로 지정 한 다음 (Paint all) 버튼을 탭합니다.

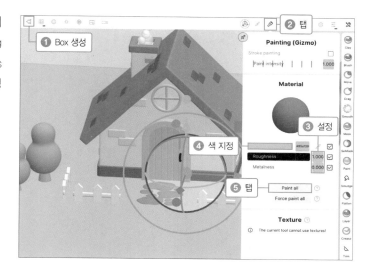

**17** 정원이 있는 집을 완성하였습니다.

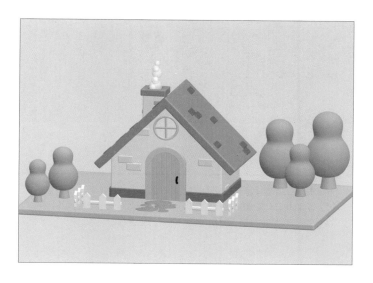

SPECIAL 02

# 프로크리에이트를 활용하여 애니메이션 만들기

노마드 스컬프에는 애니메이션 기능이 없어 애니메이션을 만들고 싶을 때는 다른 소프트웨어를 사용해야 합니다. 이번 예제에서는 프로크리에이트의 애니메이션 어시스턴트를 사용하여 애니메이션을 만들어 보겠습니다.

- 예제 파일 : 04\TV.glb, 노이즈1.jpg, 노이즈2.jpg 튤립.jpg, 자동차.jpg
- 완성 파일 : 04\TV_완성.glb, TV_완성.procreate, TV_완성.gif

## POINT

❶ 노마드 스컬프에 이미지 첨부하기
❷ Falloff 그래프 활용하기
❸ 프로크리에이트를 활용하여 애니메이션 만들기

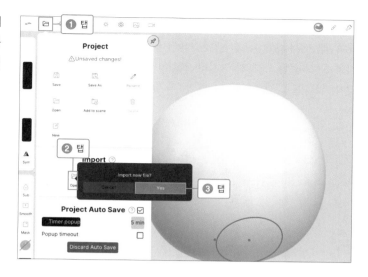

01 상단 메뉴 (Files(📁))에서 Import의 (Open)을 탭한 다음 (Yes)를 탭하고 04 폴더에서 'TV.glb' 파일을 선택한 다음 불러옵니다.

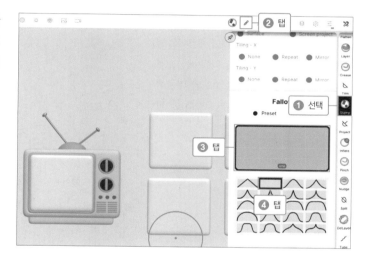

02 오른쪽 메뉴에서 (Stamp)를 선택하고 상단 메뉴 (Stroke(✏️))에서 Falloff 그래프를 탭한 다음 두 번째 'one' 그래프를 선택합니다.

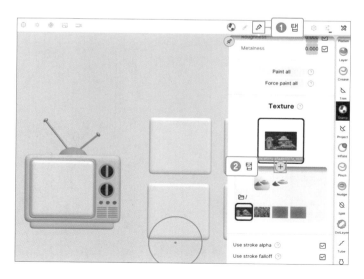

03 상단 메뉴 (Painting(🖌️))에서 Texture의 (+) 버튼을 탭하고 04 폴더에서 '노이즈 1.jpg', '노이즈2.jpg', '튤립.jpg', '자동차.jpg' 파일을 선택한 다음 불러옵니다.

**04** Texture에서 이미지를 선택하고 오른쪽 메뉴에서 [Stamp]를 선택한 다음 사각형 오브젝트를 드래그하여 화면 크기에 맞춰 이미지를 삽입합니다.

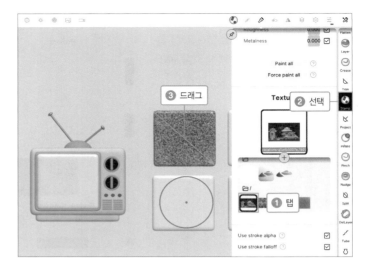

**05** 스탬프로 이미지를 찍으면 이미지의 위아래가 반전되어 나타납니다. 오른쪽 메뉴에서 [Gizmo]를 선택하고 왼쪽 메뉴에서 [Snap]을 선택한 다음 [Gizmo]의 파란색 원을 드래그하여 상하 반전된 이미지를 회전합니다.

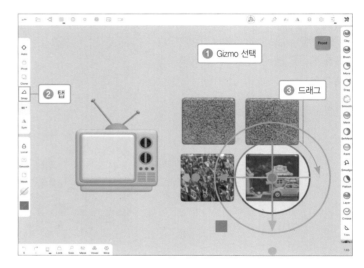

**06** [Gizmo]의 빨간색 화살표를 드래그하여 각각의 화면을 TV 화면으로 이동합니다.

07 │ 화면에 맞춰 버튼을 회전하겠습니다. 왼쪽 메뉴에서 (Snap)을 선택하고 각도를 '45"로 설정한 다음 (Gizmo)의 파란색 원을 드래그하여 버튼을 회전합니다.

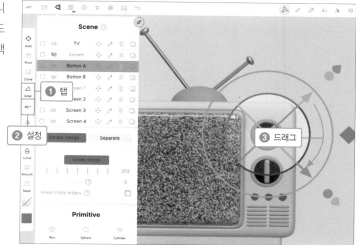

08 │ 상단 메뉴 (Files(📁))에서 Render의 (Export png) 버튼을 탭하여 이미지를 저장합니다.

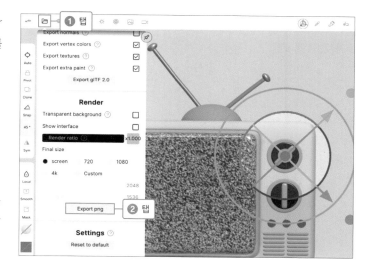

**TIP** 이때 화면마다 TV 위치가 이동하지 않게 조심해서 이미지를 저장합니다. TV 위치가 이동하면 애니메이션을 만들 때 자연스럽게 애니메이션이 동작하지 않습니다.

09 │ 프로크리에이트에서 새 캔버스를 불러옵니다. (동작(🏹)) → (추가) → (사진 삽입하기)를 선택하여 저장한 이미지를 불러옵니다.

10 (동작(🔧)) → (캔버스)에서 (애니메이션 어시스트)를 활성화합니다.

11 하단 메뉴에서 (설정)을 탭하고 (루프)를 선택합니다.

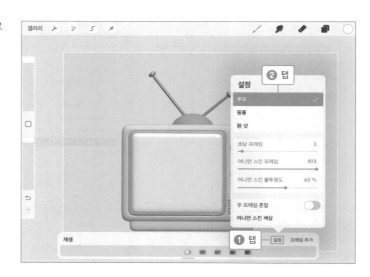

12 (동작(🔧)) → (공유) → (움직이는 GIF)를 선택합니다.

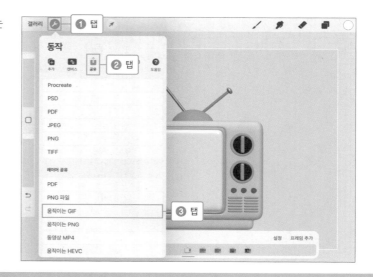

13 | 표시되는 화면에서 초당 프레임을
'3'으로 설정하고 [내보내기] 버튼을 탭하여
저장합니다.

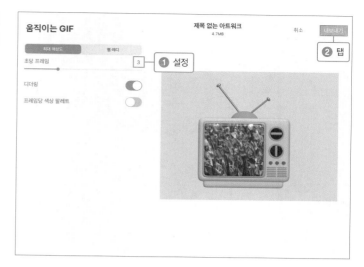

14 | 노마드 스컬프와 프로크리에이트를 사용하여 간단한 애니메이션을 완성하였습니다.

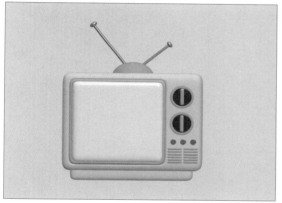

# 3D DESIGN

## NOMAD SCULPT
### A SCULPTING AND PAINTING MOBILE APPLICATION

Part 5

# 게임 아이템부터
# 캐릭터 만들기

3D 기본기와 기본 오브젝트 제작 방법을 학습하였다면, 실전으로 게임 아이템과 게임 캐릭터를 제작해 보겠습니다. 지금까지 배운 기능으로 다양한 형태와 재질의 게임 아이템을 제작한 다음 각종 아이템을 장착한 인물 형태의 게임 캐릭터를 만들어 보겠습니다. 캐릭터 제작이 완성되었다면 3D 프린터를 이용하여 출력하는 방법까지 알아봅시다.

# 투명한 유리 재질의 물약 만들기

이번에는 게임 아이템으로 주로 사용되고 있는 물약을 만들려고 합니다. 보시는 것처럼 모델링의 난이도는 낮지만 오브젝트의 재질과 색상이 중요한 요소로 작용되기 때문에, 일반적인 작업보다 어려울 수도 있습니다. 예쁜 색감을 만들어 내기 위해 최대한 비슷하게 만들어 보시기 바랍니다.

● 완성 파일 : 05\물약_완성.glb

## POINT

❶ Sphere와 Cylinder을 이용한 물약 만들기
❷ Lathe 기능을 이용한 물약 만들기
❸ 투명한 유리 재질 만들기

## 동그란 물약 병 만들기

01 상단 메뉴 (Files(📁))에서 (New)를 탭하여 새로운 씬을 생성합니다.

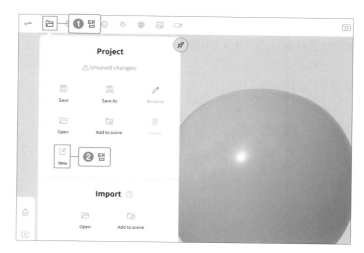

02 새로운 프로젝트를 생성하면 화면에 자동으로 스피어가 만들어집니다. 기본 생성되어 있는 스피어 모델링을 물약의 몸통으로 활용하겠습니다. 물약의 입구와 마개를 만들기 위해 상단 메뉴 (Scene(🎬))에서 (Cylinder)를 탭하여 모델링을 생성합니다.

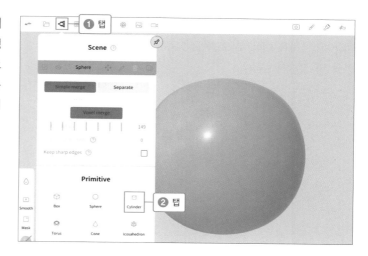

03 생성된 실린더 모델링을 선택하고 (Gizmo)의 주황색 원을 안쪽으로 드래그하여 크기를 줄입니다.

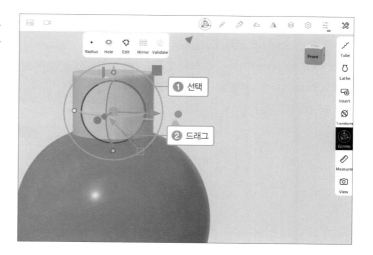

**04** 〔Gizmo〕가 선택된 상태로 왼쪽 메뉴에서 〔Clone〕을 탭하여 모델링을 복제하고 크기를 줄여 스피어와 실린더 모델링 사이로 위치를 이동합니다.

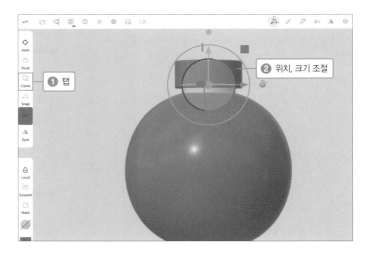

**05** 한 번 더 왼쪽 메뉴에서 〔Clone〕을 탭하여 복제하고 위쪽으로 모델링을 이동하여 물병의 뚜껑을 만듭니다.

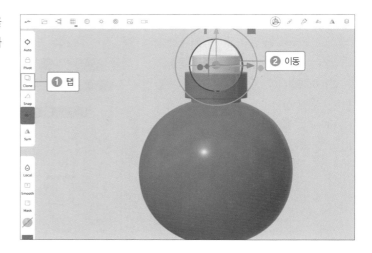

**06** 상단 메뉴 〔Scene(🔲)〕에서 물병의 입구가 되는 모델링과 몸통 모델링을 다중 선택합니다. Resolution을 '300'으로 설정하고 〔Voxel merge〕 버튼을 탭하여 모델링을 하나로 합칩니다.

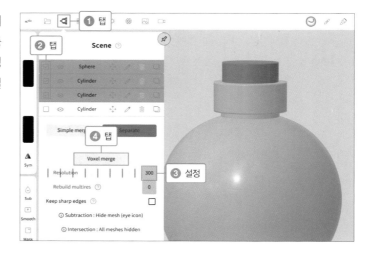

**07** | 왼쪽 메뉴에서 (Smooth)를 선택하고 모델링을 부드럽게 문질러 매끄럽게 만듭니다.

**08** | 상단 메뉴 (Material([⊕]))에서 'Refraction'을 선택하면 오브젝트가 주변 사물을 반사하는 재질로 바뀝니다. 이때 Index of Refraction을 '1.6'으로 설정하고 (Paint glossy) 버튼을 탭하여 굴절률을 적용합니다.

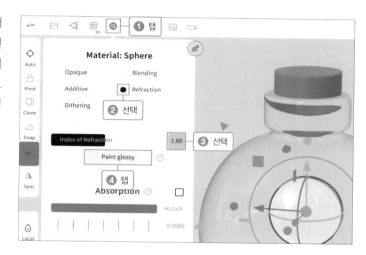

**09** | 뚜껑 모델링을 선택하고 왼쪽 메뉴 (Material([●]))에서 Roughness를 '0.6', Metalness를 '0'으로 설정합니다. 색상을 '갈색'으로 지정한 다음 (Paint all) 버튼을 탭하여 재질과 색상을 적용합니다.

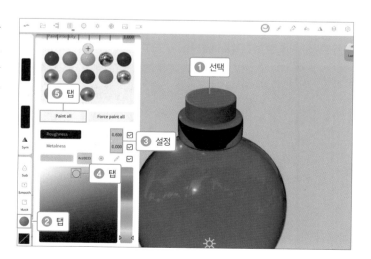

**10** │ 상단 메뉴 (Background(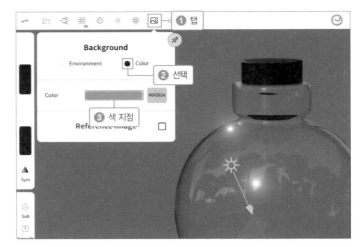))에서 'Color'를 선택하고 색상을 지정하여 변경합니다.

**TIP** 오브젝트 색상과 배경 색상은 작업하면서 분위기에 맞춰 계속해서 바뀔 수 있습니다. 처음부터 너무 색 지정에 얽매일 필요는 없습니다.

## 동그란 물약과 기포 만들기

**01** │ 물약을 표현하기 위해 상단 메뉴 (Scene(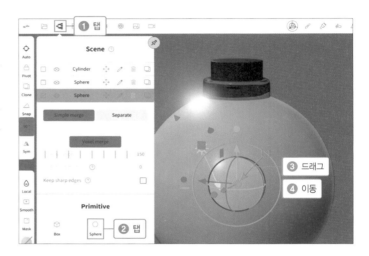))에서 (Sphere)를 탭하여 생성합니다. (Gizmo)의 주황색 원을 안쪽으로 드래그하여 크기를 줄이고 화살표를 드래그하여 몸통 모델링 안쪽으로 이동합니다.

**02** │ 몸통 모델링의 재질이 Refraction으로 변경되었기 때문에 안쪽의 물약 모델링이 보입니다. 하지만 물약 모델링을 몸통 모델링 바깥으로 이동하면 크기가 굉장히 작은 것을 알 수 있습니다.

**TIP** 실제로는 굉장히 작은 크기의 Sphere 모델링이지만, 물병의 굴절률(Index of Refraction)이 적용되어 있기 때문에 물병 안으로 오브젝트가 들어가면 굉장히 과장되어 보입니다.

**03** | 다시 몸통 모델링을 선택하고 상단 메뉴 (Material(◉))에서 'Blending'을 선택한 다음 Opacity를 '0.5'로 설정하여 반투명한 재질로 적용합니다.

**04** | 물약 오브젝트를 선택하고 (Gizmo)의 주황색 원을 바깥쪽으로 드래그하여 몸통 모델링에 가득 차게 만듭니다.

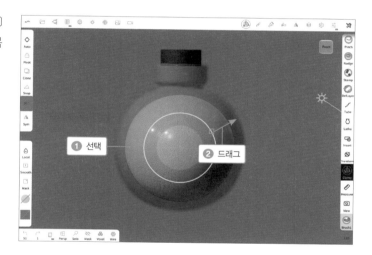

**05** | (Snap Cube)에서 (Front)를 탭하여 Front View로 시점을 변경합니다. 오른쪽 메뉴에서 (Trim)을 선택하고 왼쪽 메뉴에서 (Rect)를 선택한 다음 캔버스에 잘라줄 영역만큼 드래그하여 모델링을 잘라냅니다.

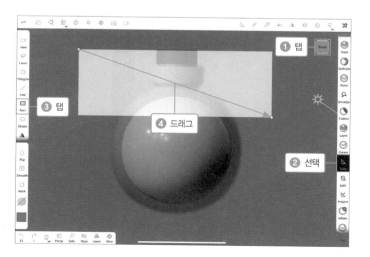

**06** | 왼쪽 메뉴 (Material(●))에서 Roughness를 '0.233', Metalness를 '0.05'로 설정합니다. 색상을 '파란색'으로 지정한 다음 (Paint all) 버튼을 탭하여 재질과 색상을 적용합니다.

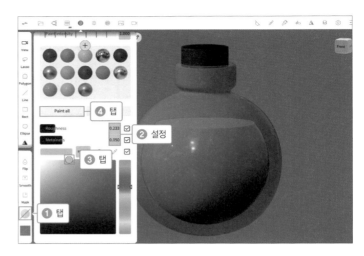

**07** | 물약 모델링을 선택하고 상단 메뉴 (Material(●))에서 'Blending'을 선택한 다음 Opacity를 '0.7'로 설정하여 적용합니다.

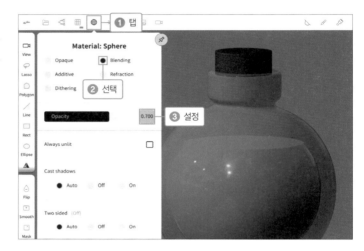

**08** | 오브젝트를 좀 더 잘 보이게 하기 위해서 상단 메뉴 (Background(●))에서 'Color'를 선택하고 색상을 지정하여 변경합니다.

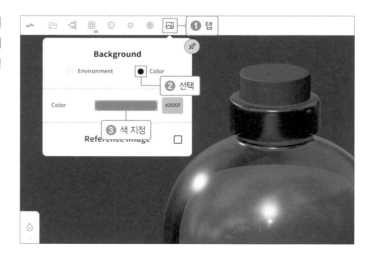

09 │ 물약의 기포를 만들겠습니다. 상단
메뉴 (Scene(▦))에서 (Sphere)를 탭하여
모델링을 생성합니다.

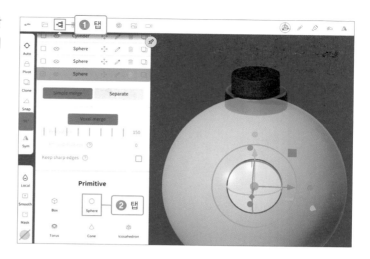

10 │ 기포 모델링을 물약 안쪽으로 들어
갈 정도로 크기와 위치를 조절하고 상단 메
뉴 (Material(◉))에서 'Additive'를 선택하
고 Opacity를 '0.6'으로 설정합니다.

11 │ (Gizmo)의 주황색 원을 안쪽으로
드래그하여 크기를 더 작게 만들고 왼쪽 메
뉴에서 (Clone)을 탭하여 복제합니다.

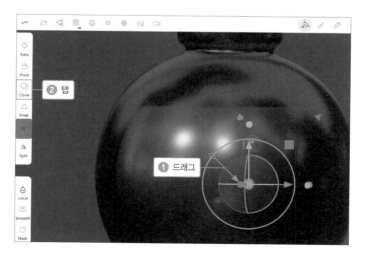

**12** 같은 방법으로 한 번 더 왼쪽 메뉴에서 (Clone)을 탭하여 기포를 여러 개 복제하고 배치합니다.

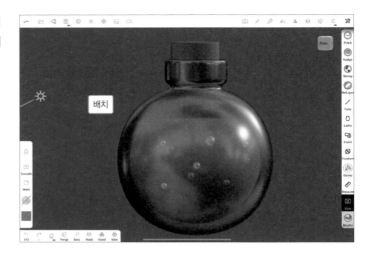

**13** 뚜껑 모델링을 선택하고 오른쪽 메뉴에서 (Flatten)을 선택하여 뚜껑의 경계면을 눌러 닳은 표현을 만듭니다. 다시 오른쪽 메뉴에서 (Brush)를 선택하고 뚜껑의 구멍을 만듭니다.

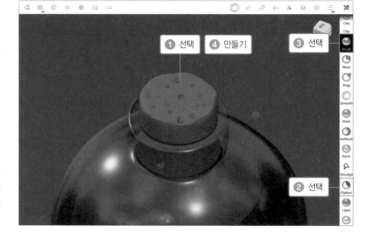

**TIP** 오른쪽 메뉴에서 (Brush)를 선택한 다음 왼쪽 메뉴에서 (Sub)를 탭하여 활성화해야 파내는 기능이 됩니다. (Sub)를 선택하지 않으면 덩어리가 생성됩니다.

**14** 기포 모델링을 선택하고 왼쪽 메뉴 (Material(●))에서 Roughness를 '0.38', Metalness를 '1'로 설정합니다. 색상을 '흰색'으로 지정한 다음 (Paint all) 버튼을 탭하여 재질과 색상을 적용하여 기포를 완성합니다.

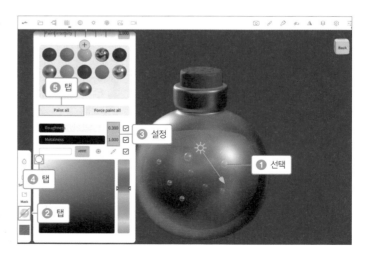

## 동그란 물약 모델링 정리하기

**01** | 상단 메뉴 (Scene(▦))에서 리스트의 기포 모델링으로 만든 'Sphere' 모델링을 다중 선택하고 (Simple merge) 버튼을 탭하여 기포 모델링들을 하나의 그룹으로 만듭니다.

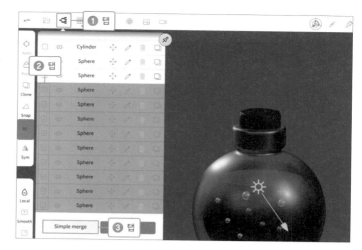

**02** | 모델링 리스트에서 뚜껑과 몸통 모델링을 다중 선택한 다음 (Simple merge) 버튼을 탭하여 하나의 그룹으로 만듭니다.

**TIP** 서로 다른 재질의 모델링을 하나의 그룹으로 만들게 되면 모두 Opaque의 불투명한 재질로 변경됩니다.

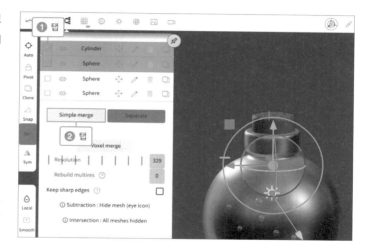

**03** | 물병을 회전하기 위해서 지금의 (Gizmo) 위치는 적당하지 않은 것 같아 (Gizmo)를 몸통의 원형 중앙으로 이동하겠습니다. 왼쪽 메뉴에서 (Pivot)을 선택하고 (Gizmo)의 초록색 화살표를 드래그하여 물병의 원형 중앙 부근으로 이동합니다.

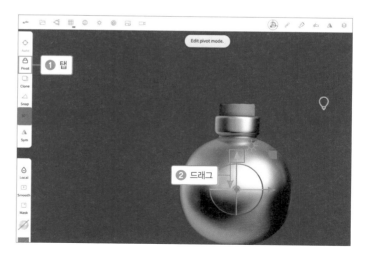

**04** 이제 물약의 Pivot 위치와 몸통의 Pivot 위치가 같게 되었습니다.

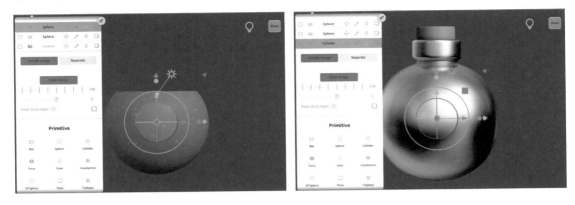

**05** 몸통 모델링을 선택하고 (Gizmo)의 파란색 원을 드래그하여 한쪽으로 회전합니다.

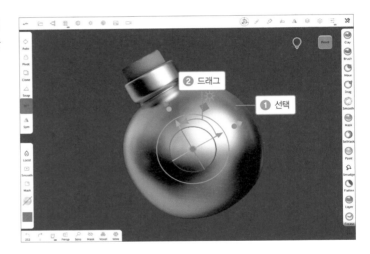

**06** 몸통 모델링을 선택한 상태로 상단 메뉴 (Scene(◧))에서 (Separate) 버튼을 탭하여 모델링을 분리합니다.

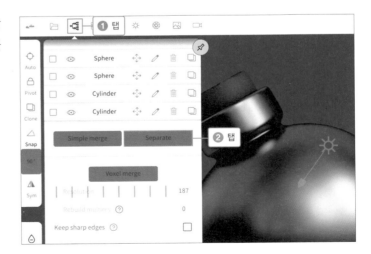

**07** 상단 메뉴 [Material(⊚)]에서 다시 'Blending'을 선택하고 Opacity를 '0.4'로 설정하여 반투명한 재질로 만듭니다.

## 동그란 물약에 빛과 효과 추가하기

**01** 상단 메뉴 [Scene(⊞)]에서 [Plane]을 탭하여 모델링을 생성합니다.

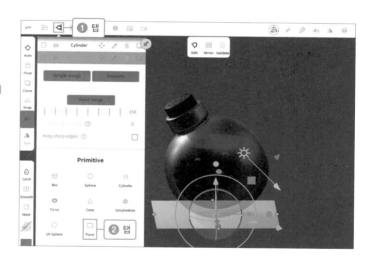

**02** [Gizmo]의 주황색 원을 바깥쪽으로 드래그하여 모델링의 크기를 크게 키웁니다.

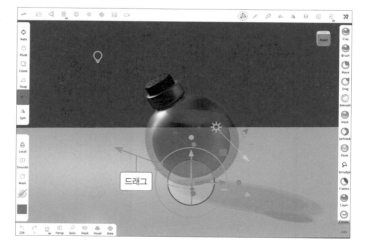

**03** 왼쪽 메뉴 (Material(●))에서 다양한 색상을 적용해 보면서 어울리는 색상을 지정하고 (Paint all) 버튼을 탭하여 적용합니다.

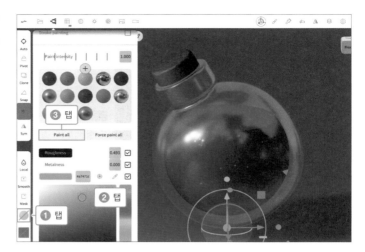

**04** 물통이 회전되어 있기 때문에 물약을 조금 출렁거리는 듯한 느낌을 만들어 보겠습니다. 물약 모델링을 선택한 상태로 하단 메뉴의 (Solo)를 탭하여 활성화합니다.

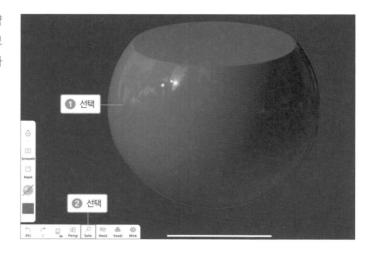

**05** 오른쪽 메뉴에서 (Move)를 선택하고 물약 모델링을 조금씩 당기고 눌러서 출렁거리는 느낌을 표현합니다.

**TIP** 적당히 출렁거리는 느낌만 나게 만들어 줘도 씬이 풍성하게 보이는 요소로 작용하게 됩니다.

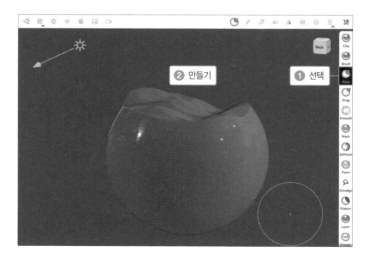

**06** 오른쪽 메뉴에서 (View)를 선택하여 전체 모델링을 활성화합니다.

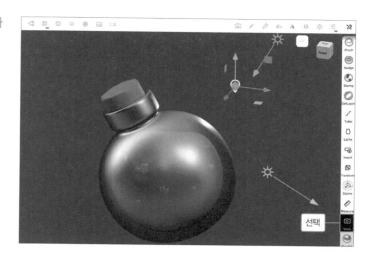

**07** 상단 메뉴 (Lighting(☀))과 (Post Process(⊛))에서 라이팅과 후처리 효과를 적용합니다.

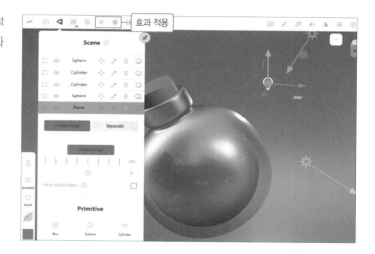

**08** HP를 채워줄 것 같은 빨간색 물약 모델링이 완성되었습니다.

## 긴 물약 병 만들기

01 │ 새로운 모델링을 만들기 위해 상단 메뉴 (Scene(▣))에서 모든 모델링의 '눈' 아이콘(◉)을 탭하여 캔버스에 보이지 않게 만듭니다.

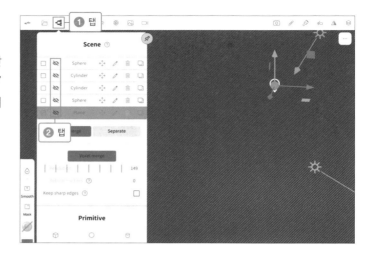

02 │ 상단 메뉴 (Camera(▢))에서 Projection을 'Orthographic'으로 선택하여 카메라의 왜곡이 없는 설정으로 변경하고 (Snap Cube)에서 (Front)를 탭하여 Front View로 시점을 변경합니다.

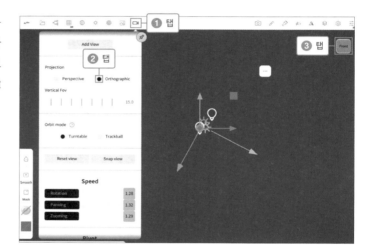

03 │ 오른쪽 메뉴에서 (Lathe)를 선택한 다음 왼쪽 메뉴에서 (Path)를 선택합니다. 캔버스 중앙에 라인이 생성된 것을 알 수 있습니다.

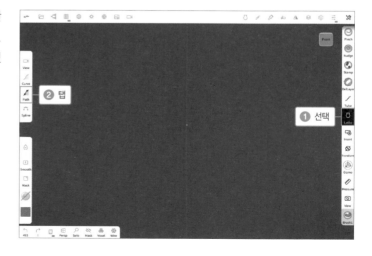

**04** 캔버스의 오른쪽을 기준으로 포인트를 하나씩 탭하여 생성합니다. 연결된 라인을 이용해서 그림과 같이 물약 몸통의 모양을 잡아주고 초록색 포인트를 탭하여 모델링을 활성화합니다.

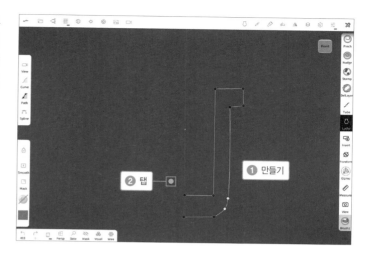

**05** 라인의 모양대로 모델링이 만들어졌습니다.

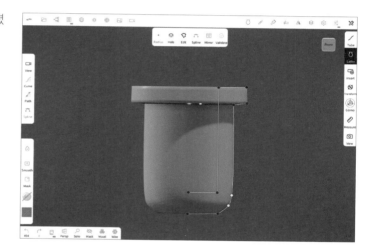

**06** 포인트를 탭하여 형태를 수정하고 편집 툴에서 (Validate)를 탭하여 모델링을 활성화합니다.

**07** 뚜껑을 만들기 위해 상단 메뉴 (Scene (⟨🗾⟩))에서 (Cylinder)를 탭하여 모델링을 생성합니다. 크기를 조절하고 몸통에 맞게 이동합니다.

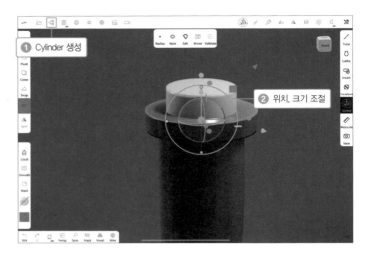

**08** 상단 메뉴 (Topology(⟨⊞⟩))에서 (Multires) 탭을 선택하고 (Subdivide) 버튼을 탭하여 폴리곤의 양을 늘려주세요.

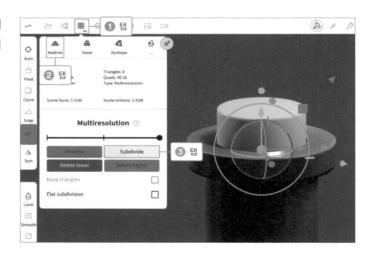

**09** 오른쪽 메뉴에서 (Brush)를 선택하고 뚜껑 모델링의 홈을 파서 형태를 만듭니다.

**TIP** 오른쪽 메뉴에서 (Brush)를 선택한 다음 왼쪽 메뉴에서 (Sub)를 탭하여 활성화해야 파내는 기능이 됩니다. (Sub)를 선택하지 않으면 덩어리가 생성됩니다.

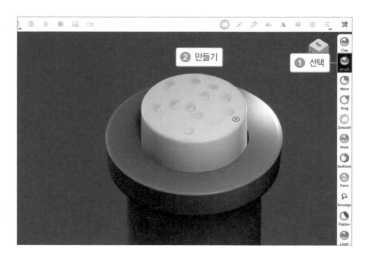

10 | 왼쪽 메뉴 (Material(●))에서 Roughness를 '0.5', Metalness를 '0'으로 설정하고 색상을 '갈색'으로 지정한 다음 (Paint all) 버튼을 탭하여 재질과 색상을 적용합니다.

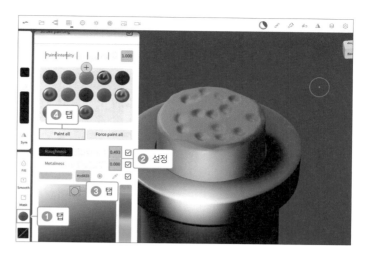

11 | 물약 몸통을 선택하고 상단 메뉴 (Material(●))에서 'Blending'을 선택한 다음 Opacity를 '0.41'로 설정하여 반투명한 재질로 변경합니다.

## 긴 물약 만들기

01 | (Snap Cube)에서 (Front)를 탭하여 Front View로 시점을 변경합니다.

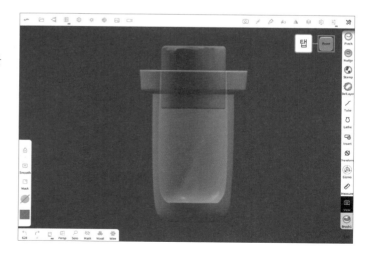

02 │ 오른쪽 메뉴에서 (Lathe)를 선택한 다음 왼쪽 메뉴에서 (Path)를 선택하면 캔버스 중앙에 라인이 생성됩니다.

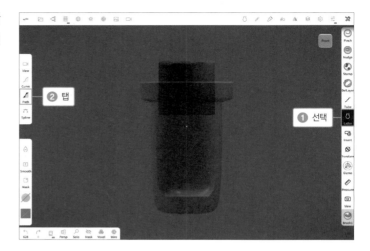

03 │ 캔버스 오른쪽을 기준으로 물약의 형태를 하나씩 탭하여 포인트로 모양을 만들어 갑니다. 캔버스 중앙의 초록색 포인트를 탭하여 모델링을 활성화합니다.

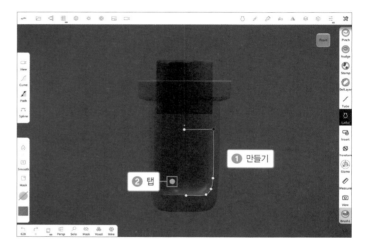

04 │ 오른쪽 메뉴에서 (Trim)을 선택하고 왼쪽 메뉴에서 (Line)을 선택합니다.

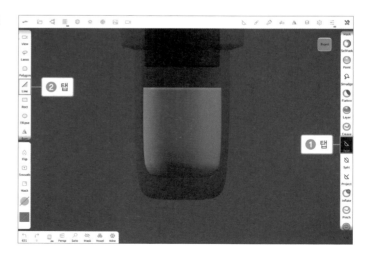

**05** 캔버스의 빈 곳을 탭한 다음 드래그
하여 모델링을 잘라냅니다.

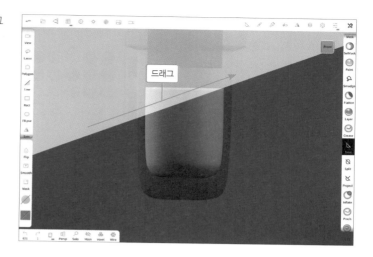

**06** 상단 메뉴 (Topology(▦))에서
(Multires) 탭을 선택하고 (Subdivide) 버
튼을 탭하여 폴리곤의 양을 늘립니다.

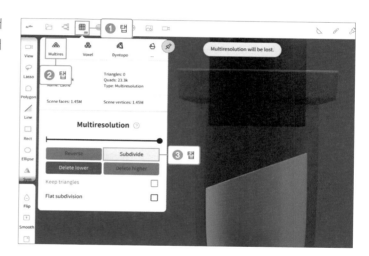

**07** 물약 모델링을 선택하고 상단 메뉴
(Material(◉))에서 'Additive'를 선택한 다
음 'Opacity'를 '1.3'으로 설정하여 반투명한
재질로 변경합니다.

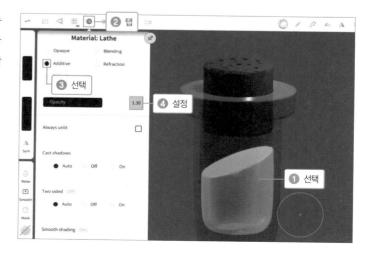

08 | 왼쪽 메뉴 (Material(⬤))에서 Roughness를 '0.244', Matalness를 '0.13'으로 설정하고 색상을 '초록색'으로 지정한 다음 (Paint all) 버튼을 탭하여 재질과 색상을 적용합니다.

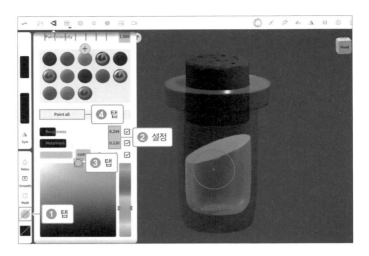

09 | 몸통 모델링을 선택하고 왼쪽 메뉴 (Material(⬤))에서 Roughness를 '0.35', Matalness를 '1'로 설정합니다. 색상을 '하늘색'으로 지정하고 (Paint all) 버튼을 탭하여 재질과 색상을 적용합니다.

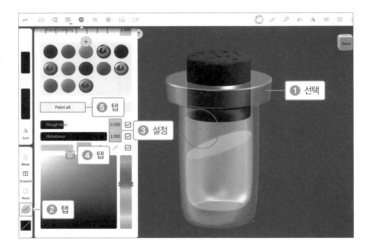

10 | 동그란 물약을 만들었을 때 만들었던 기포 모델링을 왼쪽 메뉴의 (Clone)을 탭하여 복제합니다. 복제된 기포 모델링을 선택하고 왼쪽 메뉴 (Material(⬤))에서 물약과 동일하게 색상과 재질을 적용합니다.

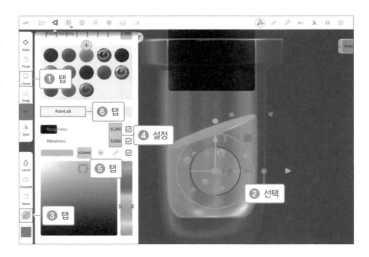

**11** 오른쪽 메뉴에서 (View)를 선택하여 전체 모델링을 활성화합니다. 긴 물약이 완성되었습니다.

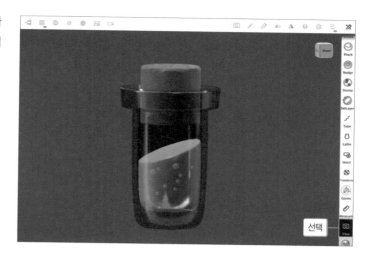

**12** 상단 메뉴 (Scene(⬚))에서 전체 모델링의 '눈' 아이콘(◉)을 탭하여 활성화하고 물약 모델링을 배치해서 작업을 마무리합니다.

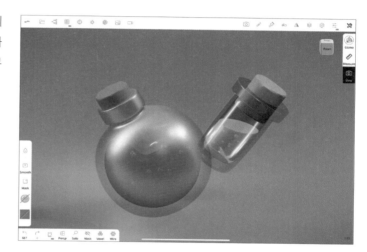

# 거친 금속 재질의 배틀 액스 만들기

노마드 스컬프에서 제공하는 박스와 실린더 모델링을 이용해서 배틀 액스를 만들겠습니다. 배틀 액스는 험난한 전투를 거친듯한 낡은 모습의 도끼입니다. 자칫 복잡해 보이는 형태도 파츠 하나씩 따로 살펴보게 되면 단순한 구조를 가지고 있습니다. 이번 예제에서 각 파츠를 어떻게 표현할지 생각하고, 약간의 스컬핑 작업을 포함하여 어떤 과정으로 만들어지는지 하나씩 알아보겠습니다.

● 완성 파일 : 05\배틀 액스_완성.glb

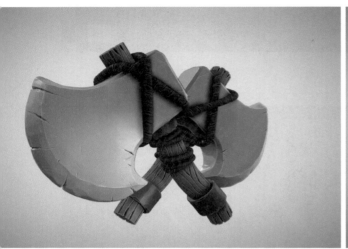

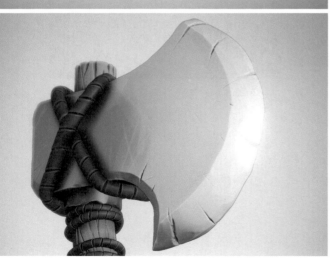

## POINT

❶ Box와 Cylinder로 가장 기본적인 형태 만들기
❷ Flatten 브러시로 거친 금속 표면 표현하기
❸ Brush 브러시로 스크래치 표현하기
❹ Trim으로 도끼날의 형태 만들기
❺ Tube로 로프 만들기

**364** Part 5 게임 아이템부터 캐릭터 만들기

# 도끼 형태 만들기

01 　상단 메뉴 (Files([])에서 (New)를
탭하여 새로운 씬을 생성합니다.

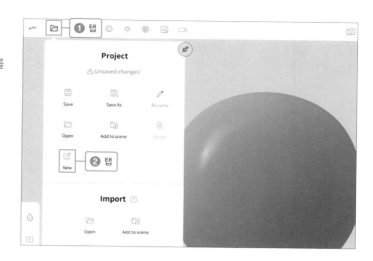

02 　새로운 프로젝트를 생성하면 화면에
자동으로 스피어가 만들어집니다. 상단 메
뉴 (Scene([]))에서 해당 'Sphere' 모델
링의 '휴지통' 아이콘([])을 탭하여 삭제합
니다.

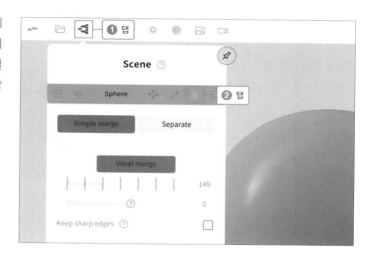

03 　(Box)를 탭하여 새로운 박스를 생성
합니다. 편집 툴에서 (Validate)를 탭하여
모델링을 활성화합니다.

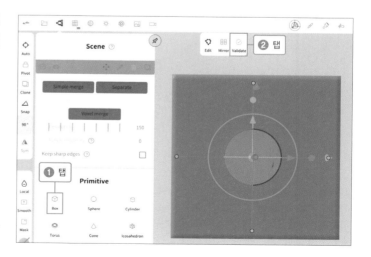

**04** 카메라 정면을 기준으로 (Gizmo)의
빨간색 포인트를 드래그하여 넓적한 형태로
만듭니다.

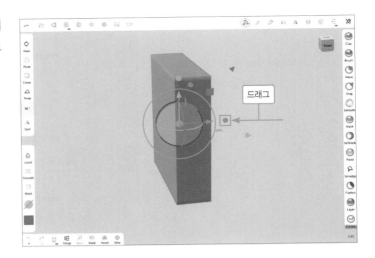

**05** (Snap Cube)에서 (Right)를 탭
하여 Right View로 시점을 변경합니다.
(Gizmo)가 선택된 상태로 왼쪽 메뉴에서
(Clone)을 탭하여 복제하고 모델링을 왼쪽
으로 이동합니다.

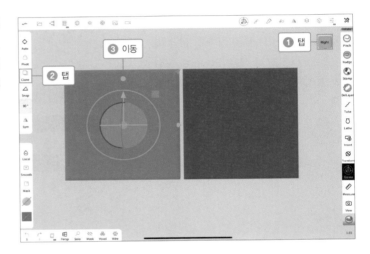

**06** 복제한 모델링의 크기를 줄입니다.

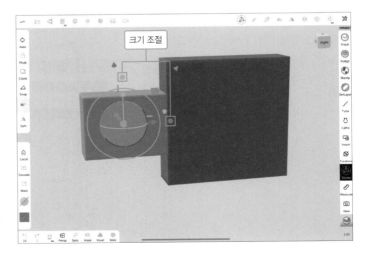

**TIP** 이때 모델링의 폭은 오른쪽 모델링과 같
아야 하므로 (Gizmo)의 주황색 원을 이용하
여 전체 크기를 줄이지 말고 녹색과 파란색 포
인트만 이용해서 크기를 줄이도록 합니다.

**07** | 도끼의 손잡이를 만들기 위해 상단 메뉴 (Scene(▦))에서 (Cylinder)를 탭하여 모델링을 생성합니다.

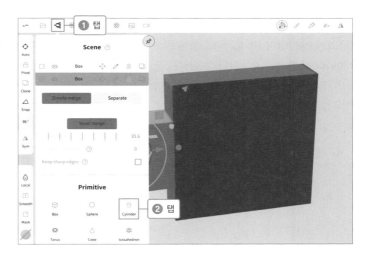

**08** | 작은 박스 모델링에 꽂힌 모습이 되도록 위치를 이동하고 크기를 조절합니다. 편집 툴의 (Validate)를 탭하여 모델링을 활성화합니다.

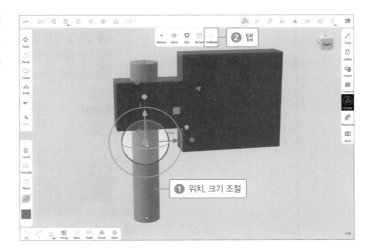

**09** | 상단 메뉴 (Scene(▦))에서 두 개의 'Box' 모델링을 다중 선택하고 Resolution을 '150'으로 설정합니다. (Voxel merge) 버튼을 탭하여 하나의 모델링으로 만듭니다.

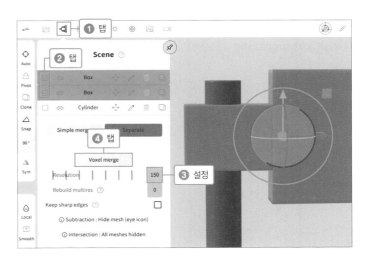

**10** 도끼날을 선택한 다음 왼쪽 메뉴 (Material(⬤))에서 Roughness를 '0.256', Metalness를 '0.02'로 설정하여 둔탁한 금속 재질로 만들고 (Paint all) 버튼을 탭하여 적용합니다.

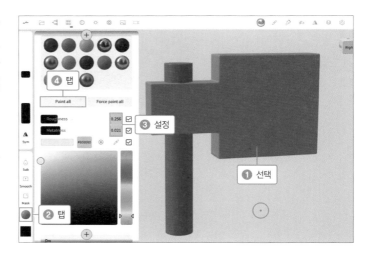

**11** 손잡이를 선택하고 왼쪽 메뉴 (Material(⬤))에서 Roughness를 '0.49', Metalness를 '0'으로 설정합니다. 색상을 '연갈색'으로 지정하고 (Paint all) 버튼을 탭하여 나무 재질을 적용합니다.

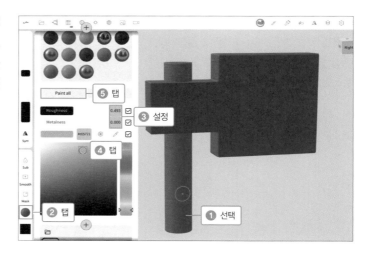

**12** 상단 메뉴 (Camera(▭))에서 Projection을 'Orthographic'으로 선택합니다.

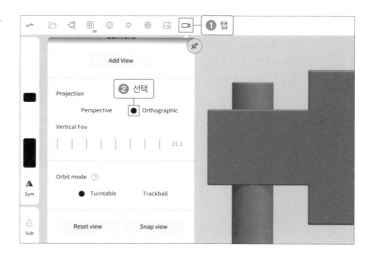

**13** (Snap Cube)에서 (Right)를 탭하여 Right View로 시점을 변경합니다. 오른쪽 메뉴에서 (Trim)을 선택하고 왼쪽 메뉴에서 (Lasso)를 선택한 다음 영역을 지정하여 도끼날 모양이 되도록 모델링을 잘라냅니다.

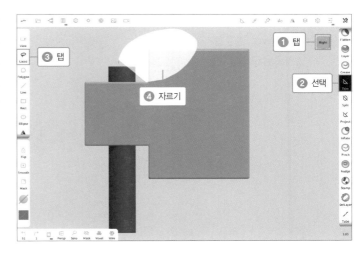

**14** 아래쪽과 앞쪽의 형태도 잘라 원하는 모양이 나올 때까지 여러 번 반복합니다. 최대한 깔끔한 모양을 만들어 주는 것이 좋습니다.

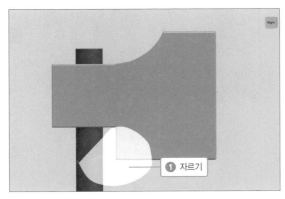
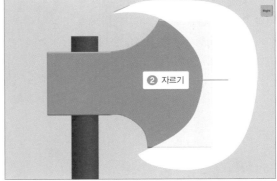

**15** 도끼날의 형태가 만들어졌습니다.

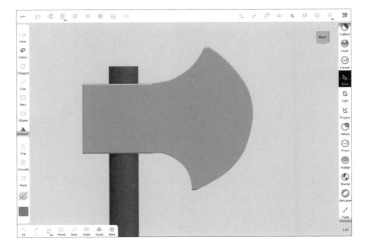

16 [Snap Cube]에서 [Top]을 탭하여 시점을 Top View로 변경합니다. 위에서 보면 전혀 날카로운 모습이 아닙니다.

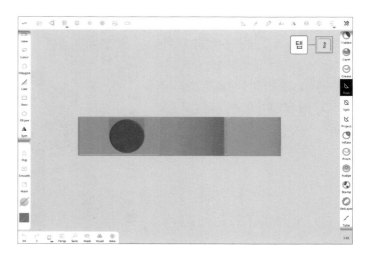

17 오른쪽 메뉴에서 [Trim]을 선택하고 왼쪽 메뉴에서 [Line]을 선택합니다. 캔버스의 빈 곳을 탭한 상태로 드래그하면 흰색 영역의 각도를 지정할 수 있습니다. 탭을 떼면 흰색 영역에 들어가 있는 모델링은 삭제됩니다.

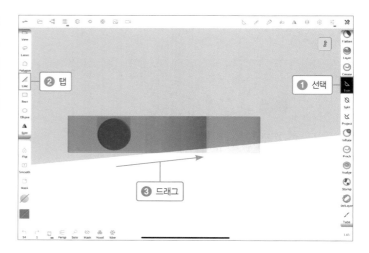

18 좀 더 앞쪽을 한 번 더 드래그하여 모델링을 잘라냅니다. 이렇게 하면 도끼날 앞쪽으로 갈수록 날카로워지는 형태를 만들어 줄 수 있어요.

**TIP** 예제에서는 왼쪽 메뉴의 [Sym]이 활성화되어 있어 한쪽의 영역만 선택해도 좌우를 동시에 잘라낼 수 있었습니다. 자르기 전에 [Sym]이 활성화되어 있는지 체크해 주세요.

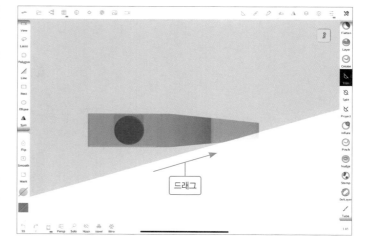

## 도끼날 표현하기

01 │ 하단 메뉴에서 (Wire)를 선택하여 활성화하면 Trim을 이용해 잘라낸 부분의 폴리곤이 복잡한 형태로 꼬여있는 것을 알 수 있습니다. 이 상태로는 제대로 된 스컬핑 작업을 할 수 없어 폴리곤을 재정렬하겠습니다.

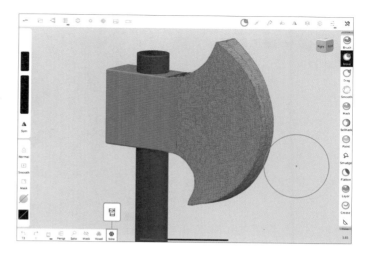

02 │ 하단 메뉴에서 (Voxel)을 탭하여 폴리곤을 재정렬합니다. 폴리곤의 흐름이 균일하게 정리되었습니다.

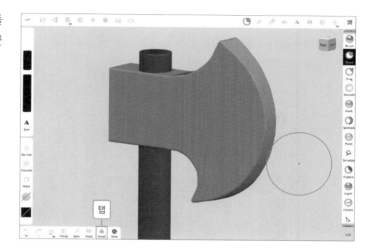

03 │ 상단 메뉴 (Topology(⊞))에서 (Subdivide) 버튼을 두 번 탭하여 폴리곤의 양을 늘립니다.

TIP 폴리곤의 양이 늘어난 만큼 밀도 있는 스컬핑 작업을 할 수 있습니다.

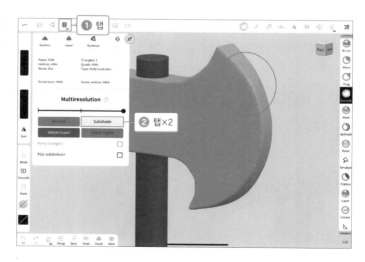

04 │ 오른쪽 메뉴에서 (Flatten)을 선택하고 도끼날을 날카롭게 눌러주는 작업을 진행합니다.

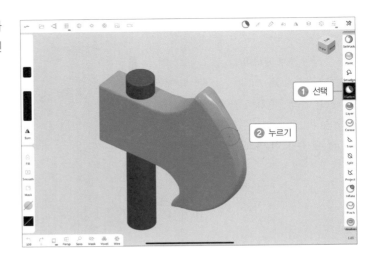

05 │ 도끼날의 꺾이는 면을 강조하면서 날카롭게 다듬어 줄게요. 뒷부분의 경계면도 계속해서 조금씩 눌러서 표현하고, 금속의 꺾이는 면이 오랜 사용으로 인해 닳았다는 생각을 하면서 스컬핑합니다.

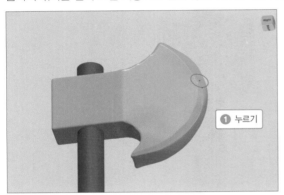
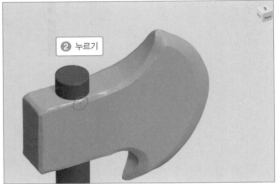

06 │ (Smooth) 기능은 사용하지 않고 (Flatten)만 이용해서 작업하고 있습니다. (Smooth)를 이용하면 쉽게 거친 부분을 부드럽게 할 수 있지만 날카로운 경계면까지 부드럽게 처리될 수 있어 (Flatten)만을 이용해서 모델링을 눌러가면서 표현합니다.

**07** 도끼날은 넓은 면적, 도끼의 뒷부분은 얇은 면적으로 작업해서 형태를 마무리합니다.

## 도끼 금속 파츠 만들기

**01** 손잡이를 선택하고 오른쪽 메뉴에서 〔Gizmo〕를 선택합니다. 초록색 포인트를 탭한 다음 드래그하여 손잡이의 길이를 늘립니다.

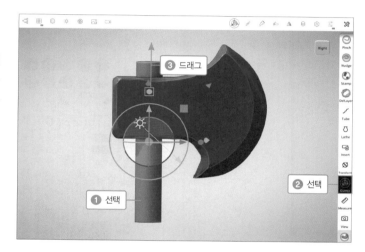

**02** 상단 메뉴 〔Topology(▦)〕에서 〔Subdivide〕 버튼을 두 번 탭하여 폴리곤의 양을 늘립니다.

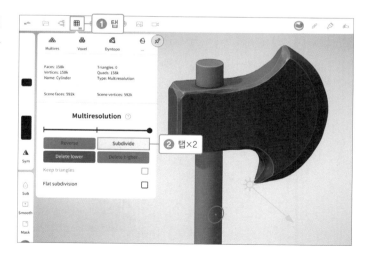

**03** [Gizmo]가 선택된 상태로 왼쪽 메뉴에서 [Clone]을 탭하여 손잡이 모델링을 복제하고 [Gizmo]의 초록색 포인트를 드래그하여 길이를 줄입니다.

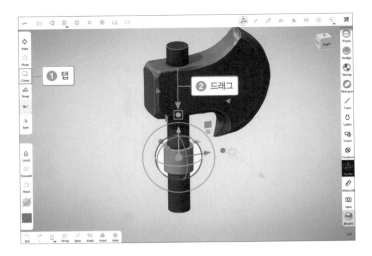

**04** 도끼 아래로 위치를 이동합니다. 왼쪽 메뉴 [Material(●)]에서 Roughness를 '0.254', Metalness를 '0.023'으로 설정한 다음 [Paint all] 버튼을 탭하여 재질을 적용합니다.

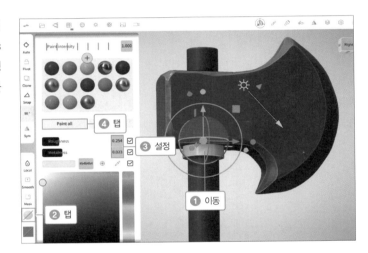

**05** [Gizmo]가 선택된 상태로 왼쪽 메뉴에서 [Clone]을 탭하여 모델링을 복제합니다. [Gizmo]의 초록색 화살표를 아래로 드래그하여 손잡이 아래쪽으로 이동합니다.

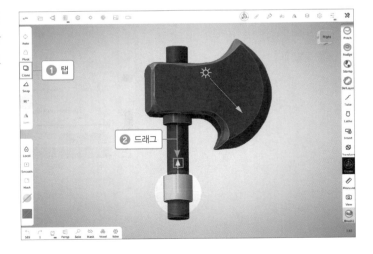

**06** 오른쪽 메뉴에서 (Flatten)을 선택하고 금속 파츠의 경계면을 위주로 닳은 흔적을 스컬핑합니다. 도끼와 마찬가지로 경계면을 조금씩 누르기만 해도 자연스러운 표현을 할 수 있습니다.

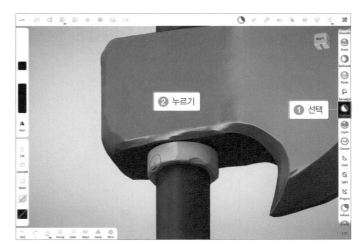

**07** 경계면뿐만 아니라 측면도 여러 번 눌러주면 이렇게 금속의 느낌을 만들어 낼 수 있어요.

**08** 같은 방법으로 아래에 복제한 모델링도 스컬핑합니다.

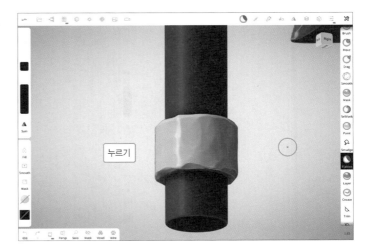

## 나무 손잡이 표현하기

01 나무 손잡이를 선택한 다음 오른쪽 메뉴에서 (Brush)를 선택하고 왼쪽 메뉴에서 (Radius)를 드래그하여 '10'으로 조절합니다.

02 왼쪽 메뉴에서 (Sub)를 선택하여 음각으로 설정한 다음 나뭇결을 그립니다.

03 라인을 그려 주듯이 나뭇결을 표현합니다.

**04** 손잡이 아랫부분도 계속해서 그려
주세요.

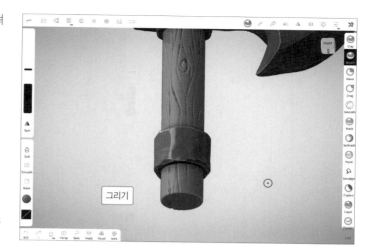

**TIP** 왼쪽 메뉴의 (Sym)이 활성화되어 있으
면 반대쪽에도 동시에 작업됩니다.

**05** 손잡이의 끝부분에 나무가 갈라진
표현을 합니다. (Brush)로 여러 번 드래그
하면 되면 이렇게 모델링을 깊게 파낼 수가
있어요.

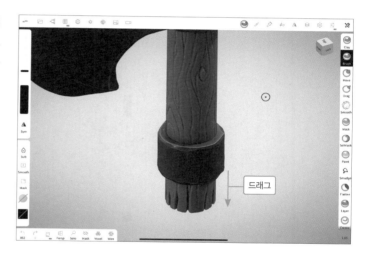

**06** 바닥면도 표현하겠습니다. 나이테
모양으로 원형을 그려서 표현합니다.

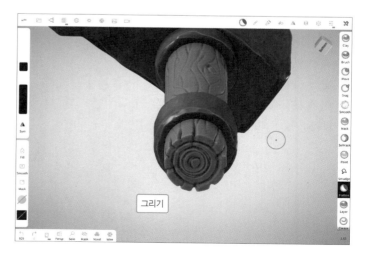

**07** | 같은 방법으로 손잡이의 윗부분도 표현합니다.

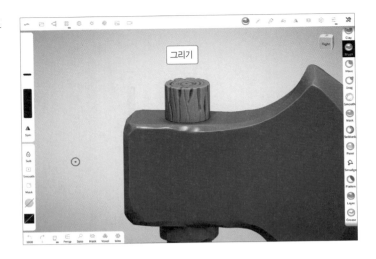

**08** | 이제 제법 도끼다운 모습이 만들어 졌습니다.

## 도끼 로프 만들기

**01** | (Snap Cube)에서 (Right)를 탭하여 Right View로 시점을 변경합니다. 오른쪽 메뉴에서 (Tube)를 선택하고 왼쪽 메뉴에서 (Path)를 선택합니다.

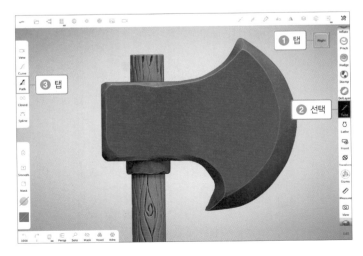

**02** 도끼와 손잡이를 감싸는 듯한 원형이 되도록 캔버스에 포인트를 탭하여 형태를 만듭니다.

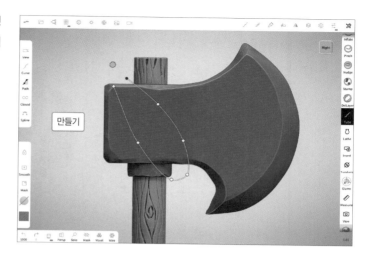

**03** 왼쪽 메뉴에서 (Closed)를 탭하여 마지막 포인트와 처음 생성된 포인트의 라인이 연결된 원형을 만들고 캔버스의 초록색 포인트를 탭하여 모델링을 활성화합니다.

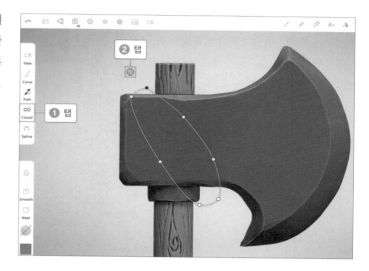

**04** Path를 이용한 라인이 평면적이었기 때문에 반대편에는 로프 모델링이 보이지 않습니다. 포인트를 하나씩 탭하여 감싸는 형태가 되도록 모양을 정리합니다.

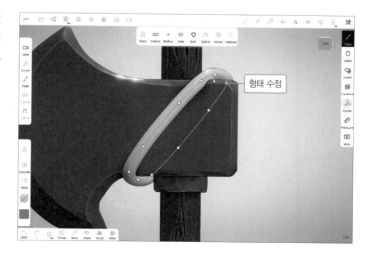

05 포인트를 정리해서 모양을 마무리
하고 편집 툴에서 (Validate)를 탭하여 모델
링을 활성화합니다.

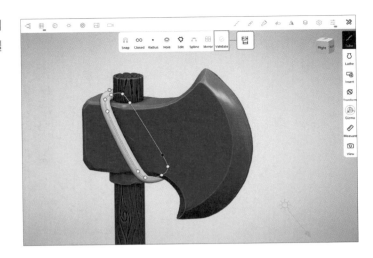

06 같은 방법으로 손잡이 중앙 부분에
도 (Tube)와 (Path)를 이용하여 원형의 라
인을 만들고 캔버스 중앙의 초록색 포인트
를 탭하여 모델링을 활성화합니다.

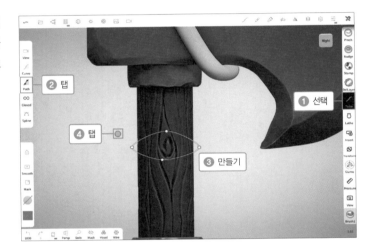

07 원형 모델링이 평면적으로 만들어졌
습니다.

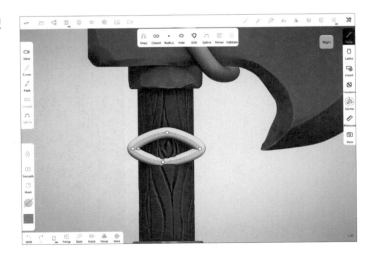

**08** 반대편에도 감싸는 형태가 되도록 포인트를 하나씩 이동해서 형태를 수정하고 편집 툴에서 (Validate)를 탭하여 모델링을 활성화합니다.

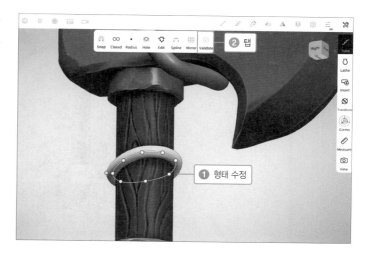

**09** 오른쪽 메뉴에서 (View)를 선택하여 전체 모델링을 활성화하고 진행 상황을 확인합니다.

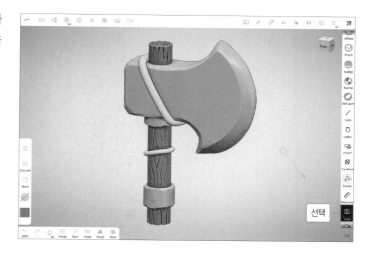

**10** 로프 모델링의 이음새를 스컬핑하겠습니다. 오른쪽 메뉴에서 (Brush)를 선택하고 왼쪽 메뉴에서 (Radius)를 드래그하여 '10'으로 조절합니다.

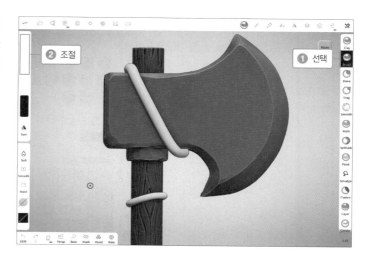

**11** 음각을 표현할 수 있도록 왼쪽 메뉴에서 〔Sub〕를 선택하고 이음새 라인을 그려 나갑니다.

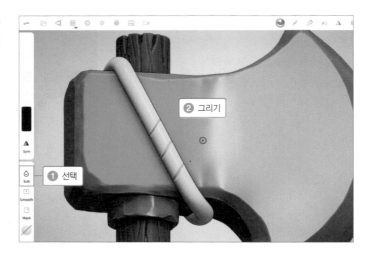

**12** 아래의 로프 모델링에도 동일하게 이음새 라인을 그립니다.

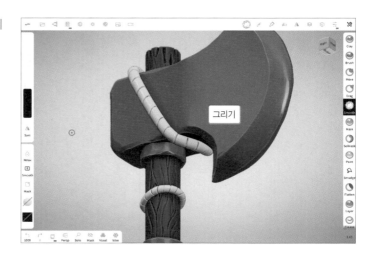

**13** 왼쪽 메뉴 〔Material(●)〕에서 Roughness를 '0.5', Metalness를 '0'으로 설정합니다. 색상을 '짙은 갈색'으로 지정하고 〔Paint all〕 버튼을 탭하여 색상과 재질을 적용합니다.

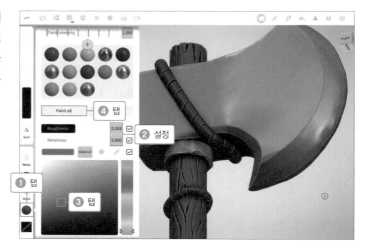

14 │ 오른쪽 메뉴에서 (Gizmo)를 선택한 다음 왼쪽 메뉴에서 (Clone)을 탭하여 모델링을 복제합니다.

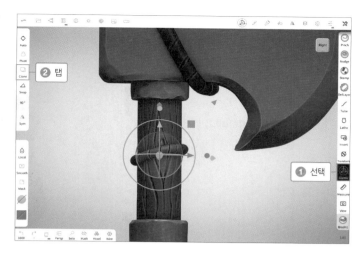

15 │ 그림과 같이 복제한 모델링을 손잡이에 여러 개 겹쳐 위치를 설정합니다.

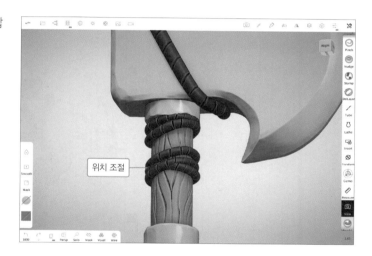

16 │ 같은 방법으로 도끼를 감싸고 있는 로프 모델링도 복제하여 X자가 되도록 이동합니다.

TIP  X로 교차하는 모델링이 겹치는 부분은 오른쪽 메뉴에서 (Move)를 선택하고 로프를 당기면 자연스러워 보이게 만들어 줄 수 있어요.

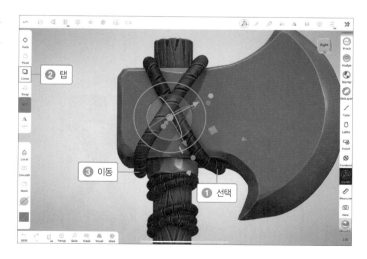

# 도끼 세부 묘사하고 완성하기

01 | 매끄러운 도끼날에 거친 느낌을 내기 위해 오른쪽 메뉴에서 (Flatten)을 선택하고 도끼날이 좀 더 거칠어지도록 조금씩 면을 눌러 주면서 모델링합니다.

02 | 면과 면 사이를 눌러주면서 도끼날 위주로 스컬핑합니다. 이제 도끼날과 나머지 부분의 경계가 명확해졌습니다.

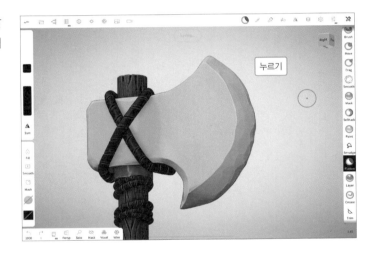

03 | 날카로운 무기로 인해 생긴 스크래치를 표현하겠습니다. 오른쪽 메뉴에서 (Brush)를 선택하고 상단 메뉴 (Stroke(✐))에서 Fall off의 그래프를 탭하고 'in-pow5' 그래프를 선택하여 얇은 브러시 설정으로 변경합니다.

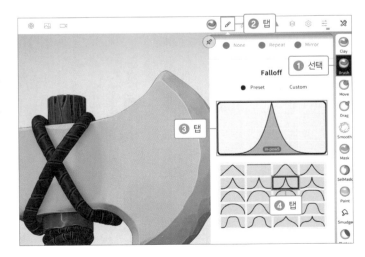

**04** 이제 (Radius)가 '10'일 때보다 더 얇은 라인을 그려줄 수 있습니다. 거친 싸움으로 인해 생긴 도끼의 스크래치를 그리도록 합니다.

**05** 전투의 흔적이 고스란히 표현되었습니다.

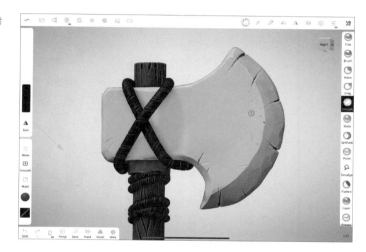

**06** 상단 메뉴 (Layer(⬛))에서 (Add layer) 버튼을 탭하여 새 레이어를 생성합니다.

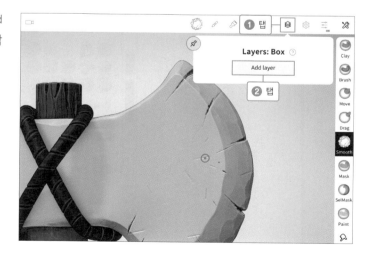

**07** | 오른쪽 메뉴에서 (Paint)를 선택하고 왼쪽 메뉴 (Material(●))에서 Roughness를 '0.5', Metalness의 수치를 '0.08'으로 설정한 다음 색상을 '흰색'으로 지정합니다.

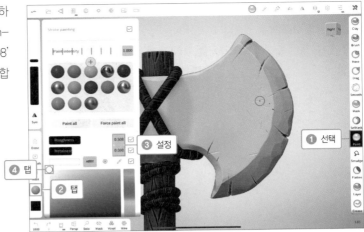

**08** | 같은 금속 재질의 도끼지만, 도끼날은 좀 더 매끄러운 금속 느낌이 나게 하겠습니다. 오른쪽 메뉴에서 (Paint)가 선택된 상태로 도끼날을 문질러 채색합니다.

**TIP** (Paint all) 버튼을 탭하면 도끼 전체에 재질과 색상이 적용됩니다. 하지만 오른쪽 메뉴에서 (Paint)를 선택하여 작업하면 채색된 영역에만 재질을 적용할 수 있습니다.

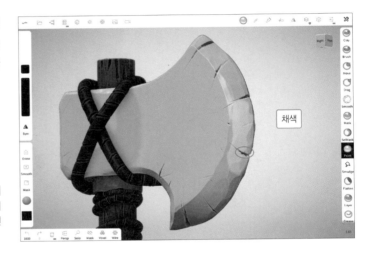

**09** | 왼쪽 메뉴 (Material(●))에서 Roughness를 '0.5', Metalness를 '0.34'으로 설정합니다. 색상을 '파란색'으로 지정합니다. 이번에도 (Paint all) 버튼은 탭하지 않습니다.

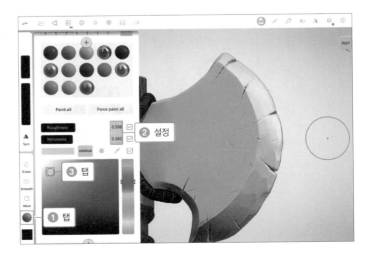

10 　(Paint)를 이용해 도끼의 머리 부분을 칠합니다.

**TIP** 채색된 끝부분을 Smooth를 이용해서 부드럽게 처리할 수 있지만 생각처럼 잘되지 않을 수도 있습니다.

11 　왼쪽 메뉴에서 (Erase)를 선택하고 지우개로 지우듯이 페인팅 영역을 지우도록 합니다.

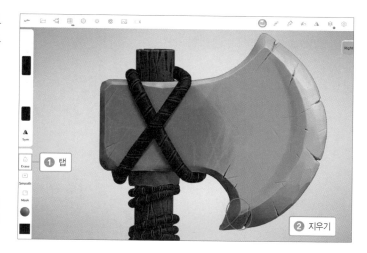

**TIP** 지우개로 지울 때에도 왼쪽 메뉴의 (Radius)와 (Intensity)를 조절하여 강약을 조절합시다.

12 　도끼날의 경계 부분에도 페인팅 작업이 끝났다면 상단 메뉴 (Camera(▣))에서 Projection을 'Perspective'로 선택하여 카메라가 왜곡된 화면을 보여줄 수 있도록 설정합니다.

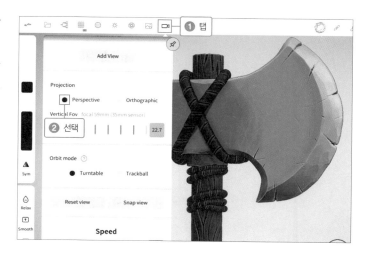

**13** 손잡이가 반듯한 모양이라서 거친 도끼의 표현과 다르게 이질감이 듭니다. 오른쪽 메뉴에서 (Move)를 선택하고 왼쪽 메뉴에서 (Radius)를 크게 조절합니다. 손잡이 중앙 부분을 당겨서 휘어있는 형태로 만듭니다.

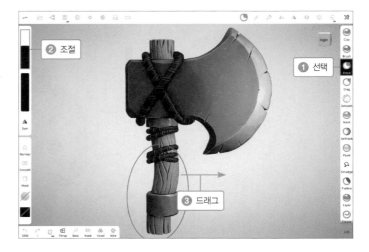

**14** 오른쪽 메뉴에서 (Gizmo)를 선택하여 손잡이의 파츠 위치를 다시 설정합니다.

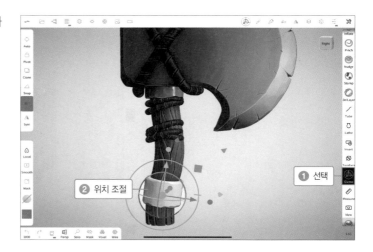

**15** Light를 추가해서 작업을 마무리합니다.

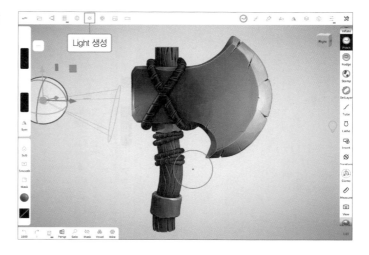

**16** 오른쪽 메뉴에서 (View)를 선택하여 전체 모델링을 활성화합니다.

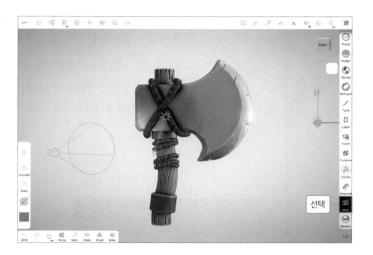

**17** 상단 메뉴 (Files(📁))에서 Render의 (Export png) 버튼을 탭하여 이미지를 저장합니다.

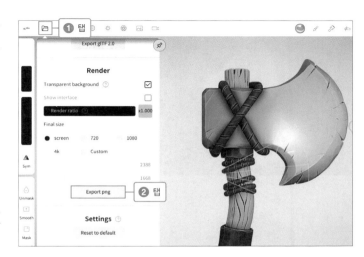

**TIP** 'Transparent background'를 체크 표시하면 투명한 배경의 png 파일로 저장할 수 있습니다.

**18** 박스와 실린더를 이용해서 형태의 기준을 잡고, 몇 가지 기능과 간단한 스컬핑 작업만으로 배틀 액스 모델링을 만들었습니다.

# 나만의 귀여운 아바타 만들기

귀여운 형태의 게임 캐릭터를 만들어 보겠습니다. 전신의 캐릭터를 만들 때는 캐릭터의 복장이나 착용하고 있는 아이템 등의 비율과 디자인이 캐릭터에 어울리게 해야 하는 점도 중요합니다. 이번 작업을 통해서 이전에 배웠던 기능들을 활용해 게임 캐릭터를 제작합니다.

● 완성 파일 : 05\캐릭터_완성.glb

## POINT

❶ 도형 생성하고 합쳐서 모델링하기
❷ 모델링 잘라내고 마스킹 활용하기
❸ 스컬핑의 축 변경해서 작업하기

# 캐릭터 얼굴 만들기

01 ㅣ 상단 메뉴 [Files(□)]에서 [New] 버튼을 탭하여 새로운 씬을 생성합니다. [Snap Cube]에서 [Front]를 탭하여 Front View로 시점을 변경합니다.

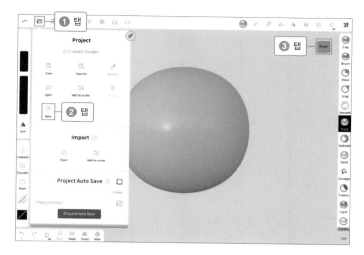

02 ㅣ 오른쪽 메뉴에서 [Move]를 선택하여 계란형의 얼굴 형태를 만듭니다.

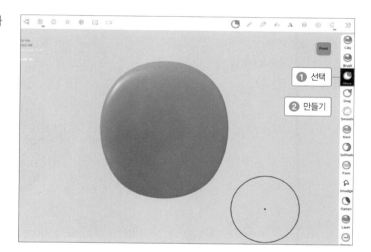

03 ㅣ 귀를 만들기 위해 상단 메뉴 [Scene (□)]에서 [Sphere]를 탭하여 모델링을 생성하고 편집 툴에서 [Mirror]를 탭하여 좌우 대칭 시킵니다.

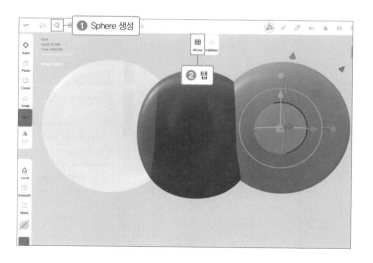

04 (Snap Cube)에서 (Left)를 탭하여 Left View로 시점을 변경합니다. 오른쪽 메뉴에서 (Gizmo)를 선택하고 귀의 위치와 크기를 조절합니다.

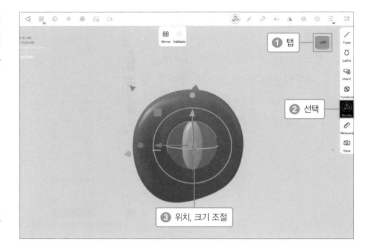

TIP 측면에서도 위치를 확인하고, 파란색 포인트를 탭하여 넓적하게 스케일을 줄입니다.

05 다시 (Snap Cube)에서 (Front)를 탭하여 Front View로 시점을 변경합니다. 오른쪽 메뉴에서 (Move)를 선택하고 귀 모양의 형태를 만듭니다.

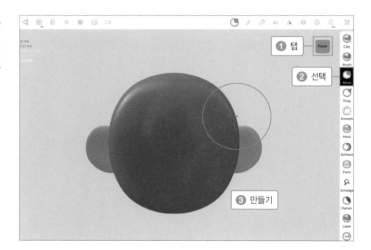

06 상단 메뉴 (Scene(⬚))에서 얼굴과 귀 모델링을 동시에 선택하고 (Simple Merge) 버튼을 탭하여 하나의 모델링으로 합칩니다.

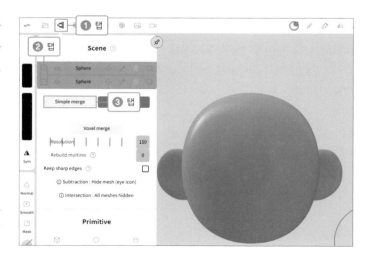

TIP (Simple Merge)는 복수의 모델링을 하나로 합쳐주며 (Separate)로 다시 분리할 수 있습니다.

07 | 눈을 만들기 위해 상단 메뉴 (Scene
([차트])에서 (Cylinder)를 탭하여 모델링을
생성합니다.

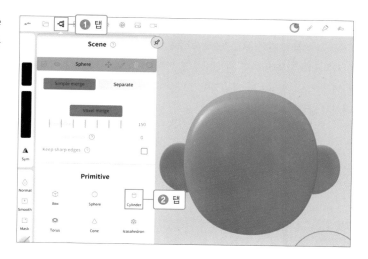

08 | (Gizmo)가 선택된 상태로 왼쪽 메
뉴에서 (Snap)을 선택하고 '90°'로 설정합
니다. (Gizmo)의 빨간색 원을 드래그하여
90°로 회전한 다음 편집 툴의 (Mirror)를 탭
하여 모델링이 좌우로 보이게 합니다.

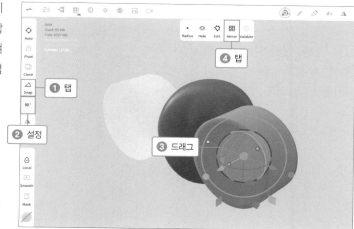

**TIP** (Snap)을 탭하고 아래 수치를 직접 입
력해서 각도를 지정할 수 있습니다.

09 | 얼굴 모델링 위에 실린더 모델링을
이동하고 비율에 어울릴 정도의 크기로 조
절한 다음 편집 툴에서 (Validate)를 탭하
여 모델링을 활성화합니다.

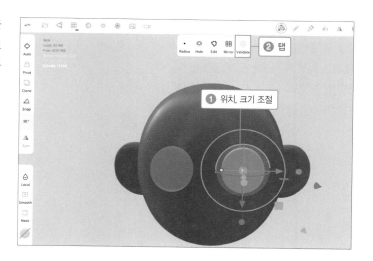

**10** 이렇게 얼굴 모델링을 완성하였습니다. 아직 색상이 지정되지 않아서 투박해 보이지만 나머지 부위까지 진행한 후에 한꺼번에 작업하는 것이 더 효율적이기 때문에 여기서 얼굴을 마무리합니다.

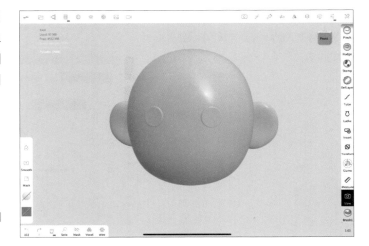

**TIP** 오른쪽 메뉴에서 (View)를 탭하면 전체 모델링을 활성화할 수 있습니다.

## 캐릭터 상체 만들기

**01** 몸통을 만들기 위해 상단 메뉴 (Scene (🔲))에서 (Cylinder)를 탭하여 생성하고 위치를 조절합니다.

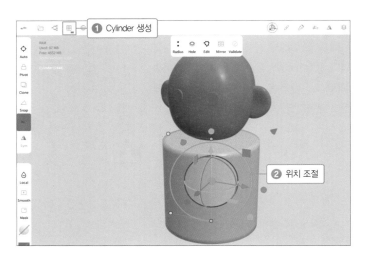

**02** 편집 툴에서 (Radius)를 탭하면 아이콘의 모양이 달라지며, (Gizmo)의 위아래에 노란색 작은 포인트가 생성됩니다. 각 포인트를 드래그하여 Cylinder의 위아래 크기를 각각 조절할 수 있습니다.

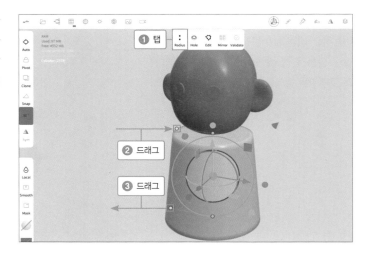

03 〔Gizmo〕의 아랫부분에 있는 작은 초록색 포인트를 드래그하여 몸통의 길이를 줄이고 편집 툴에서 〔Validate〕를 탭하여 모델링을 활성화합니다.

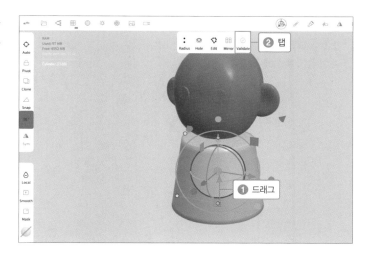

04 몸통을 여러 방향에서 한 번에 작업 하기 위한 설정을 하겠습니다. 상단 메뉴 〔Symmetry(▲)〕에서 Planes를 확인하면 〔X〕가 선택되어 있습니다.

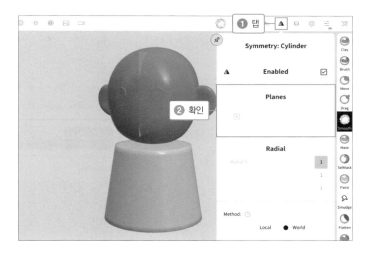

05 수평으로 작업하기 위해 〔X〕를 한 번 탭하여 선택 해제하고 〔Y〕를 탭하여 선택한 다음 Radial에서 Radial Y를 '10'으로 설정 합니다.

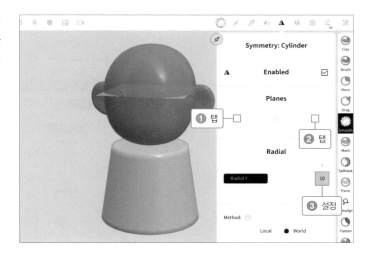

**06** 오른쪽 메뉴에서 [Smooth]를 선택하고 몸통 모델링을 문질러 다듬습니다. 화면에 열 개의 획이 동시에 작업되고 있습니다.

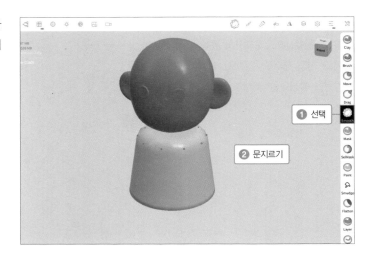

**07** 폴리곤이 너무 적을 경우 면이 깔끔하게 다듬어지지 않을 수 있습니다. 상단 메뉴 [Topology(▦)]에서 [Subdivide] 버튼을 탭하여 폴리곤을 늘리고 문질러 다듬습니다.

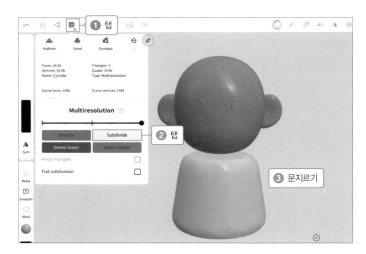

**08** 얼굴과 몸통 사이에 목을 만들기 위해 상단 메뉴 [Scene(▣)]에서 [Cylinder]를 탭하여 모델링을 생성합니다.

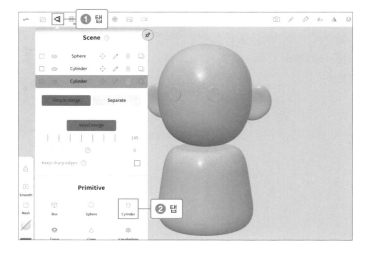

**09** (Gizmo)의 주황색 원을 안쪽으로 드래그하여 크기를 줄이고 편집 툴에서 (Validate)를 탭하여 모델링을 활성화합니다.

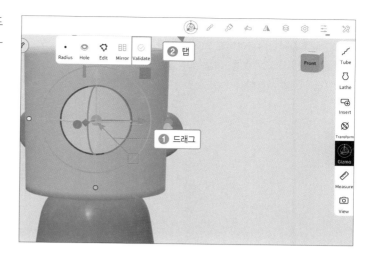

## 바지와 다리 만들기

**01** 위에서 만든 목 모델링을 선택하고 (Gizmo)가 선택된 상태로 왼쪽 메뉴에서 (Clone)을 탭하여 복제합니다. 복제한 모델링을 몸통 모델링 아래로 이동합니다.

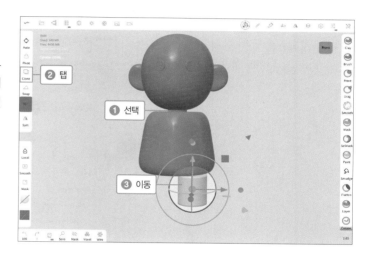

**02** 상단 메뉴 (Symmetry(⚠))에서 Mirroring의 (Right to Left) 버튼을 탭합니다.

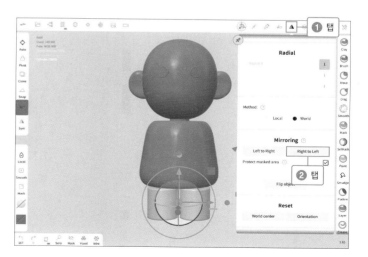

**TIP** Mirroring을 하면 반대편에 모델링이 복제가 되며 단일 오브젝트로 합칠 수 있어요.

03 | 하반신을 만들기 위해 상단 메뉴
[Scene(▨)]에서 [Sphere]를 탭하여 모델
링을 생성하고 [Gizmo]를 이용하여 골반
부분으로 위치를 이동합니다.

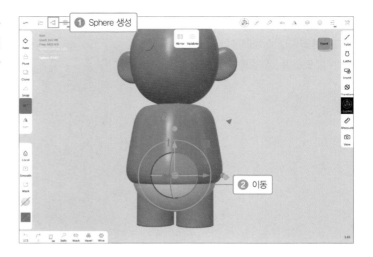

04 | 상단 메뉴 [Scene(▨)]에서 스피어
와 다리 모델링을 선택한 다음 [Voxel
merge] 버튼을 탭하여 하나의 오브젝트로
합칩니다.

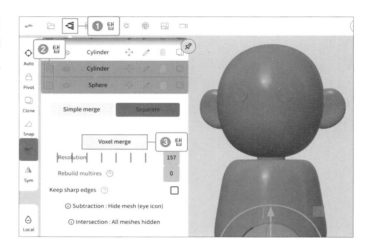

05 | 오른쪽 메뉴에서 [Smooth]를 선택
하고 하나로 합쳐진 모델링의 이음새를 부
드럽게 문질러 다듬습니다.

**TIP** [Voxel merge]로 합친 모델링은 두 모
델링의 와이어까지 완벽히 이어진 형태가 됩
니다. [Voxel merge]는 이음새를 깔끔하게
정리해 줄 수 있는 대신 [Simple merge]와는
다르게 [Separate]로 다시 분리시킬 수 없습
니다.

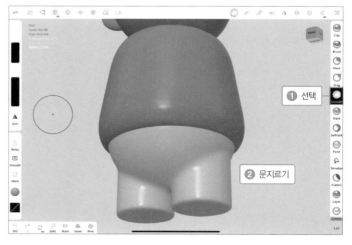

06 다리를 만들기 위해 상단 메뉴 (Scene (🖼️))에서 (Cylinder)를 탭하여 모델링을 생성하고 편집 툴의 (Mirror)를 탭하여 복제합니다. (Gizmo)를 이용하여 위치를 이동하고 크기를 조절한 다음 편집 툴의 (Validate)를 탭하여 활성화합니다.

**TIP** 오른쪽 메뉴에서 (View)를 탭하여 전체 모델링을 활성화합니다. 아직 각 파츠의 기본 형태와 비율을 조절하는 단계이기 때문에 중간중간 전체적인 모습을 체크하는 습관을 가지는 게 중요합니다.

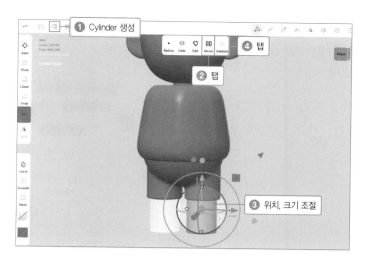

## 팔과 신발의 기준 설정하기

01 팔을 만들기 위해 상단 메뉴 (Scene (🖼️))에서 (Cylinder)를 탭하여 모델링을 생성하고 편집 툴에서 (Mirror)를 탭하여 복제합니다.

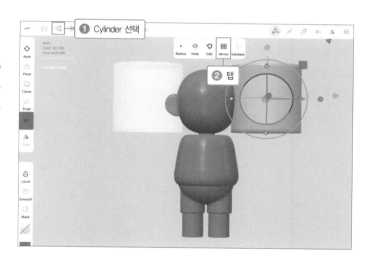

02 (Gizmo)를 이용하여 팔의 위치로 이동하고 크기를 조절한 다음 편집 툴에서 (Validate)를 탭하여 모델링을 활성화합니다.

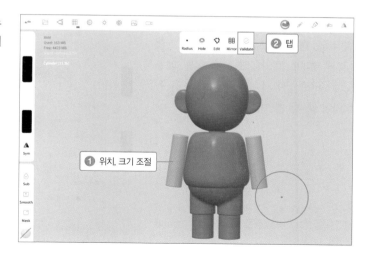

**03** | 발을 만들기 위해 상단 메뉴 (Scene (⊡))에서 (Sphere)를 탭하여 모델링을 생성합니다.

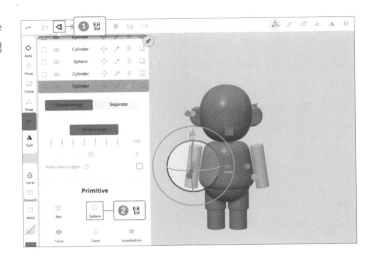

**04** | 발은 크기를 가늠하기 위한 샘플로 활용될 예정이기 때문에 (Mirror)를 탭하지 않고 편집 툴에서 (Validate)를 탭하여 모델링을 활성화합니다.

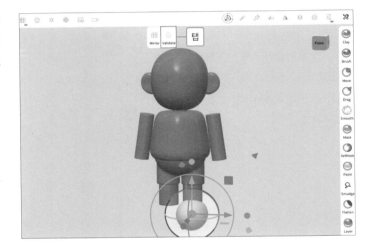

**05** | 구 형태의 발이 어색하기 때문에 발바닥처럼 평평하게 모델링을 잘라내려고 합니다. 제대로 잘라내기 위해 상단 메뉴 (Camera(⊡))에서 'Orthographic'을 선택하여 설정을 변경합니다.

**TIP** Orthographic은 카메라의 왜곡을 없애주는 설정으로, 모델링을 잘라줄 때 유용하게 사용됩니다.

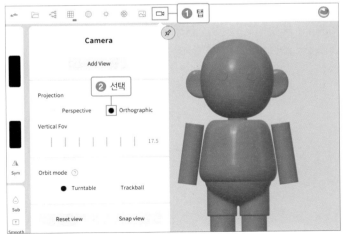

06 | 오른쪽 메뉴에서 (Trim)을 선택한 다음 왼쪽 메뉴에서 (Rect)를 선택합니다. 잘라줄 부위를 탭하고 드래그하여 선택된 영역만큼 모델링을 잘라냅니다.

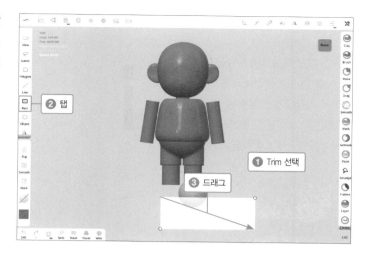

07 | 팔 모델링을 선택한 다음 (Gizmo)의 빨간색 화살표를 드래그하여 몸통과 붙이고 파란색 원을 드래그하여 자연스럽게 회전합니다.

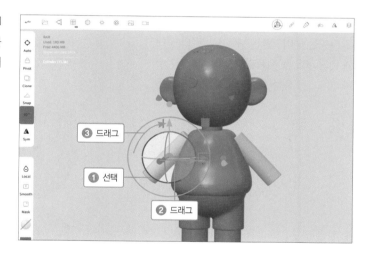

08 | 오른쪽 메뉴에서 (Move)를 선택하고 몸통과 팔의 이음새 형태를 수정합니다. 왼쪽 메뉴에서 (Smooth)를 선택하고 이음새를 문질러 부드럽게 다듬습니다.

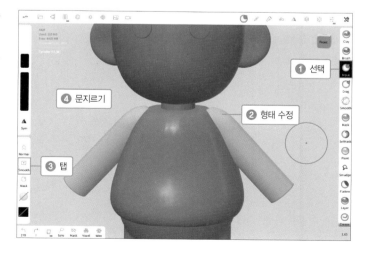

## 헤어 모델링 만들기

01 상단 메뉴 [Scene(⬚)]에서 [Sphere]를 탭하여 생성하고 [Gizmo]를 이용하여 머리카락이 될 위치로 이동하고 크기를 조절한 다음 편집 툴에서 [Validate]를 탭하여 모델링을 활성화합니다.

**TIP** 형태를 잡기 전에 헤어스타일의 크기를 가늠해 봅니다.

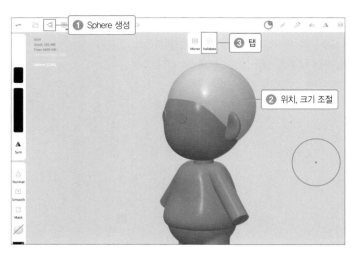

02 오른쪽 메뉴에서 [Move]를 선택하고 두상을 덮어가면서 헤어 모델링의 형태를 만듭니다. 눈 위쪽까지 앞머리를 당겨서 내려주고 귀 뒤쪽의 형태를 두툼하게 만듭니다.

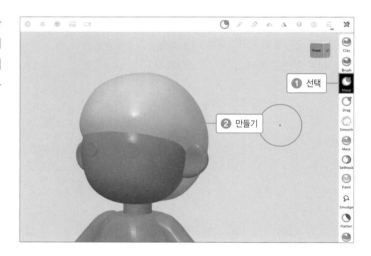

03 헤어 모델링의 덩어리가 어느 정도 잡혔다면 [Move]로 당겨주듯이 앞머리의 형태를 만듭니다.

**TIP** 왼쪽 메뉴의 [Radius]를 탭하여 브러시 크기를 줄이고 당겨주면 쉽게 형태를 만들 수 있습니다.

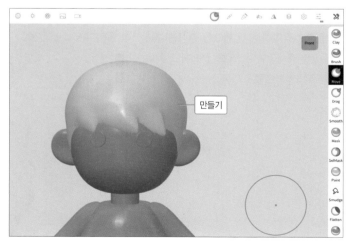

04 하단 메뉴의 (Wire)를 탭하면 모델
링을 당겨준 부분의 흐름이 많이 늘어나 보
입니다. 이 상태로는 원활한 작업이 어렵습
니다.

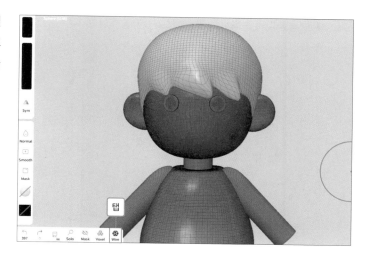

05 상단 메뉴 (Topology(▦))에서
(Voxel) 탭을 선택하고 Voxel remeshing
의 Resolution을 '199'로 설정한 다음 (Re
mesh) 버튼을 탭하여 폴리곤의 흐름을 재
정렬합니다.

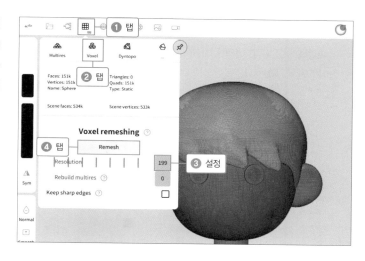

TIP Resolution을 설정할 때 너무 낮은 수치
는 폴리곤이 적게 재정렬되니 주의합시다.

06 오른쪽 메뉴에서 (Clay)를 선택한
다음 머릿결을 스컬핑하여 만듭니다.
(Voxel)로 폴리곤이 재정렬되어 스컬핑이
잘 표현됩니다.

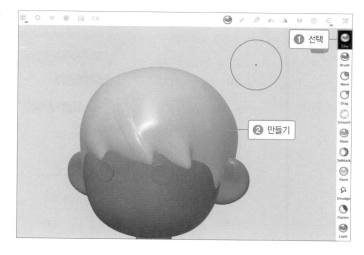

07 | 머릿결을 따라 브러시로 계속해서 스컬핑을 진행합니다.

**TIP** [Clay]로 머릿결을 스컬핑하고 [Smooth]를 탭한 다음 다듬어 주면 자연스러운 헤어스타일을 만들 수 있습니다.

08 | 아래에서 봤을 때 헤어 모델링의 형태가 이상해 보입니다. 여러 각도에서 형태를 잡아주면서 헤어스타일을 완성합니다.

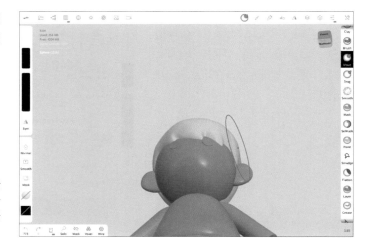

**TIP** 자주 보는 화면으로만 작업하면 다른 각도의 형태가 틀어져 있는 경우가 많습니다. 다양한 각도로 형태감을 다듬어 주는 습관이 중요합니다.

## 헬멧 형태 만들기

01 | 마스크의 고글 부분을 만들기 위해 상단 메뉴 [Scene(📑)]에서 [Box]를 탭하여 모델링을 생성합니다.

**TIP** 로우 폴리곤으로 변환하기 위해 편집 툴의 [Validate]는 아직 탭하면 안 됩니다.

**02** 표시되는 참에서 Box−Topology의 Division X를 '2'로 낮춰 설정하면 로우 폴리곤을 생성할 수 있습니다.

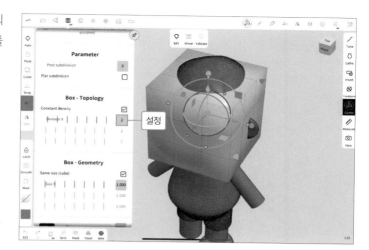

**TIP** 박스 모델링의 Wire가 굉장히 적은 로우 폴리곤이 된 것을 알 수 있습니다.

**03** [Gizmo]를 이용하여 그림과 같이 위치와 크기를 조절한 다음 편집 툴에서 [Validate]를 탭하여 모델링을 활성화합니다.

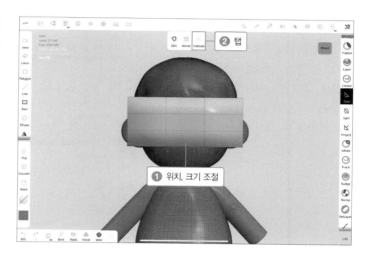

**04** [Snap Cube]에서 [Front]를 탭하여 Front View로 시점을 변경하고 오른쪽 메뉴에서 [Trim]을 선택한 다음 왼쪽 메뉴에서 [Rect]를 선택합니다. 잘라낼 영역을 드래그하여 아랫부분을 그림과 같이 자릅니다.

**TIP** 상단 메뉴 [Camera(□)]에서 [Ortho graphic]을 탭하여 설정을 바꿔주면 정확하게 모델링을 자를 수 있습니다.

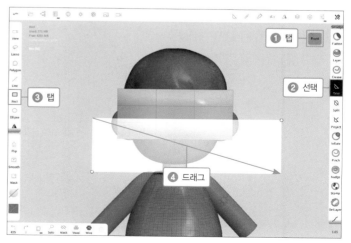

**05** 〔Snap Cube〕에서 〔Top〕을 탭하여 Top View로 시점을 변경하고 오른쪽 메뉴에서 〔Move〕를 선택하여 고글 모델링을 얼굴 라인에 맞춰서 곡선의 형태로 만듭니다.

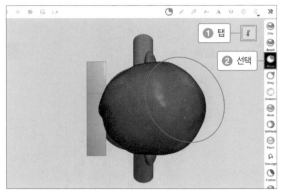 

**TIP** Wire를 〔Move〕로 드래그하여 하나씩 당겨주면 쉽게 형태를 변형할 수 있어요.

**06** 상단 메뉴 〔Scene(⊞)〕에서 〔Cylinder〕를 탭하여 모델링을 생성하고 표시되는 창에서 로우 폴리곤으로 변한하기 위해 Cylinder–Topology의 Division X를 '12'로 설정합니다.

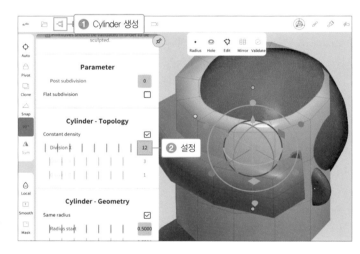

**TIP** 실린더 모델링이 Wire가 12각으로 이루어진 로우 폴리곤으로 생성되었습니다.

**07** 편집 툴에서 〔Hole〕을 탭하여 모델링에 구멍을 뚫고 위치와 크기를 조절합니다.

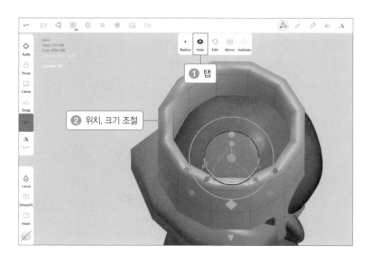

08 │ 편집 툴에서 (Validate)를 탭하여
모델링을 활성화합니다.

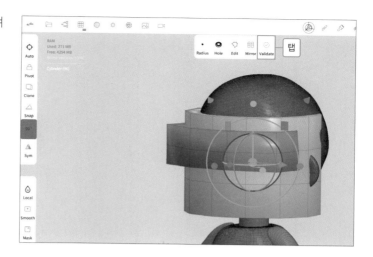

09 │ 실린더의 뒷부분을 잘라내기 위해
(Snap Cube)에서 (Left)를 탭하여 Left
View로 시점을 변경합니다. 오른쪽 메뉴에
서 (Trim), 왼쪽 메뉴에서 (Rect)를 선택한
다음 뒷통수 쪽을 기준으로 드래그하여 영
역을 지웁니다.

TIP 상단 메뉴 (Camera(□))에서 (Ortho
graphic)을 탭하여 설정을 바꿔주면 정확하
게 모델링을 자를 수 있습니다.

10 │ 같은 방법으로 마스크와 귀가 겹치
는 부분을 드래그하여 영역을 지웁니다.

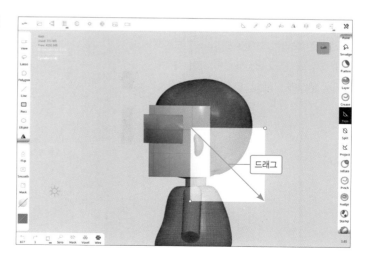

**11** 마스크 턱의 꺾이는 부분은 오른쪽 메뉴에서 (Move)를 선택하고 형태를 수정합니다.

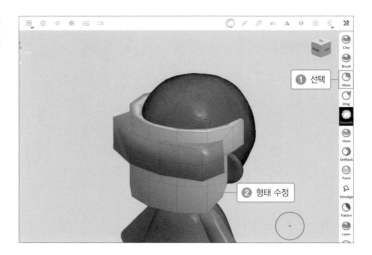

**12** 고글과 마스크의 폴리곤의 양을 늘리겠습니다. 상단 메뉴 (Topology(▦))에서 (Multires) 탭을 선택한 다음 'Flat subdivision'을 체크 표시하고 각각 모델링의 (Subdivide) 버튼을 탭하여 폴리곤을 늘립니다.

**TIP** 'Flat subdivision'을 체크 표시하면 로우 폴리곤의 각진 부분을 유지하면서 폴리곤의 양을 늘릴 수 있습니다. 체크 표시하지 않으면 각진 부분이 둥그스름하게 다듬어지게 되어 인공적인 모델링에 적합하지 않게 됩니다.

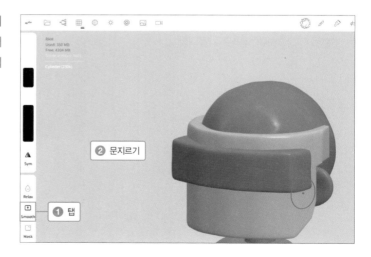

**13** 마스크 모델링의 곡면이 로우 폴리곤의 각진 모습이 그대로 드러나기 때문에 왼쪽 메뉴의 (Smooth)를 선택하여 곡선의 면들을 문질러 다듬습니다.

14 | 마스크 모델링의 Trim 기능으로 잘라낸 부분의 면이 고르지 않습니다. 상단 메뉴 [Topology(▦)]에서 [Voxel] 탭을 선택한 다음 Voxel remeshing에서 Resolution을 '150'으로 설정하고 [Remesh] 버튼을 탭하여 폴리곤을 재정렬합니다.

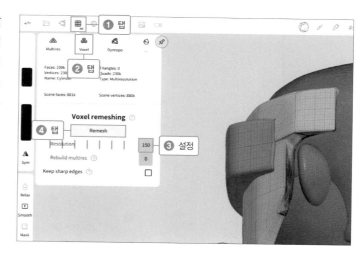

**TIP** Wire가 정리되지 않은 면들은 나중에 스컬핑 작업을 제대로 할 수 없기 때문에 작업 초반에 폴리곤을 정리할 필요가 있습니다.

## 헬멧 만들고 기준점 설정하기

01 | 상단 메뉴 [Scene(▦)]에서 고글과 마스크 모델링을 다중 선택합니다. [Simple merge] 버튼을 탭하여 하나의 모델링으로 합친 다음 헬멧 모델링을 만들기 위해 [Sphere]를 탭하여 생성합니다.

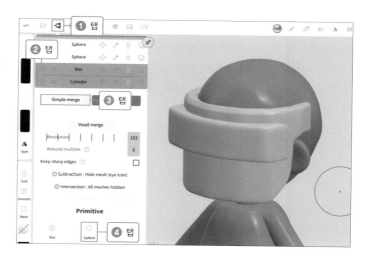

02 | 생성한 스피어를 헬멧이 될 위치로 이동하고 [Snap Cube]에서 [Left]를 탭하여 Left View로 시점을 변경합니다. 오른쪽 메뉴에서 [Trim], 왼쪽 메뉴에서 [Lasso]를 탭한 다음 헬멧의 옆 라인 영역을 지정하여 잘라냅니다.

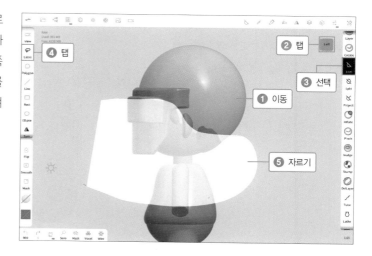

03 | 헬멧의 형태가 잡힌 것을 확인합니다.

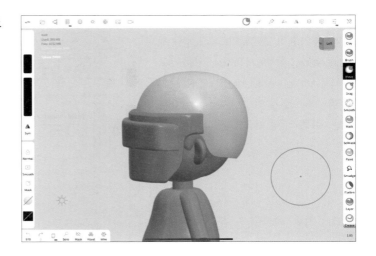

04 | 고글의 안경 부분을 만들기 위해 [Snap Cube]에서 [Front]를 탭하여 Front View로 시점을 변경하고 지정하고 오른쪽 메뉴에서 [Mask]를 선택하여 안경 부분의 마스크 영역을 설정합니다.

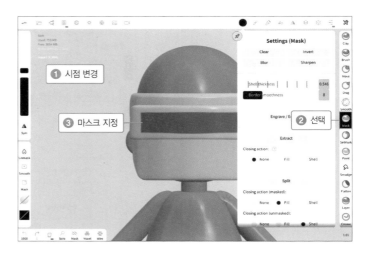

05 | Mask가 지정된 상태로 상단 메뉴 [Settings(Mask)]에서 [Invert] 버튼을 탭하여 마스크 영역을 반전합니다.

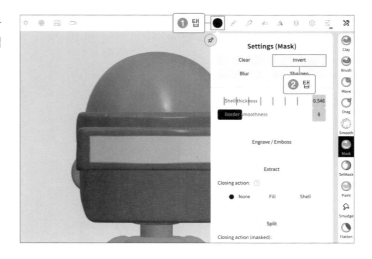

**06** 안경 부분만 작업이 가능한 상태가 되었습니다. 오른쪽 메뉴에서 [Gizmo]를 선택하고 파란색 화살표를 안쪽으로 드래그 하여 면을 밀어 넣습니다.

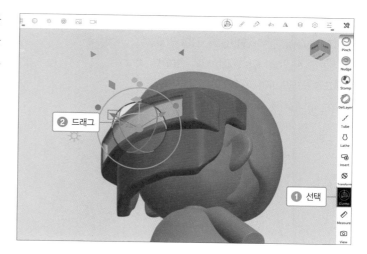

**TIP** 약간의 깊이감을 추가해 주는 것만으로 도 디테일을 올릴 수 있습니다.

**07** 오른쪽 메뉴에서 [Mask]를 선택 하고 상단 메뉴 [Settings(Mask)]에서 [Clear] 버튼을 탭하여 마스킹 영역을 모두 지웁니다.

**08** 고글을 올려 쓴 표현을 하기 위해 오른쪽 메뉴에서 [Gizmo]를 선택하면 모델 링 중앙에 [Gizmo]가 위치한 것을 알 수 있 습니다. 이 상태로는 고글을 회전하기 쉽지 않기 때문에 [Gizmo]의 Pivot을 수정해야 합니다. [Snap Cube]에서 [Left]를 탭하여 Left View로 시점을 변경합니다.

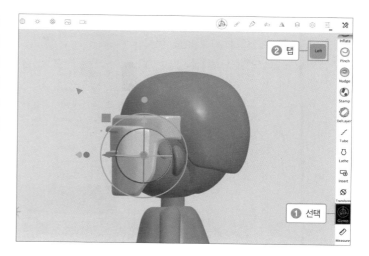

**09** (Gizmo)가 선택된 상태로 왼쪽 메뉴에서 Pivot을 선택하면 (Gizmo)의 위치를 이동할 수 있습니다. (Gizmo)의 초록색 화살표를 드래그하여 고글의 이음새 부위로 (Gizmo)의 위치를 조절합니다.

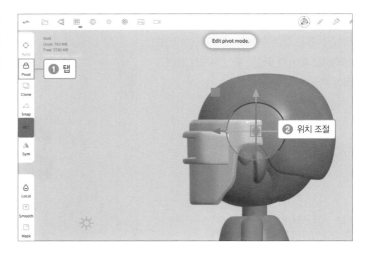

**10** Gizmo의 원을 드래그하여 회전하면 바뀐 Pivot의 위치로 인해 자연스럽게 고글을 올려 쓴 것처럼 회전할 수 있습니다.

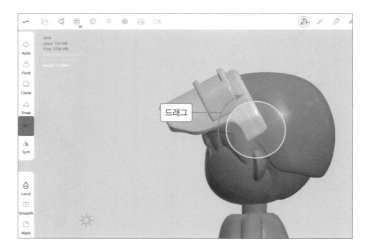

**11** 상단 메뉴 (Scene(▦))에서 고글과 헬멧을 다중 선택하고 (Simple merge) 버튼을 탭하여 하나의 모델링으로 합칩니다.

**TIP** (Simple merge)로 합친 모델링은 나중에 (Separate)로 분리할 수 있습니다.

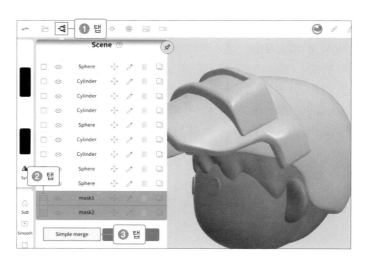

**12** 헬멧의 조립된 부분을 묘사하기 위해 상단 메뉴 [Scene()]에서 [Cylinder]를 탭하여 생성합니다.

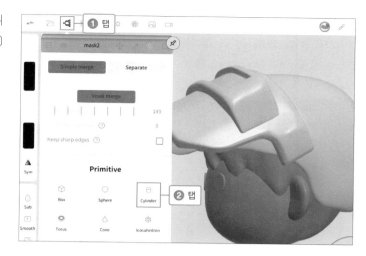

**13** 생성한 실린더의 위치와 크기를 조절하여 그림과 같이 헬멧에 조립된 느낌을 부여합니다.

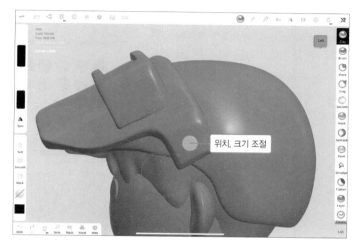

**14** 상단 메뉴 [Scene()]에서 작업한 파츠를 선택한 다음 [Simple merge] 버튼을 탭하여 하나의 모델링으로 합칩니다.

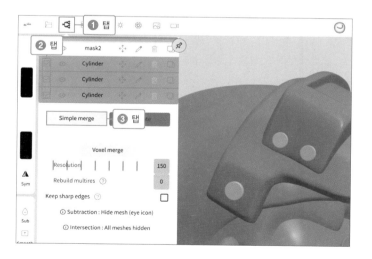

**15** 작업한 헬멧에 금속 느낌과 색상을 적용하겠습니다. 헬멧을 선택하고 왼쪽 메뉴 (Material(◉))에서 Roughness를 '0.380', Metalness를 '1'로 설정합니다. 색상을 '짙은 회색'으로 지정한 다음 (Paint all) 버튼을 탭하여 재질과 색상을 적용합니다.

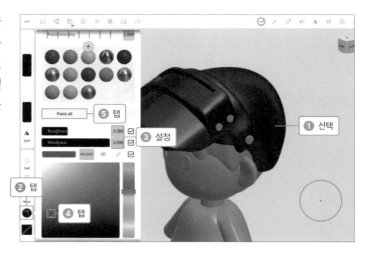

**16** 같은 방법으로 이음새 파츠를 선택하고 구분을 위해 색상을 '밝은색'으로 지정한 다음 (Paint all) 버튼을 탭하여 적용합니다.

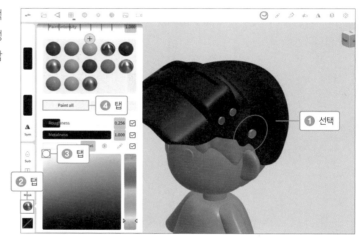

**17** 로우 폴리곤을 이용한 모델링과 금속 재질이 적절히 조화롭게 보입니다.

# 자켓 만들고 몸통 다듬기

01 │ 몸통이 너무 비대해 보이기 때문에 슬림하게 바꿔줄 필요가 있습니다. 오른쪽 메뉴에서 (Move)를 선택하여 형태를 수정합니다.

02 │ 몸통 위에 자켓을 만들기 위해 상단 메뉴 (Scene(▣))에서 (Cylinder)를 탭하여 모델링을 생성합니다.

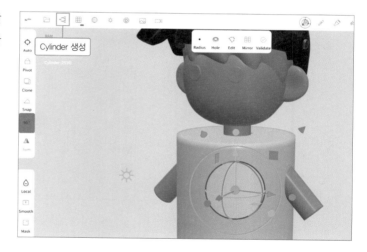

03 │ 편집 툴에서 (Hole)을 탭하여 구멍을 뚫습니다.

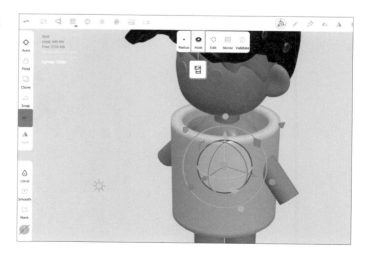

**04** | 편집 툴에서 (Radius)를 탭하면 아이콘의 형태가 달라지면서 (Gizmo) 위아래 부분에 노란색 작은 포인트가 생깁니다. 각각의 노란색 포인트를 드래그하여 그림과 같이 만들어 주세요.

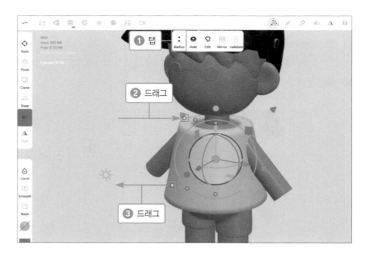

**05** | 노란색 포인트 옆에 있는 파란색 작은 포인트를 드래그하여 구멍의 두께를 적당히 조절합니다.

**06** | 오른쪽 메뉴에서 (Move)를 선택하여 형태를 수정하고 왼쪽 메뉴에서 (Smooth)를 선택하여 문질러 다듬고 정리합니다.

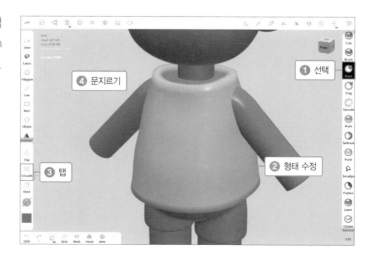

**07** 자켓 모델링의 앞부분을 잘라내기 위해 상단 메뉴 (Scene(📑))에서 새로 만든 자켓 모델링을 제외하고 나머지 모델링의 '눈' 아이콘(◎)을 탭하여 모두 숨겨주세요.

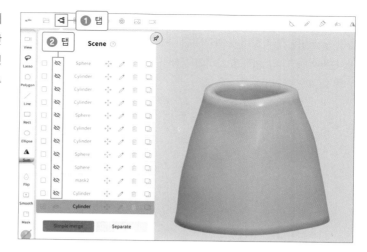

**08** 자르기 쉽도록 (Snap Cube)에서 (Top)을 탭하여 Top View로 시점을 변경하고 오른쪽 메뉴에서 (Trim), 왼쪽 메뉴에서 (Lasso)를 선택합니다.

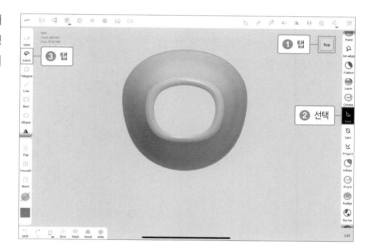

**09** (Lasso)를 이용해 영역을 지정하고 잘라낸 모습을 확인합니다.

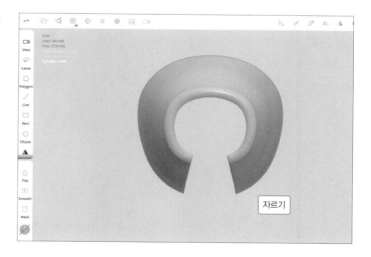

**10** | 상단 메뉴 [Scene(▣)]에서 숨겨두었던 모델링을 전부 보이게 하기 위해 '눈' 아이콘(▧)을 다시 탭하고 자켓의 형태를 한 번 더 확인합니다.

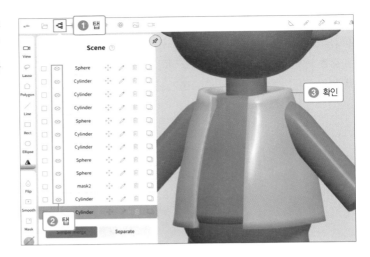

**11** | 자켓의 옷깃을 만들기 위해 자켓 모델링을 선택하고 [Gizmo]를 탭한 다음 왼쪽 메뉴에서 [Clone]을 탭하여 복제합니다.

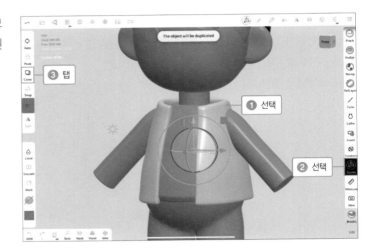

**12** | 복제한 모델링의 크기를 줄인 다음 오른쪽 메뉴에서 [Trim]을 선택한 다음 왼쪽 메뉴에서 [Rect]를 선택합니다. 그림과 같이 드래그하여 아랫부분을 잘라냅니다.

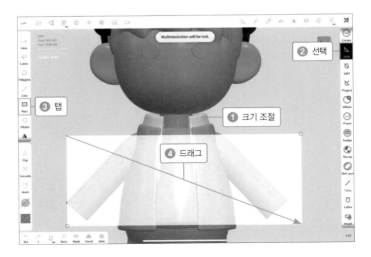

13 | 옷깃 모델링과 자켓 모델링의 형태를 수정합니다. (Gizmo)로 옷깃의 크기를 키우고 (Move)로 늘려주면서 자연스럽게 보이도록 작업합니다.

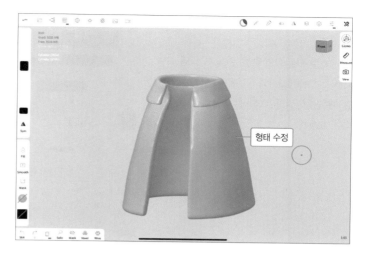

형태 수정

14 | 오른쪽 메뉴에서 (View)를 선택하여 전체 모델링을 확인하면 바지가 어색해 보입니다.

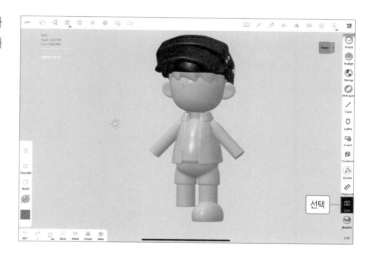

선택

15 | 오른쪽 메뉴에서 (Clay)를 선택하여 부족한 형태감을 채워주는 식으로 스컬핑하고 (Smooth)로 문질러 다듬거나 (Flatten)으로 눌러 주면서 모델링을 정리합니다.

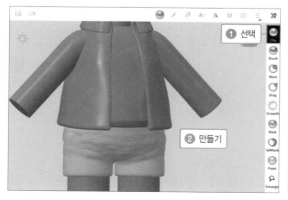

① 선택

② 만들기

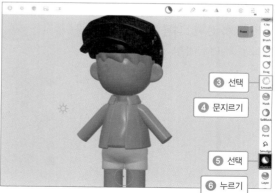

③ 선택

④ 문지르기

⑤ 선택

⑥ 누르기

## 캐릭터 팔 만들기

01 | 팔 모델링의 손을 만들기 위해 상단
메뉴 (Scene(⬚))에서 (Sphere)를 탭하여
모델링을 생성하고 적당한 위치로 이동합
니다.

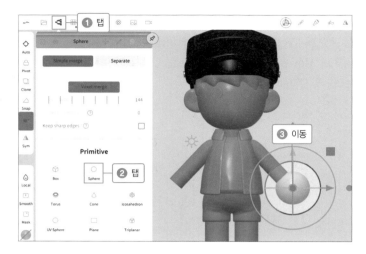

02 | 팔을 선택하면 두 팔이 하나의 그룹
으로 합쳐져 있습니다. 이렇게 되면 나중에
개별로 움직이기 힘들어지므로 분리하는 작
업을 하겠습니다.

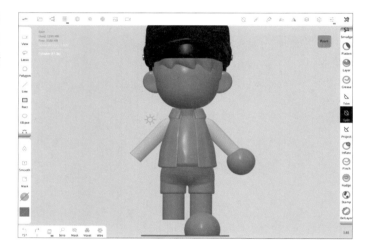

03 | (Snap Cube)에서 (Front)를 탭하
여 Front View로 시점을 변경합니다. 오른
쪽 메뉴에서 (Split)를 선택하고 왼쪽 메뉴에
서 (Rect)를 선택한 다음 왼쪽 팔 부분 전체
를 드래그하여 분리합니다.

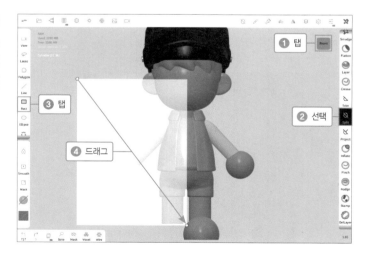

**04** (Split)로 분리되어 오른쪽 팔만 따로 선택할 수 있게 되었습니다.

**TIP** Trim은 선택 영역 삭제, Split는 선택 영역을 분리시켜 주는 특성이 있습니다. 각 브러시의 특성을 잘 기억해 둡시다.

**05** 상단 메뉴 (Scene(🖼))에서 오른쪽 팔과 손 모델링을 다중 선택한 다음 (Voxel merge) 버튼을 탭하여 하나로 합칩니다.

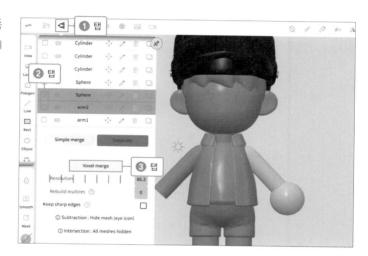

**06** 팔과 손 모델링이 하나로 합쳐지고 와이어가 이어졌습니다. (Smooth)를 탭하여 다듬고 왼쪽 팔 모델링은 이제 필요 없기 때문에 삭제합니다.

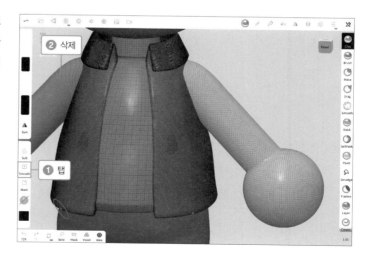

**07** | 오른쪽 메뉴에서 (Gizmo)를 선택하여 오른팔을 선택하고 왼쪽 메뉴에서 (Clone)을 탭하여 복제합니다. (Symmetry (🔺))에서 Mirroring의 (Flip object) 버튼을 탭하면 복제한 팔 모델링이 화면 중앙을 기준으로 왼쪽으로 뒤집어집니다.

**TIP** 왼팔이 개별로 선택됩니다. Mirroring에서 Left to Right 기능은 복제한 다음 단일 오브젝트가 됩니다. 비슷하지만 다른 기능이라는 점을 기억해 둡시다.

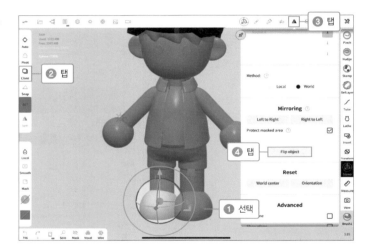

**08** | 발 모델링도 같은 방법으로 (Flip object) 버튼을 탭하여 복제합니다.

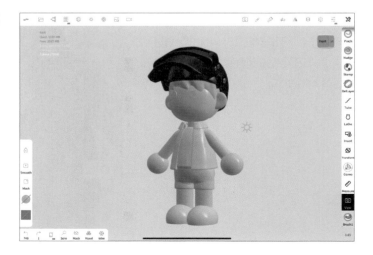

**09** | 캐릭터의 전체적인 실루엣이 만들어졌습니다.

## 프라이팬 아이템 만들기

01 | 모든 모델링의 '눈' 아이콘(👁)을 탭하여 상단 메뉴 [Scene(📑)]에서 캐릭터 모델링 파츠들을 전부 숨기고 [Cylinder]를 탭하여 모델링을 생성합니다.

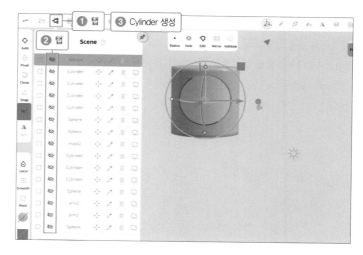

02 | 오른쪽 메뉴에서 [Gizmo]를 선택하고 주황색 원을 드래그하여 크기를 조절하고 위에 있는 작은 초록색 포인트를 아래로 드래그하여 넓적한 형태의 실린더로 만들어 주세요.

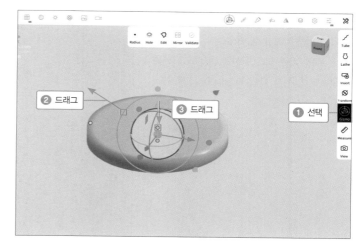

03 | 편집 툴에서 [Radius]를 탭하면 아이콘이 변경되고 [Gizmo]의 바깥쪽에 노란색 작은 포인트 수가 늘어납니다. 아랫부분의 노란색 포인트를 드래그하여 위쪽은 넓고 아래쪽은 좁은 프라이팬 모양을 만듭니다.

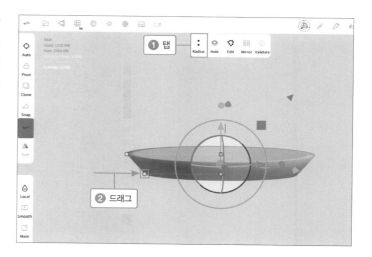

**04** Mask 작업을 하기 위해 모델링의 폴리곤을 늘리겠습니다. 상단 메뉴 (Topology(▦))에서 (Multires) 탭을 선택한 다음 (Subdivision) 버튼을 탭하여 폴리곤을 늘립니다.

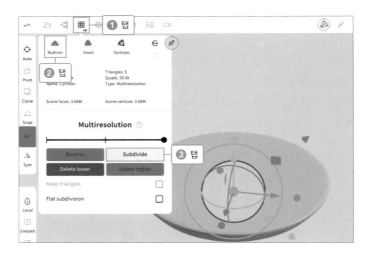

**05** 수평으로 획을 그을 수 있도록 하겠습니다. 상단 메뉴 (Symmetry(△))에서 Planes의 (X)를 탭하여 선택 해제하고 (Y)를 선택하여 활성한 다음 Radial에서 Radial Y를 '12'로 설정합니다.

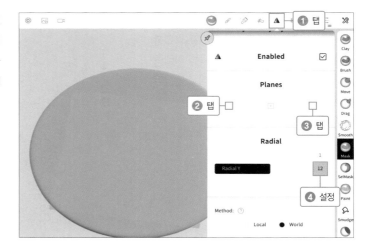

**06** 스컬핑 포인트가 가로로 두 개에서 열두 개로 늘어난 것을 확인합니다.

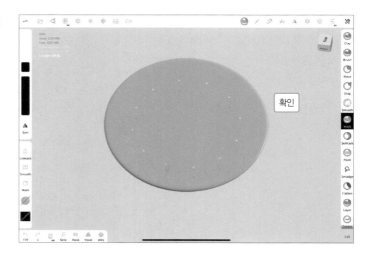

**07** Mask로 깔끔한 원형 그리기가 쉬워졌습니다.

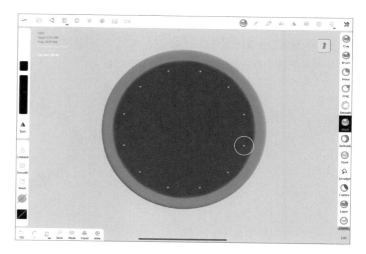

**08** 오른쪽 메뉴에서 (Mask)를 선택하고 프라이팬의 두께가 너무 두껍지 않도록 마스크 영역을 지정합니다.

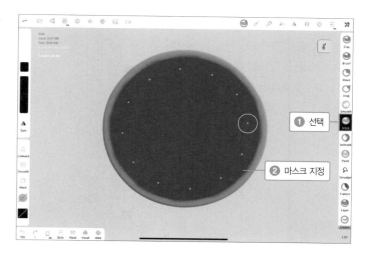

**09** (Mask)가 선택된 상태로 상단 메뉴 (Settings(Mask))에서 (Invert)를 탭하여 마스크 영역을 반전시킵니다.

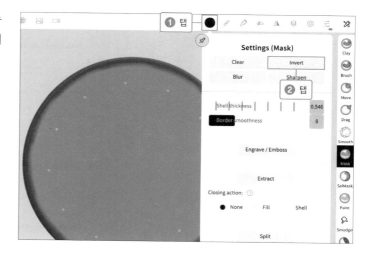

**10** 오른쪽 메뉴에서 (Gizmo)를 선택하고 초록색 화살표를 아래로 드래그하여 프라이팬의 윗면을 아래로 이동합니다.

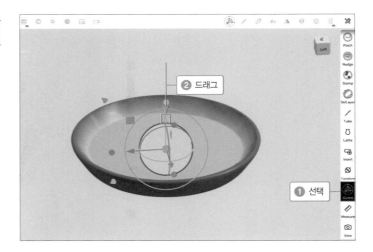

**11** 오른쪽 메뉴에서 Mask를 선택한 다음 상단 메뉴 (Settings(Mask))에서 (Clear) 버튼을 탭하여 마스크 영역을 지웁니다. 왼쪽 메뉴에서 (Smooth)를 선택하고 모델링을 문질러 다듬습니다.

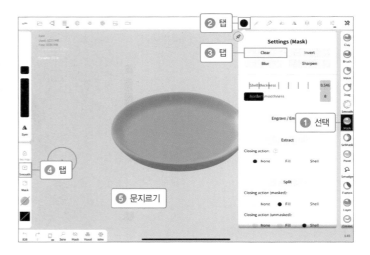

**12** 손잡이를 만들기 위해 상단 메뉴 (Scene(▣))에서 (Cylinder)를 탭하여 모델링을 생성합니다.

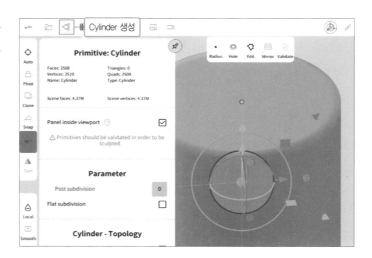

13 〔Gizmo〕를 이용하여 손잡이 부분으로 크기와 위치를 조절합니다. 편집 툴에서 〔Radius〕를 탭하여 포인트를 변경하고 생성된 작은 노란색 포인트를 드래그하여 프라이팬 연결 부분의 두께를 조금 얇게 만듭니다.

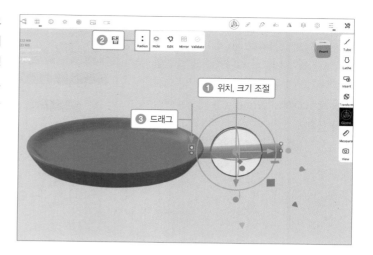

14 상단 메뉴 〔Scene(📱)〕에서 프라이팬과 손잡이 모델링을 다중 선택하고 〔Simple merge〕 버튼을 탭하여 하나의 모델링으로 만듭니다.

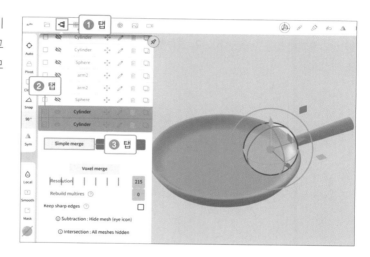

15 숨겨둔 모델링 파츠를 활성화하고 프라이팬을 캐릭터의 손에 쥐여주듯이 위치를 이동합니다.

## 캐릭터 신발 만들기

01 | 기존에 비율만 잡아놨던 발 모델링을 대체할 신발을 만들겠습니다. 상단 메뉴 (Scene(▣))에서 (Sphere)를 탭하여 모델링을 생성합니다.

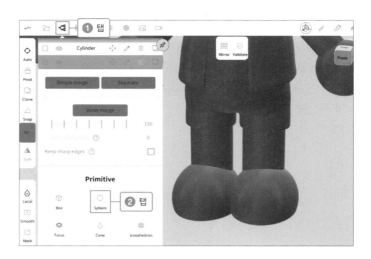

02 | 발의 크기를 가늠할 수 있도록 왼발을 남겨두고 신발을 만들 스피어의 크기를 조절합니다.

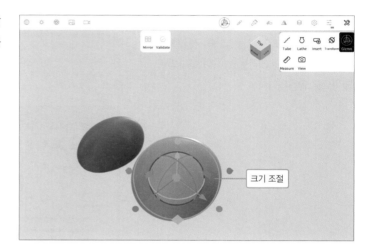

03 | 오른쪽 메뉴에서 (Trim)을 탭하고 왼쪽 메뉴에서 (Rect)를 탭하여 드래그로 발바닥 부분을 자릅니다.

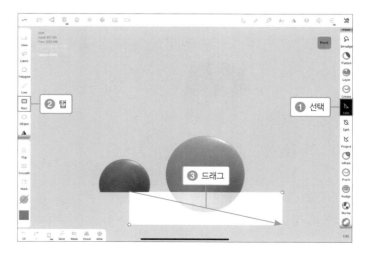

04 발 크기를 왼발과 비슷하게 조절합
니다.

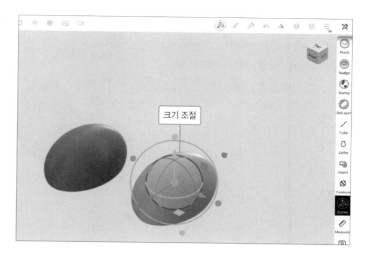

05 신발의 발목을 만들어 주기 위해 상
단 메뉴 (Scene(⊞))에서 (Cylinder)를 탭
하여 모델링을 생성하고 크기와 위치를 조
절합니다.

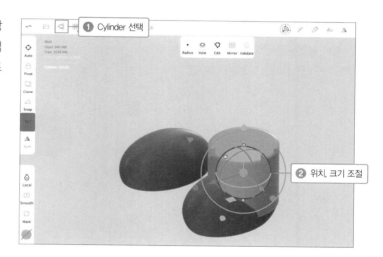

06 편집 툴에서 (Hole)을 탭하여 실린
더에 구멍을 뚫습니다.

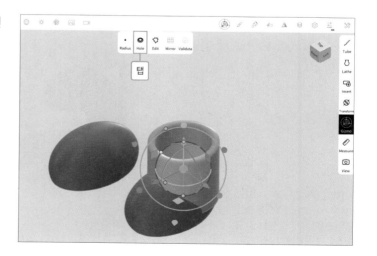

07 〔Snap Cube〕에서 〔Top〕을 탭하여 Top View로 시점을 변경하고 오른쪽 메뉴에서 〔Trim〕을 선택한 다음 왼쪽 메뉴에서 〔Lasso〕를 선택합니다. 발목 앞부분을 드래그하여 영역을 지웁니다.

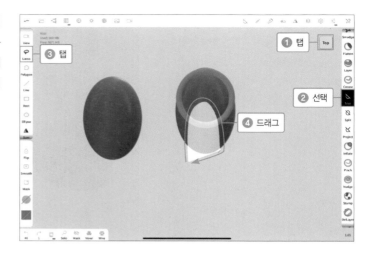

08 오른쪽 메뉴에서 〔Gizmo〕를 선택하고 발목 모델링을 선택한 다음 왼쪽 메뉴에서 〔Clone〕을 탭하여 모델링을 복제합니다.

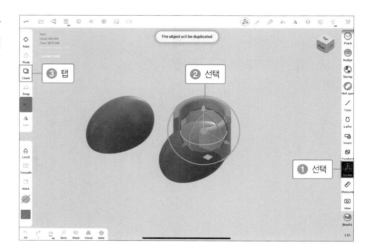

09 복제한 모델링 〔Gizmo〕의 빨간색 원을 드래그하여 180° 회전하고 앞쪽으로 이동합니다.

**TIP** 왼쪽 메뉴에서 〔Snap〕을 탭하고 원하는 수치를 입력한 다음 회전하면 입력한 각도만큼 정확하게 회전할 수 있어요. 하지만 '90°' 이상은 입력되지 않습니다.

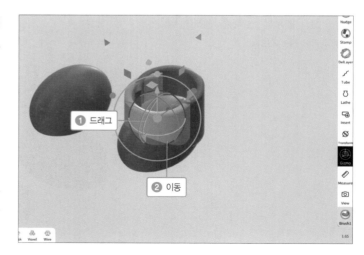

10 〔Snap Cube〕에서 〔Top〕을 탭하여 Top View로 시점을 변경합니다.
오른쪽 메뉴의 〔Trim〕을 선택하고 왼쪽 메뉴의 〔Lasso〕를 선택한 다음 드래그하여 그림과 같이 영역을 지웁니다.

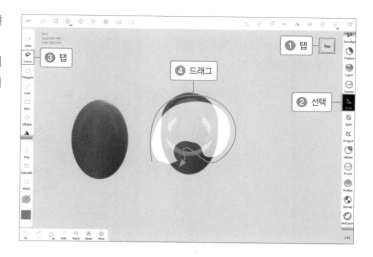

11 신발의 앞코 부분을 만들기 위해 오른쪽 메뉴에서 〔Gizmo〕를 선택하여 신발 모델링을 선택한 다음 왼쪽 메뉴에서 〔Clone〕을 탭하여 복제합니다.

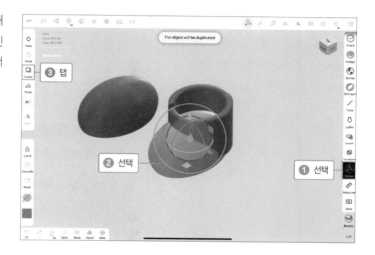

12 오른쪽 메뉴에서 〔Trim〕을 선택하고 왼쪽 메뉴에서 〔Lasso〕를 선택한 다음 그림과 같이 영역을 드래그하여 지웁니다.

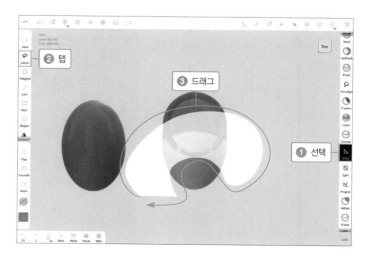

**13** 앞코 모델링의 크기를 키운 다음 오른쪽 메뉴에서 (Move)를 선택하여 발목 모델링의 형태를 수정합니다.

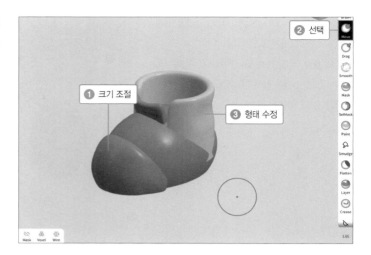

**14** 상단 메뉴 (Scene(⊞))에서 신발 모델링과 발목 모델링을 다중 선택하고 Resolution을 '207'로 설정한 다음 (Voxel merge) 버튼을 탭하여 합칩니다.

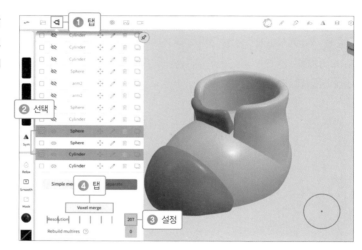

**15** 오른쪽 메뉴에서 (Smooth)를 선택하여 합쳐진 모델링의 이음새를 문질러 다듬습니다.

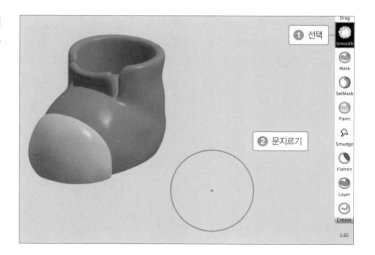

16 │ 신발의 밑창을 만들기 위해 상단 메
뉴 (Scene(▦))에서 (Cylinder)를 탭하여
모델링을 생성하고 오른쪽 메뉴에서 (Giz-
mo)를 선택하여 크기와 위치를 조절합니다.

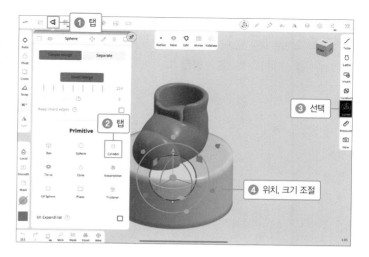

17 │ 크기를 적당히 조절한 다음 편집 툴
에서 (Validate)를 탭하여 모델링을 활성화
합니다.

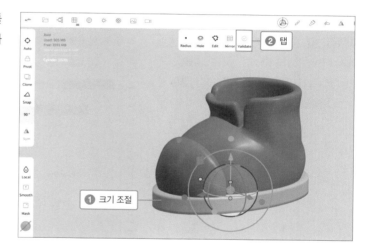

18 │ 앞코 모델링을 선택하고 왼쪽 메뉴
에서 (Clone)을 탭하여 복제합니다.

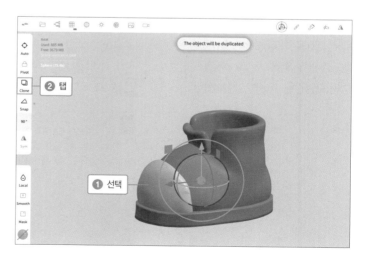

19 〔Gizmo〕를 이용하여 복제한 모델링을 뒷꿈치 쪽으로 이동하고 오른쪽 메뉴에서 〔Move〕를 선택하고 형태를 수정합니다.

TIP Snap 기능을 이용하면 정확한 각도로 모델링을 회전할 수 있습니다.

20 신발 끈을 만들어서 신발 모델링을 마무리하겠습니다. 상단 메뉴 〔Scene(□)〕에서 〔Sphere〕를 탭하여 생성한 다음 길쭉한 형태로 모델링을 만들고 편집 툴에서 〔Validate〕를 탭하여 활성화합니다.

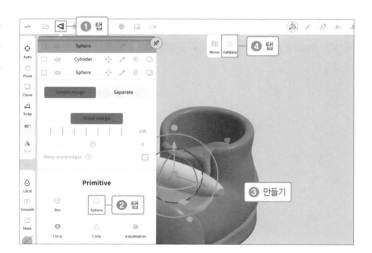

21 길이와 형태를 조절한 다음 신발 위쪽에 위치를 이동하고 〔Gizmo〕가 선택된 상태로 왼쪽 메뉴에서 〔Clone〕을 탭하여 신발 끈 모델링을 복제해서 배치합니다.

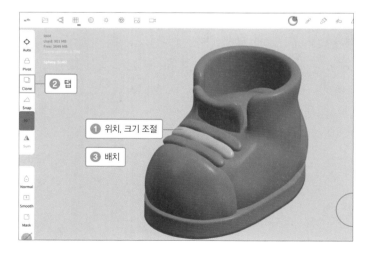

**22** 신발 끈이 지나가는 링을 만들겠습니다. 상단 메뉴 (Scene(⬚))에서 (Torus)를 탭하여 모델링을 생성합니다.

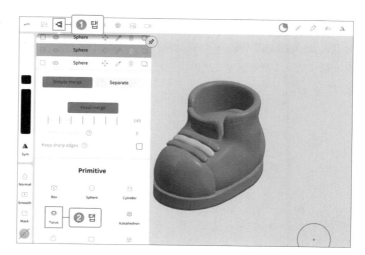

**23** 오른쪽 메뉴에서 (Gizmo)를 선택하여 신발 끈 옆으로 위치를 지정합니다.

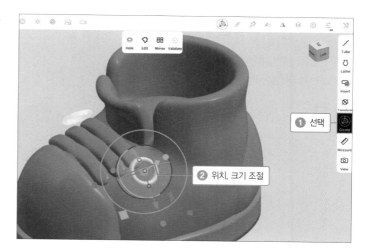

**24** 편집 툴에서 (Edit)를 탭하면 (Gizmo)에 작은 노란색 포인트가 생성됩니다. 노란색 포인트를 드래그하여 링의 두께를 조절합니다.

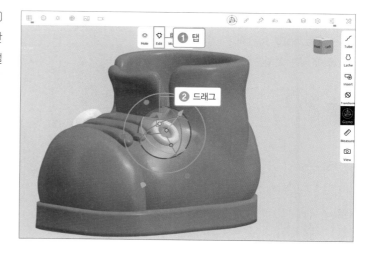

25 〔Gizmo〕를 탭한 다음 왼쪽 메뉴에서 〔Clone〕을 탭하여 링을 복제하고 신발끈 옆에 각각 배치해서 신발 모델링을 완성합니다.

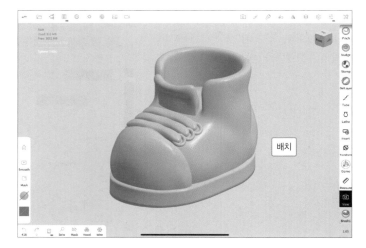

**TIP** Symmetry 기능이 활성화되어 있으면 양쪽에 링을 동시에 배치할 수 있으니 체크 표시하도록 합시다.

26 숨겨두었던 나머지 모델링을 활성화하면 신발이 화면 중앙에서 만들어졌기 때문에 다리의 위치와 맞지 않습니다.

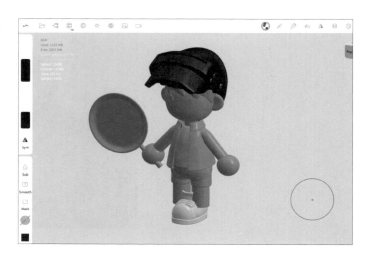

27 〔Gizmo〕를 이용하여 신발 모델링을 양 다리에 맞게 위치를 이동합니다.

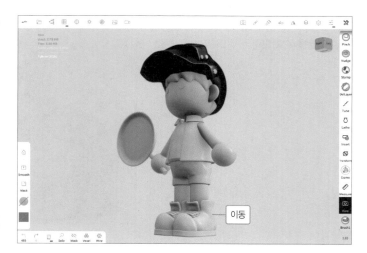

**TIP** 오른쪽 메뉴에서 〔View〕를 선택하여 전체 모델링을 활성화시켜서 확인하세요.

## 자켓 디테일 정리하기

**01** 상단 메뉴 (Scene(⛋))에서 자켓과 옷깃 모델링을 다중 선택하고 (Voxel merge) 버튼을 탭하여 하나로 합칩니다.

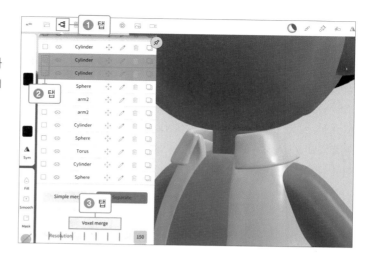

**02** 오른쪽 메뉴에서 (Move)를 선택하고 옷깃 라인의 형태를 수정합니다.

**03** 옷깃의 안쪽 모델링을 선택합니다. 오른쪽 메뉴에서 (Flatten)을 선택한 다음 왼쪽 메뉴에서 (Smooth)를 선택하고 문질러 깔끔하게 다듬습니다.

## 캐릭터에 재질과 색상 적용하기

01 | 각 파츠에 재질과 색상을 지정하겠습니다. 자켓 모델링을 선택하고 왼쪽 메뉴 (Material(⚫))에서 Roughness를 '0.394', Metalness를 '0'으로 설정합니다. 색상을 '황토색'으로 지정하고 (Paint all) 버튼을 탭하여 색상과 재질을 적용합니다.

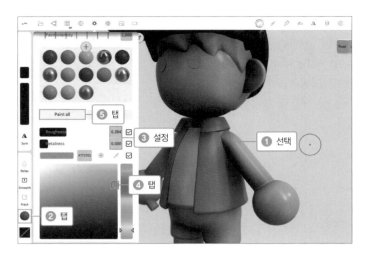

02 | 같은 방법으로 다른 모델링 파츠에도 동일한 메터리얼을 설정하고 각 파츠에 어울리는 색상을 지정한 다음 (Paint all) 버튼을 탭하여 적용합니다.

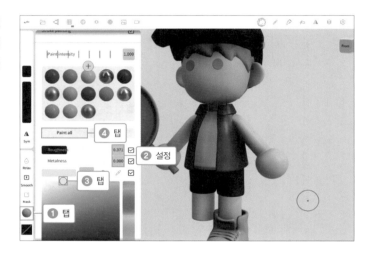

03 | 프라이팬은 좀 더 금속 재질을 적용하겠습니다. 프라이팬 모델링을 선택하고 왼쪽 메뉴 (Material(⚫))에서 Roughness를 '0.306', Metalness를 '0.98'로 설정합니다. 색상을 '검은색'으로 지정하고 (Paint all) 버튼을 탭하여 색상과 재질을 적용합니다.

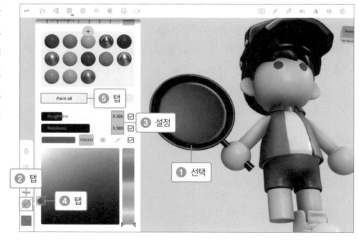

**04** | 같은 방법으로 한쪽 신발의 색상과 재질을 적용한 다음 상단 메뉴 (Scene(■))에서 신말 모델링을 모두 선택하고 (Simple merge) 버튼을 탭하여 합칩니다.

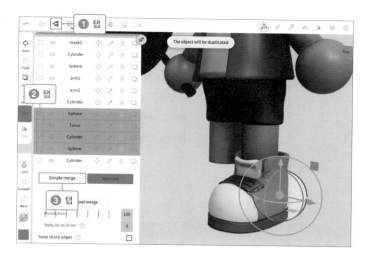

**05** | 합쳐진 신발 모델링의 '복제' 아이콘 (□)을 탭한 다음 (Gizmo)를 이용하여 복제한 모델링을 왼쪽으로 이동합니다.

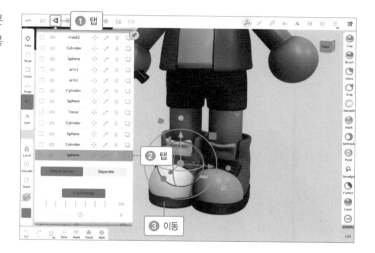

**06** | 오른쪽 메뉴에서 (View)를 탭하여 전체 모델링을 활성화하고 (Lighting(☀))과 (Post Process(◉))를 적용하여 완성합니다.

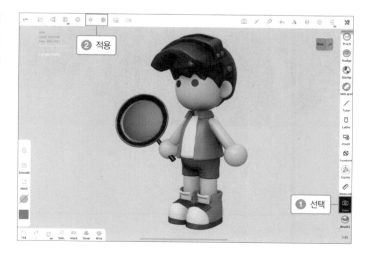

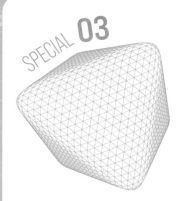

SPECIAL 03

# 3D 프린팅으로 모델링 출력하기

노마드 스컬프를 이용해 만든 모델링을 디지털 데이터로만 가지고 있으면 아깝겠지요? 그래서 모델링한 데이터를 업체에 의뢰하여 피규어를 만들었습니다. 본 책에서는 아이패드 프로 11인치 2세대 모델로 모델링을 진행하였지만, 이 정도 퀄리티는 아이패드 미니 5세대에서도 가능합니다.

## POINT

❶ Export 기능 이용하기
❷ OBJ 포맷으로 모델링 저장하기

01 | 상단 메뉴 (Files(📁))에서 Export
의 'obj'를 선택하고 (Export OBJ) 버튼을
탭합니다. 이 데이터를 프린팅 업체에 넘기
고 원하는 크기를 전달하면 됩니다.

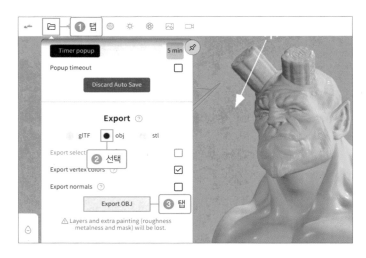

02 | 표시되는 창에서 (Save to File) 버
튼을 탭하여 OBJ 포맷으로 Export합니다.

TIP Nomad Sculpt에는 모델링의 스케일을
실물 크기로 지정할 수 없기 때문에 외부 프로
그램에서 따로 설정해야 합니다. 외부 프로그
램을 보유하고 있지 않다면 업체에 크기를 알
려주시면 됩니다.

03 | 결과물로 출력되고 있는 모습입니다.

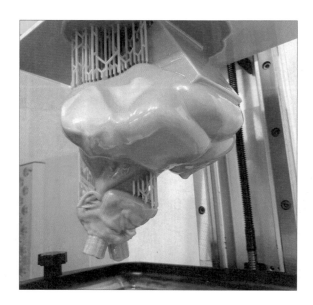

04 │ 출력된 결과물을 살펴봅니다. 그림처럼 흉부 쪽과 겨드랑이 아래쪽에 벌어짐과 구멍 문제가 있었습니다. 여러 이유가 있을 수 있었겠지만 여러 번의 테스트 끝에 원인을 알 수 있었습니다.

05 │ 다시 노마드 스컬프로 돌아와 모델링 데이터를 살펴보겠습니다. 상단 메뉴 (Scene(⊞))에서 모델링 파츠가 모두 개별로 되어 있어 출력되는 과정에서 모델링의 접점 부분에서 출력 오류가 나타나는 것으로 추측되었습니다.

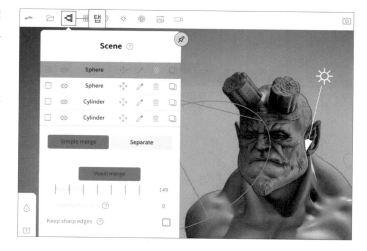

**06** 리스트의 모델링을 모두 선택하고 Resolution을 '750'으로 설정한 다음 [Voxel merge] 버튼을 탭하여 하나로 만듭니다.

**TIP** [Voxel merge]로 합칠 때 수치에 의해 폴리곤의 밀도가 줄어들게 되면 디테일이 모두 사라질 수 있기 때문에 높은 수치를 입력하였습니다. 이는 아이패드의 스펙에 따라 느려지거나 안 될 수도 있기 때문에 적절한 수치를 입력하는 게 중요합니다.

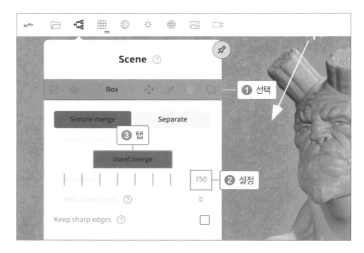

**07** 01번~02번과 같은 방법으로 OBJ 포맷으로 변경 후 외부로 저장합니다. 모델링을 하나로 완전히 합쳐지면서 오류를 해결할 수 있었습니다.

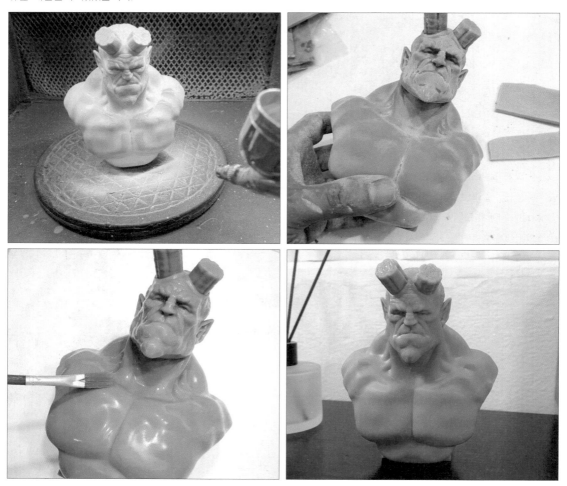

**TIP** 프로그램의 설정과 모델링의 디자인에 따라 결과는 여러 변수가 있을 수 있으므로 완전한 해결책은 아닐 수도 있습니다.

08 | 3D 프린터로 출력한 모델링이 완성되었습니다. 출력된 크기는 세로를 기준으로 15cm입니다.

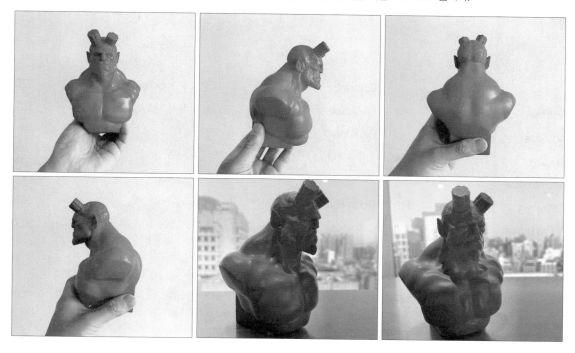

09 | 아이패드 모델링으로 제작한 다른 피규어와 나란히 세워봤습니다.

## Index

Foreign Copyright:
Joonwon Lee
Address: 3F, 127, Yanghwa-ro, Mapo-gu, Seoul, Republic of Korea
3rd Floor
Telephone: 82-2-3142-4151, 82-10-4624-6629
E-mail: jwlee@cyber.co.kr

# 아이패드 3D 모델링
## By 노마드 스컬프

2022. 9. 5. 1판 1쇄 인쇄
**2022. 9. 15. 1판 1쇄 발행**

지은이 | 정대광, 유예지
펴낸이 | 이종춘
펴낸곳 | [BM] (주)도서출판 **성안당**
주소 | 04032 서울시 마포구 양화로 127 첨단빌딩 3층(출판기획 R&D 센터)
      10881 경기도 파주시 문발로 112 파주 출판 문화도시(제작 및 물류)
전화 | 02) 3142-0036
      031) 950-6300
팩스 | 031) 955-0510
등록 | 1973. 2. 1. 제406-2005-000046호
출판사 홈페이지 | **www.cyber.co.kr**
ISBN | 978-89-315-5899-9 (13000)
정가 | **28,000원**

**이 책을 만든 사람들**
책임 | 최옥현
진행 | 오영미
기획 · 진행 | 앤미디어
교정 · 교열 | 앤미디어
본문 · 표지 디자인 | 앤미디어
홍보 | 김계향, 이보람, 유미나, 이준영
국제부 | 이선민, 조혜란, 권수경
마케팅 | 구본철, 차정욱, 오영일, 나진호, 강호묵
마케팅 지원 | 장상범, 박지연
제작 | 김유석

www.cyber.co.kr
★★★
성안당 Web 사이트

■ **도서 A/S 안내**

성안당에서 발행하는 모든 도서는 저자와 출판사, 그리고 독자가 함께 만들어 나갑니다.
좋은 책을 펴내기 위해 많은 노력을 기울이고 있습니다. 혹시라도 내용상의 오류나 오탈자 등이
발견되면 **"좋은 책은 나라의 보배"**로서 우리 모두가 함께 만들어 간다는 마음으로 연락주시기
바랍니다. 수정 보완하여 더 나은 책이 되도록 최선을 다하겠습니다.
성안당은 늘 독자 여러분들의 소중한 의견을 기다리고 있습니다. 좋은 의견을 보내주시는 분께는
성안당 쇼핑몰의 포인트(3,000포인트)를 적립해 드립니다.

잘못 만들어진 책이나 부록 등이 파손된 경우에는 교환해 드립니다.